新时代 北京卷

教育文库

首都师范大学附属育新学校

育新教育
致广大而尽精微

陈国荣◎主编

SH 中国言实出版社

图书在版编目（CIP）数据

育新教育：致广大而尽精微 / 陈国荣主编. -- 北
京：中国言实出版社，2023.5
（新时代教育文库.北京卷）
ISBN 978-7-5171-4454-0

Ⅰ.①育… Ⅱ.①陈… Ⅲ.①中小学教育—文集
Ⅳ.①G63-53

中国国家版本馆CIP数据核字（2023）第083187号

育新教育——致广大而尽精微

责任编辑：张　丽
责任校对：代青霞

出版发行：中国言实出版社
　　　　地　　址：北京市朝阳区北苑路180号加利大厦5号楼105室
　　　　邮　　编：100101
　　　　编辑部：北京市海淀区花园路6号院B座6层
　　　　邮　　编：100088
　　　　电　　话：010-64924853（总编室）　　010-64924716（发行部）
　　　　网　　址：www.zgyscbs.cn　　电子邮箱：zgyscbs@263.net

经　　销：新华书店
印　　刷：北京虎彩文化传播有限公司
版　　次：2023年5月第1版　　2023年5月第1次印刷
规　　格：710毫米×1000毫米　　1/16　　18印张
字　　数：320千字

定　　价：89.00元
书　　号：ISBN 978-7-5171-4454-0

本书主编简介

陈国荣，首都师范大学附属育新学校（海淀）校长，首都师范大学附属回龙观育新教育集团（昌平）总校长。海淀区人民政府学科督学，北京市中小学优秀德育工作者，首都师范大学教育硕士实践导师，中国中学生体育协会网球分会主席。

先后主持海淀区"十二五"规划校长委托课题《初高三毕业年级教学管理和有效课堂教学的研究》，北京市教育科学"十二五"课题《思维课堂教学模式实践研究》，北京市教育科学"十三五"课题《思维型理论引领下的课堂教学课例研究》，教育部学校规划建设发展中心重大课题《交叉维度下小初高劳动教育评价研究》。编著有《礼悟》、《551思维课堂教学模式》、《国家课程的校本创新》等。

文库编委会

本书编委会

主　编：陈国荣

副主编：张林瀛　　江　英　　付胜利　　闫　振　　万立新

　　　　代翔燕　　唐　枫　　丁　新

编　委：（以下按姓氏笔画排序）

王　征　　王文毅　　王竹婷　　王海霞　　王翠红

牛建超　　甘　露　　田　蕾　　边慧颖　　刘姗姗

孙　田　　杜　静　　李　星　　李　萍　　李　婉

李子轩　　李红岩　　李珊珊　　李晓燕　　李雪如

李斯莲　　杨晓芳　　肖长海　　肖会杰　　吴　蕾

吴一卉　　何　莹　　何成霞　　张　娜　　张　敏

张　雯　　张　崧　　赵　婧　　赵立伟　　高咏晴

黄　静　　曹　郑　　董　申　　董雪娇　　韩　玥

韩宇男　　焦健健　　魏丹丹

总　序

　　党的二十大报告中指出，"高质量发展是全面建设社会主义现代化国家的首要任务"、"教育、科技、人才是全面建设社会主义现代化国家的基础性、战略性支撑。必须坚持科技是第一生产力、人才是第一资源、创新是第一动力，深入实施科教兴国战略、人才强国战略、创新驱动发展战略，开辟发展新领域新赛道，不断塑造发展新动能新优势"。为深刻领会以习近平同志为核心的党中央作出这一战略部署的深义和赋予教育的新使命新任务，加快建设教育强国，加快推进教育高质量发展，展示新时代我国基础教育的发展变革和取得的重大成就，中国言实出版社策划、出版了"新时代教育文库"丛书。

　　进入新时代以来，教育系统全面贯彻党的教育方针，落实立德树人根本任务，培养德智体美劳全面发展的社会主义建设者和接班人；促进教育公平、提升教育质量，加快推进教育现代化，办好人民满意的教育。教育的中国特色更加鲜明，教育面貌正在发生格局性变化。新时代以来，我国教育普及水平实现了历史性跨越，更好地保障了人民受教育的机会；教育服务能力稳步提升，为国家重大战略实施和经济社会发展提供了强大的人才和智力支撑；教育改革开放持续深化，服务全民终身学习的教育体系进一步完善。"新时代教育文库"丛书记录了、见证了基础教育事业的发展变革，对研究我国基础教育具有一定的史料价值。

　　本丛书选题视野开阔，立意深远。丛书以地区分卷，入选学校办学特色鲜明、教学教研成果突出，既收录了办学者、管理者高水平的理论研究创新成果，也收录了一线教师对课堂教学的真实感悟案例，收录了一线管理者的成功经验总结，这些，对基础教育工作者、研究者具有一定的参考价值。

是为序。

著名教育家，中国教育学会名誉会长，北京师范大学资深教授

2022 年 12 月

发展素质教育　从优质走向卓越

首都师范大学附属育新学校校长　陈国荣

首都师范大学附属育新学校（以下简称育新学校）是一所十二年制的公办学校。1997 年 8 月建校，发展至今已经成为下辖多个校区的大型教育集团。目前共有师生 12000 余人，形成了"一个管理体系，九个特色校区"，跨区域、集团化办学格局。

新时代，党和国家特别强调要全面贯彻党的教育方针，落实立德树人根本任务，发展素质教育，推进教育公平，培养德智体美劳全面发展的社会主义建设者和接班人。立德树人，发展素质教育这一教育改革发展的战略主题，需要在每一所学校真正地落地、扎根、生长。育新学校致力于为每个学生提供优质的基础教育，使每位学生不断超越，实现自己最大限度的发展，做独特的和最好的自己。因此我们将"发展素质教育，从优质走向卓越"作为学校的愿景及使命。

一、坚持党对教育事业的全面领导

坚持党对教育事业的全面领导，这是我们办好高质量教育的根本遵循，是发挥好教育的政治功能、守好意识形态阵地的必然要求，是为党育人、为国育才的内在呼唤。

学校提出以政治建设加强党的全面领导、以强化理论铸牢实践思想根基、以干部建设提高办学决策水平、以支部建设夯实办学组织基础、以党建引领大力推动团建队建。积极落实党组织班子成员和党员联系服务师生员工制度，制定和实施《年级组评价党员制度》、《教研组评价党员制度》。

学校明确了校党委全面领导学校工作，履行把方向、管大局、作决策、抓班子、带队伍、保落实的领导职责，明确议事决策的原则与流程，明确党的领导贯穿教书育人全过程，实现把关定向与办学治校同频共振。优化调整党组织发挥领导作用的组织架构，把原来的小学、初中、高中、行政四个支部调整为七个支部，突出支部与年级组、教研组融合，支部与教书育人一线的融合。学校成立二级党校，加大"双培养"工作力度，以高质量党建引领高质量的教育。

二、传承和创新学校办学理念

学校的办学理念和文化，是师生真实的生活方式和活泼的生活状态。理念和文化是根源的东西，根源不解决，教育教学行为会成为无源之水、无本之木。优秀的理念和文化就像空气，就像晨钟暮鼓，萦绕在身边，时刻敲响在每个人的心间。学校在20余年发展历程中，坚持实践提炼与顶层设计相结合，传承与创新相结合，我们对办学理念和文化中的三个核心问题凝练出自己独特的思考和回答。

（一）学校要培养什么样的人

"先成人后成才，既成人又成才"是育新学校第一任校长王绍宗先生倡导的育人宗旨，为广大师生及家长普遍接受。这样的育人宗旨恪守的正是走向卓越的教育。那么要成为什么样的人呢？随着时空的变换、特色的沉淀、学校的成熟，我们进一步系统而深入地思考和描摹了育新学子的形象：培养行于礼、善于思、格于物、达于美的时代新人。"行于礼、善于思、格于物、达于美"是我们对培养学生全面发展的系统思考，融合了培养什么人和怎样培养人的综合思考。

美德不是人生来就有的，它萌芽于非道德的礼仪训练，礼仪是人们日常生活的行为起点。我们以"九礼六仪"为主要内容，建构礼仪教育体系。这些行为习惯的养成是道德教育的契机，也是学生全面发展的基础。

卓越的学校依赖于卓越的师生，而师生个人能否卓越，源自其思维层面是否卓越。恩格斯在《自然辩证法》中写道：思维着的精神是地球上最美的花朵。只有思维着的精神，才会创造一个精彩的世界、理想的世界。思维是知识的精华，是精神的骨架，是文明的基因，是卓越的密码。一个形象思维和逻辑思维并重，批判性思维和创造性思维齐飞的人才能更好地面向未来，才能在真实世界中解决复杂问题。

格物致知是中华民族优秀传统文化中修身治学的精神瑰宝。学校不断培养学生善于学习，主动探究，勇于质疑，透过现象看本质，从感性世界走向理性世界。达于美是学生精神境界和人生品位的呈现。学生应具有各美其美、美美与共的胸怀，以美培元，因艺术得自由。

（二）学校办学要走向何方

育新学校有充足的底气说自己是老百姓家门口的优质学校，只有更好，没有最好。"发展素质教育，从优质走向卓越"是学校矢志不渝的发展愿景和发展目标。素质教育就是核心素养导向的教育，就是坚持五育并举的教育。走向卓越一直在路上。我们对卓越的理解是卓尔乐群、越而胜己。卓尔强调独立性，乐群突出团队精神，越而胜己是自胜者强，不断超越自己。不和别人比高低，只和自己争上下。从而实现学生各得其所，有获得感；教师专业发展，有幸福感；学校持续前行，有荣誉感。

（三）学校要倡导什么样的办学价值观

我们将"育德、致美、启智、日新"作为学校办学核心价值观。"育德"语出《周易》："山下出泉，蒙，君子以果行育德。"《左传》亦云："太上有立德，其次有立功，其次有立言，虽久不废，此之谓不朽。""致美"着眼于培养学生有健康的审美价值取向，有发现、感知、欣赏、评价美的意识和基本能力，能理解和尊重文化艺术的多样性，有艺术表达和创意表现的兴趣和意识，能在生活中拓展和升华美。"启智"以求不惑，"智者不惑"。启者，启迪与启发，"不愤不启，不悱不发，举一隅不以三隅反，则不复也"。智者，烛也。"教育不是灌输，而是点燃智慧的火焰。"（苏格拉底语）"日新"语出《礼记·大学》，"苟日新，日日新，又日新"。学校核心价值观既是一种目标，反映着对师生的期望和要求；又是一种过程，体现着对师生的教育和培养；更是一种哲学，彰显着育新人对教育本质的追求和信仰。

三、提升学校发展规划与现代治理能力

学校发展规划是学校可持续发展的一个航向标。面向"十四五"，育新学校历时一年半，举全校之力，数度研讨，形成了《学校教育和改革发展规划》（以下简称《规划》）。《规划》从九个方面梳理了"十三五"期间学校的各项工作，以及实践中沉淀的核心竞争力，提出将学校建成一所一体化培养、人文化特色、卓越化发展的新品牌学校的发展目标，筹划了涉及党建、课程、教学、教师等关键领域的"十大"建设工程。"十四五"时期是学校"发展素质教育，从优质走向卓越"的战略机遇期、内涵发展期、拔节孕穗期。规划的制订为深入贯彻党的教育方针，聚焦全面提升育人质量，促进学校高质量发展提供了路线图和时间表。

历经三年时间，学校逐步完成了组织结构上的调整和改变，形成"八个中心"和"一个委员会"，为迈向现代化学校治理奠定坚实基础。以学生、教师、课程、质量为中心，明确职责、分工合作，"专业的人做专业的事"、"专业的人做基础的事"，实现扁平化、项目化实施。同时我们还邀请第三方专业机构协助学校启动了"基于学生发展"的学校自我诊断，以促进学生发展为中心，重视学校发展过程的各个环节常态化、周期性、系统性的内需式改进。

四、夯实教师队伍建设基础工程

习近平总书记说："一个人遇到好老师是人生的幸运，一个学校拥有好老师是学校的光荣，一个民族源源不断涌现出一批又一批好老师则是民族的希望。"对于学校发展来说，教师队伍建设是一项重要的基础工程。

（一）明确教师队伍建设方向

学校明确提出培养一支重人品、喜敬业、塑能力、崇成果的面向未来的专业教师团队。

"教师重要，就在于教师的工作是塑造灵魂、塑造生命、塑造人的工作。"其身正不令而行。人品的关键是"关系"。要处理好师生关系、同事关系、家校关系，其中核心是师生关系。好的关系胜过许多教育，好的关系本身就是教育质量。要把学生放在正中央、心中央，要见"森林"、更见"树木"，要关注"丛林中的那棵树"，要竭尽所能去维护每个学生在他人和自然面前的尊严、能力和福祉。优秀教师要让学生充满希望。

教师要有"一俯一仰一顿笑"的敬业精神。"一"：主一无适、精益求精；"俯"：身在现场、聚焦挑战；"仰"：心怀敬畏、珍惜选择；"笑"：乐在其中、实现价值。教师应拥有职业信仰，爱岗乐业，用力、用智，更用心。教师要发展五种螺旋式上升的能力：服务能力、教学能力、教研能力、教育能力和教改能力。服务能力是为师底色，教学能力是看家本领，教研能力是学科素养，教育能力是以生为本，教改能力是实践创新。教师的工作成果往往表现在三个方面：学生的健康成长，教师的专业发展，学校的持续前行。要以学生的成功印证教师的精彩。成果等于人品、敬业和能力的乘积。

（二）构建教职工专业发展体系

学校起草了《育新学校教师专业发展标准》，将教师专业发展划分为四个阶段：职初教师的基本标志是"课堂自觉"，热爱课堂，能驾驭课堂，课堂有序有效，能达成课堂教学目标。成熟教师的基本标志是"学科自觉"，不拘泥于每一堂课，关注学科体系和素养。优秀教师的基本标志是"教育自觉"，育人为本，在学科教学中挖掘和渗透"德智体美劳"五育目标，使学生得到全面发展。卓越教师的基本标志是"文化自觉"，从教育与社会的关系角度认识学科教学，直击教育难题，重探索与创新，引领教育发展。教育教学实践中，四个阶段的教师界限并非截然有别，尤其是相邻的两个阶段互有渗透，循序渐进，渐臻佳境。学校现有市区级骨干教师、学科带头人50余人，近3年有4位教师被评为正高级教师，年轻教师在市区级课堂教学比赛中屡获殊荣。

五、建构纵横通融的立体课程体系

课程是学校最为重要的育人载体，也是学校的核心竞争力。基于学校育人目标，遵循开放性、多样性、贯通性、整合性、创新性原则，我校在课程建设过程中逐渐形成了"云盘"意向的三层六领域"育·新"课程体系。课程分为基础课程、拓展课程和发展课程三级，每级课程均涉及"道德与修养、数学与科技、人文与社会、艺术与审美、体育与健康、劳动与生活"六大领域。课程体系用"一个底座"、"两个传导器"、"三个网盘"组成灵活多变的"云盘"课程体系。"云盘"寓意着互联网时代下基础教育的新使命，要在每位学生头脑中建立一个知识的云盘，在价值观中建立一个品格的云盘，在心理世界建立一个能量补给的云盘。通过"云盘"来实现随时随地的数据调用、信息共享。基于十二年学制的校情，我校以学科大概念进行纵向贯通，开发了"礼·悟"育德、科技创新、体育健康、艺术审美、劳动教育的贯通课程，以目标进阶化、内容结构化、实施多样化、评价系统化为设计思路，注重学生立体知识结构、必备品格、关键能力和正确价值观的培养。

小学部还积极探索从"'五育'并举"到"'五育'融合"的转化实践路径。在国家课程的实施中创新教学模式，语文"优阅"课堂、数学"优+"课堂、英语"阅读+"课堂都有了丰富的实践案例。还开发与建构"'五育'融合"的跨学科课程——"华夏智慧"主题课程，围绕"我与社会"、"我与自然"、"我与自我"生成"生活中的智慧"、"时间中的智慧"和"设计中的智慧"三大专题，打破学科之间的壁垒，利用传统文化中小学生感兴趣的主题为载体，融合语文、数学、历史、美术、科学等多学科领域内容，聚零为整，实现项目化、整体式学习。

课程建设为学校发展注入了新的活力，近几年我校先后承办了北京市级综合实践活动现场会、市级美术课程展示与交流活动、第三届全国思维型教学大会、第五届全国中小学未来教育高峰论坛、全国第六届小学教育研讨会等。特别是2021年3月承办的市级课程现场会被中国教育电视台、环球网等26家媒体争相报道，被列为北京市推进课程改革的一个重要案例。同年，我校被评为"北京市基础课程建设先进单位"。

六、变革课堂教学与学习方式

课堂是教师传道授业解惑的舞台，也是师生的有效成长源。学校坚持"课堂第一"的思想，强调"功夫在课堂、检查在课堂、评价在课堂、奖励在课堂"。

多年来，学校开展思维型课堂实践研究，提出了"五有五思一核心"的"551"思维课堂教学模式。"551"中的"1"指的是"一核心"，是将提高学生思维品质作为核心，作为教学设计归宿；第一个"5"指"五有"，是教学设计理念，即有序—有趣—有效—有情—有用；第二个"5"指"五思"，是教学设计环节，即创境启思—自探静思—合作辨思—训练反思—回归拓思。

2022年版义务教育课程方案及各学科课程标准颁布，标志着国家课程改革进入新阶段，本次课改，以"素养立意"、"加强综合"、"深度思考"、"突出实践"为核心价值取向，立足于发展学生的学科核心素养，各学科课程目标均明确制定了对学生学科思维素养发展的进阶要求，基于此，学校要进一步架构小初高一体化"教—学—研—评—思"体系，整体推进、分步实施四大任务：构建学科素养目标体系，实施思维型单元整体教学设计，开发师生教学研评工具，积淀思维型教学模式策略。

七、借助信息技术赋能未来教育

2020年世界经合组织发布报告《回到教育的未来》，提出未来学校四种教育图景：学校教育扩展；教育外包；学校作为学习中心；无边界学习。从发展趋势、学术研究到国家政策，都要求我们用更长远的眼界来看待教育事业，不断探索未来教育的新思路、新样态、新范式。我们无法清楚地定义什么是未来教育，但我们可以坚信：拥抱变化，勇于创新，就是我们迎接未来教育的唯一路径。当下即是未来，当下改变未来。

2021年，在教育部在线教育研究中心、首都师范大学的指导下，我校与清华校企慕华成志承办了第五届全国中小学未来教育高峰论坛暨首都师大育新未来学校成立大会。首都师大育新未来学校是一所平台型的"云端数字学校"，是一所共享型的"广域泛在学校"，是当下教育教学发展的"第三空间"，是联系线上线下、校内校外、当下未来的纽带和桥梁。它的发展目标是以万物互联和人工智能等信息技术为支撑，突破传统教育的空间、学制、班级、分科等束缚，打造学生学习共同体、教师发展共同体、学校交流共同体，探索面向未来的教育样态和育人模式。

一年来，我们在小学、初中、高中阶段都进行了一些探索，突出在线互动，内容涉及学生的学、教师的教、课堂的互动、学校的治理、教育的评价等。在2021年12月25日，在以"概念到实践"为主题的第二届首都未来教育论坛上，育新学校成为首批"未来教育实验基地学校"。

今天我们站在一个新的起点上，分享着时代的红利，也分担着时代的挑战。农业时代时间是永恒的，春有百花秋有月，夏有凉风冬有雪，什么季节干什么季节的事儿。工业时代时间是效率。数字时代时间是当下。做好当下，选择当下，走向未来。登山则情满于山，临海则意溢于海。育新是一座山，育新是一片海，育新是育新人挥洒岁月和梦想的地方。我们会一直坚持一种温和的优质的影响终身的教育。"半亩方塘一鉴开，天光云影共徘徊，问渠那得清如许？为有源头活水来。"育新教育是一面镜子，映照着半亩方塘般的校园郁郁葱葱；育新教育是一泓清泉，滋养着育新师生清澈的成长。教育的本质功能是让每个教师、每个孩子变得更好。我们坚持每个人都是主角，每一步都有结果；每一个孩子都是独特的，每一个孩子的未来都值得期待。

目　录

管理创新

教育文库
北京卷

课程建设

教学探索

育人实践

教师风采

管理创新

育新学校"十四五"时期教育改革和发展规划（节选）

"十四五"时期是学校"发展素质教育，从优质走向卓越"的战略机遇期、内涵发展期、拔节孕穗期。为深入贯彻党的教育方针，聚焦全面提升育人质量，促进学校高质量发展，为明确 2021—2025 年学校教育改革发展的主要目标、具体举措和保障措施，依据北京市、海淀区"十四五"时期教育改革和发展规划，从学校实际出发，制定本规划。

一、发展基础

（一）办学理念取得新突破

在坚守"先成人后成才、既成人又成才"的育人宗旨上，"十三五"期间明确了"发展素质教育，从优质走向卓越"的发展愿景；凝练了"育德、致美、启智、日新"的核心价值观；树立了培养"行于礼、善于思、格于物、达于美"的时代新人的育人目标；完善了"三促三塑三育"的管理思路。

（二）"五育"并举谱写新篇章

德育：坚持立德树人，研发小初高思政一体化课程，形成"九礼六仪"教育体系。班级文化、班主任培养、家校合作均取得新进展。

智育：学校课程体系日臻完善，思维型教学模式日渐成熟，中高考及七年级学业测评均保持优异成绩。学校及师生获市区多项殊荣。

体育：网球、体育舞蹈、棒球等多个项目获国家级、市区级殊荣。学校被评为体育先进单位。

美育：建构了小初高一体化美育课程体系，研发了贯通博物馆大剧院课程，艺术社团取得国际、国家、市区奖项，被评为海淀区艺术教育示范校。

劳育：建立了校外劳动基地、志愿服务体系，在国家、市区各级会议上做了经验分享。

（三）队伍建设实现新提升

成立了教师发展研修中心，确立了教师队伍建设目标，对职初教师、成熟教师、优秀教师、卓越教师进行分层培训，积极推进"陪伴式"教师校本研修计划。目前市区骨干占比 19.49%；正高 5 人；高学历占比 20.22%。承担 48 项市区课题。

（四）课程贯通达到新高度

构建了"三层次六领域"的 12 年制"育·新"课程体系。研发了以贯通为特色的六大课程，以融合为特色的主题课程，以大概念为导向的发展课程。多项课程方案获市区殊荣。成功举办了两个影响力强、辐射面广的国家级、市级课程现场会。学校被评为"市级课程建设先进校"。

（五）思维教学迈上新台阶

广泛而深入地开展思维型教学研究与实践，市级课题"思维教学研究与实践"持续开展，"551"思维课堂教学模式达成共识，相关图书出版发行。学校承办第三届全国思维型教学大会，被授予思维型教学示范基地。"551"思维课堂教学模式实践研究获区级科研成果特等奖，学校被评为市级科研先进校。

（六）学校治理做出新探索

形成了"八个中心、一个委员会"的管理结构，开展"基于学生发展"的学校自我诊断和智慧校园建设，中学部进行年级自治改革探索。

（七）集团办学开创新局面

2019 年回龙观育新教育集团成立，2020 年育新幼儿园、未来学校成立，2021 年房山分校成立。初步形成一体化管理、九校区联动的集团化办学新格局。

（八）核心竞争力初步凸显

初步形成"学校治理文化体系"和"思维教学研修模式"两大核心竞争力。不断完善的治理理念、结构、机制、运行、策略为学校的可持续前行奠定了扎实的基础。

（九）机遇与挑战比翼共存

深化落实"双减"、育人方式及教育评价的改革中，能否构建高质量育人生态、体系，能否推进普高多样化特色发展，能否改善办学条件、组建卓越教师队伍，构建中小一体化课程，推进互联网＋教育教学、深化思维型教学的理论与实践，对学校而言既是新挑战，又是新机遇。

二、指导思想

以习近平新时代中国特色社会主义思想为指导，全面贯彻党的教育方针，坚持立德树人，"五育"并举。挖掘十二年制、集团化办学优势，系统整合各方资源，聚焦学生核心素养，全面落实"双减"要求，以一体化培养学校建设为抓手，优化思维教学体系，优化"育·新"课程体系，优化教师工作体系，优化内部治理体系，优化技术支撑体系，建设学校高质量教育发展体系，发展素质教育，从优质走向卓越。

三、发展目标

（一）总体目标

到 2026 年，在教育发展新格局下，推动育新教育新崛起。培育更具凝聚力、突破力的学校文化；造就一批综合育人能力强、具有创新引领力的卓越教师；建成一所一体化培养、人文化特色、卓越化发展的新品牌学校。

（二）具体目标

1. "五育"并举育人体系更加健全

完善一体化的课程体系、教学体系、综合评价体系和学生发展指导体系，构建德智体美劳一体化育人的教育生态。

2. "育·新"课程体系更加丰富

优化"育·新"课程顶层设计，建构纵向贯通"五育"、衔接，横向融合六大领域的"育·新"课程 2.0 体系。推进中学九大学科课程群和四大特色课程群的建设和实践。

3. 思维型教学体系更加系统

完善全学科、全学段思维型教学体系，形成"教—学—评—思—研"全流程教学实践模式，打造思维教学品牌，建成 1—2 个市级学科基地。

4. 教师成长支持体系更加完善

构建教师生涯规划发展指导框架，利用"名师工作室工程"实现"雁阵式"梯队发展，造就一支高素质、专业化、创新型教师队伍。

5. 学校内部治理体系更加优化

优化"八大中心＋级部制"内部治理结构，完善以项目凝聚资源、带动教育教学同步发展的特色模式，形成家校社协同育人的教育生态。

6. 信息技术赋能体系更加高效

搭建智慧化教育服务平台，探索信息技术与教学融合新模式，打造智能化、数据化的"三个课堂"，赋能学校管理，创建未来学校。

四、具体举措

（一）建设铸魂强基、从严推进的党建领航工程

坚持以政治建设为统领，加强党的全面领导；以强化理论筑牢实践思想根基；以干部建设提高办学决策水平；以支部建设夯实办学组织基础；以党建引领大力推动团建队建。

（二）建设"五育"并举、系统推进的实践探索工程

第一，通过打造德育新格局、提升班主任队伍专业化水平、推进家庭教育指导实践研究、完善学生发展指导体系构建、深化心理健康教育研究、加强共青团少先队教育研究来构建一体化德育体系。

第二，通过更新"551"思维课堂教学模式、确定"核心素养导向下指向深度学习的校本作业体系建设"、探索信息技术赋能教学新方式、构建家校多元综合评价体系来优化教与学模式。

第三，通过深化体育教学改革、探索新体育文化、以课题撬动体育科研发展、以网球为基点助力学生发展来彰显体育特色和文化。

第四，通过不断完善基于"大美育"概念的十二年校本美育课程体系、建构大概念下的思维型艺术课堂、强化美育保障机制建设、固化美育成果来提升美育影响力。

第五，通过开发劳动教育课程、完善劳动教育实施方案、构建劳动教育评价体系、培育劳动教育专业队伍来探索以劳育人的路径。

第六，通过完善科技教育机制、优化科技课程体系、探讨科技教育模式、

提升科技教育影响力来凸显科技教育课程特色。

（三）建设特色显著、整体育人的课程建设工程

积极响应教育要求，立足内涵发展，不断推动课程方案迭代升级；在专家指导下高效实施课程，加强跨学科综合性课程开发，开展研究型、项目化、合作式学习，在实践中优化"育·新"课程体系；总结梳理"华夏智慧"、博物馆大剧院等特色课程经验，以一体化特色高中申报为契机，进一步加强特色课程建设。

（四）建设素养导向、融合创新的思维教学工程

由教学质量督导委员会牵头，建设思维教学研究核心组；深入学习"思维型教学"和"深度学习"相关理论，挖掘二者的异同点，结合原有的实践成果，优化《育新学校优化思维教学工作方案》；构建"艺术学科探索引领、部分学科跟进学习、研究成果定期分享"的新型教研模式；逐步开发配套的系列指导工具。

（五）建设因人施策、精准有效的教师培养工程

制定《教师发展生涯规划实施方案》，优化卓越教师培养机制，完善教师发展支撑体系；从理念、职责、培训、荣誉、薪酬等方面构建全方位的班主任培养机制；关注课堂数据的分析，丰富教师常态化管理体系；梳理干部教师核心职责清单，完善教师评价体系。

（六）建设虚实结合、刚柔并济的矩阵治理工程

以"服务师生成长"为核心理念，完善"八大中心＋级部制"的内部治理结构，制定《育新学校干部队伍素质模型 1.0 版》、《育新学校项目实施管理办法》，优化学校治理体系，提升学校治理能力，加强治理文化建设；建立"学校、家庭、社会"教育共同体，实现家校社协同办学。

（七）建设聚焦课程、激发活力的特色建设工程

聚焦学生核心素养，完善横纵贯通的一体化课程体系；开发发展关键期课程和"同是育新人"双螺旋融入适应课程，推进学生发展指导体系的完善；建构一体化的教与学模式，开发高质量校本作业体系，创新大学部制一体化研修模式，建立相关管理评价机制；升级信息化基础设施，搭建智慧化教育服务平台。

（八）建设科技引领、深度融合的数字教育工程

梳理、修订原有制度，健全信息化管理部门；建设智慧校园平台应用系统，实现智能化的教育教学环境；定期开展教师信息化能力提升培训，提高教

师信息意识和应用能力；完善信息化安全领导小组，强化信息化安全机制；建设信息技术融合的智能化数据化教学平台，打造"未来智慧课堂"，促进未来学校建设。

（九）建设内融外通、合理高效的资源配置工程

全面统筹资源配置，深化十二年一体化课程、管理、资源建设，促进集团内人财物有序流动，"管办评"互促共进；稳步推进中小学校舍、操场改扩建工程，排查和优化现有办学空间；建设智慧校园三期工程，落实"双师课堂"，促进数字化校园建设；完善首都师大育新未来学校网站和资源建设。

（十）建设面向世界、开放包容的交流合作工程

落实海淀区教委关于中小学国际理解教育全覆盖的要求，参与"海淀区国际理解教育研究共同体"项目，实现理念引导下的整体育人；保持校际交流合作，让师生在多元文化交流中树立民族自信、增进国际理解，提高学校对外交往的影响力；利用互联网，依靠信息技术，克服疫情带来的挑战，巩固拓展交流渠道。

五、保障措施

（一）全面推进依法治教

坚持把依法治教作为办学必然要求，以依法治教基本标准为抓手，建立健全学校规章制度体系，提高依法办学水平，推进师生法治教育，完善工作流程机制。

（二）努力提升办学条件

提高行政管理水平，为教职工队伍建设做好服务；挖掘学校建筑、环境、校训、校歌等承载的文化底蕴，实施校园更新改造，夯实校园文化建设；开展学校生活垃圾分类，建设绿色低碳校园；严格财务内控管理，倡导厉行节约行动。

（三）深化平安校园建设

守好意识形态阵地和政治安全底线，树立师生大安全观；坚持落实各项安全管理责任，增强安全预防意识；覆盖全面开展教育，加强与属地派出所、街道等部门的联系，联合各方落实安全。

协同创新　共育新人

韩宇男

中共中央办公厅、国务院办公厅印发的《关于深化教育体制机制改革的意见》强调，"要创新人才培养机制"、"深入推进协同育人，促进协同培养人才制度化"。党的十九届五中全会明确提出"健全学校家庭社会协同育人机制"。《"十四五"规划和 2035 年远景目标纲要》与 2022 年政府工作报告都确定了健全学校家庭社会协同育人机制的工作任务。党的二十大报告进一步要求，健全学校家庭社会育人机制。最近，教育部等十三部门又联合印发了《关于健全学校家庭社会协同育人机制的意见》，强调学校要把统筹用好各类社会资源作为强化实践育人的重要途径，着力培养学生社会责任感、创新精神和实践能力。为推进"'五育'并举"，贯彻落实协同育人共同体建设，我校积极创新协同育人模式，把立德树人融入思想道德与爱国情怀教育、知识技能与科学价值教育、社会实践与求实精神教育等各个环节中，为综合素质教育高质量发展蓄势赋能。

构建"协同育人"适宜的模式，是提升学校教育水平和人才培养质量的重要手段。我校综合考虑校情学情与社会资源优势，主要从加强顶层设计、强化协同机制和创新育人模式三方面来推进实施。

一、完善一体化组织机构，加强协同育人顶层设计

2020 年 8 月，我校以党委统一领导部署，校级领导班子监督管理，科技创新教育中心筹划实施，各中心各教研组主体共同参与下，挂牌成立了全国第

一家九三学社名师工作站（见图1）。九三学社会聚了各行各业高级知识分子，工作站的成立，旨在建立一个高校科研院所及各行业各领域专家学者与育新携手开展协同育人的平台。工作站具有显著的两大特色优势：首先，工作站的专家库资源丰富多元，能充分发挥智力密集、人才荟萃的九三学社名师优势，调动各领域优秀专家（科学家、院士、研究员、教授、卓越的青年学者、高级工程师等）加入工作站的共建合作中，可在课程设置与师资配备上具有更高的自由度和适配度，不受限于一所高校科研院所；其次，工作站的运行管理集中又民主，运行管理的组织框架如图2所示，从站长、副站长到工作组，从整体统筹监管，到专家库建设、课程建设、站务管理的分工协作，是由九三学社市区委各级组织与领导以及育新学校专门的领导组织共同负责管理的，有统一的管理机制，来协调保障分散的专家资源形成一个聚心合力、运行高效的强大的人才配给平台。更重要的是，考虑到专家本职工作所需时间精力等限制，工作站的专家在参与课程建设与教学教研指导方面从时间安排或教学方式上均有很大的自主性和独立性。因此，工作站作为协同育人的平台，在目标定位、运行机制、建设成果等方面进行了充分的规划设计，确保工作站实现可持续性长远发展，并在区域或更大范围内发挥示范引领和辐射带动作用。

图1 九三学社名师工作站成立揭牌仪式

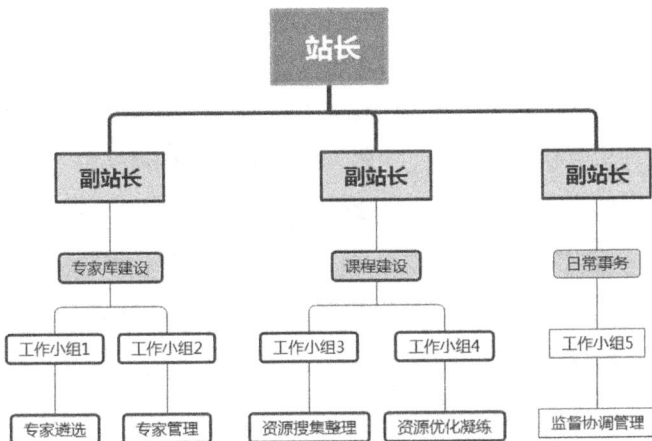

图2 工作站运行组织框架

二、构建全方位条件保障，强化协同育人培养机制

工作站建立了由九三学社和学校协同负责的专门的实体组织，形成纵向联动、横向协作共建的齐抓共管、协力落实的组织保障工作机制。在学期初、学期末、学期中定期召开工作站研讨会，部署协同育人、课程建设等相关工作；研究各门拓展课程的教学内容和方式、课程育人的要素和实践；明确专家构成、学校配课教师和教研组等的具体工作任务，牵头部门及负责人的组织指导督查落实的工作要求和考核评估标准；专项经费划拨，确保工作站工作在组织领导、规划监督管理下有序开展。

工作站实行育人主体上下协同、合力共育的优质师资配给保障机制。九三学社的专家不论是领导干部还是一线教师，育新学校的教师不论是领导干部或一线教师，参与工作站工作都遵循率先垂范育人、备课授课，落实"进课堂、上讲台"的亲身实践作风，共同开展专家组与教研组的课程研讨、规划设计，使知识传授、价值塑造、能力培养实现多元统一，知识性与价值性、理论性与实践性实现有机结合的教育教学内容，与学生面对面交流互动，听取学生反馈建议，探讨高素质人才培养的困难、需求与途径，以课程建设促进教师多重发展，立足课程建设与课堂教学主阵地，加强专家与育新教师对工作站协同育人的认同感、责任感和荣誉感，既仰望星空又脚踏实地，力争以拓展课程有效提高学生终身发展所需的必备品格和能力。同时，选树协同育人的先进典型，不断扩大专家与教师的人才资源库，提升服务育人水平。

工作站强调育人要素协同，建设"教师＋课程＋课堂＋环境"的多维融通共育机制。《中共中央关于制定国民经济和社会发展第十四个五年规划和二〇三五年远景目标的建议》（以下简称《建议》）明确提出，协同育人机制，需要提升教师的教书育人能力素质，增强学生的科学精神、乐学善思、人文底蕴、责任意识、创新实践、身体素质和心理健康等方面的素养教育。工作站通过课程建设、课堂教学、实验室及实践场所（高校科研院所及企事业）的探究体验等全流程教育教学实现全要素育人。充分发挥九三学社专家的高屋建瓴的引领作用，与专家建立"手拉手"帮扶共同体，积极采取课程研讨、论坛交流及研修培训等多种方式，扎实开展统筹协同教研活动，以教科研促进教师教育教学育人能力，为我校教育提供有力的人才支撑和智力保障；深入实施以价值引领、思维养成、国际化视野、未来意识的课堂教学改革，建设以学科拓展、兴趣培养、人文素养为核心的，以大概念专题模块为架构的工作站探究课程体系（见图 3），打造学生"满意喜爱、终身受益"的精品课堂。聚焦学校人才培养目标，积极完善学校实验室综合实践功能建设的同时，大力拓展搭建校外实践教育基地，积极利用九三学社专家工作所在的高校科研院所或企事业单位的实验室与博物馆、科技馆、校史馆等实践教育基地，以真实的场景、先进的科研设施、前沿的知识技能等软硬件环境平台的建设，拉近学生与高科技、与科学家、与专业化职业、与社会的距离，使学生开阔视野、感受知识魅力、领悟科学精神、体验学以致用等，切实提高环境育人功能，落实全要素协同育人的目标。

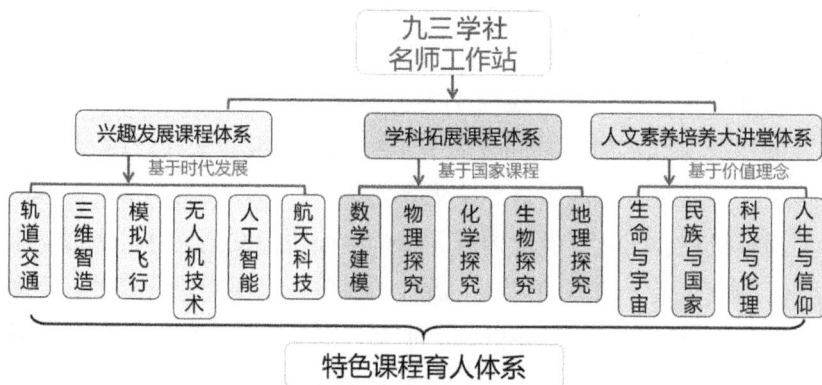

图 3 工作站探究课程体系简图

三、提高可持续发展的核心竞争力，创新协同育人培养模式

工作站成立两年多来，我们不断在资源挖掘、课程建设、教学模式、教师教科研发展、实践基地开发、学生创新实践培养研究等诸多方面进行了有益探索和尝试，初步形成了工作站特有的协同育人培养模式。

（一）"双师型"教师建设模式

对于学科拓展课程体系，以国家课程及专家的专业领域结合为基础，组建学科专家工作小组，与学校教师结对为"专家＋一线教师"的"双师型"教师团队，建成一个个学科课程小组，分别开发了以数学、物理、化学、生物和地理五门基础学科为主的探究课程；一门特色课程由多名专家与1—2名学校一线教师共同承担授课教学任务，学校的学科教研组与课程专家组通过线上线下定期研讨、专题教研等方式共同负责课程开发建设。这样的课程建设与教学方式，既保证了每位专家参与中学创新人才培养的时间不会太长而影响正常的本职工作，又保证了在多位专家合作引领下课程建设的内容适切性、创新拓展性与科学规范性，实现更长久的持续性发展。

对于兴趣发展课程体系，主要基于现代科学技术的发展和学生爱好，考虑九三学社专家的专业大都是科技界别的优势，开设了轨道交通、模拟飞行、无人机技术、三维智造、航天科技、人工智能等综合实践类课程，旨在培养引导学生从爱好兴趣发展为服务国家社会的抱负志趣。每门课程仍然是"双师"配置，由九三学社专家小组和学校科技中心的信息技术、通用技术、劳动技术的教师共同承担授课教学任务，课程开发建设主要由学校科技中心牵头，组织九三学社或行业相关的资深专家一起进行规划、设计、研讨、修订、评估等，在不断实践、优化和研讨中，充分发挥专家的高端引领与手拉手指导，使教师教科研及专业育人能力得以快速发展，学生创新实践综合素质显著提高，同时，专家的一体化贯通育人能力在深度的实践行动中也得到了升华，更具张力，更富生命力。

对于科技人文素养培养大讲堂体系，是着重于学生价值理念、社会担当、家国情怀、身心健康等方面的培养，主要有四大类主题，分学段、按照不同年级的认知水平和成长逻辑，由年级组与九三学社专家组共同规划设计，为每个年级每学年设置由浅入深螺旋递进的四个不同内容，邀请九三学社著名科学家

以大讲堂的方式开讲，寓教于各领域或恢宏或曲折或励志或深沉的叙事中，通过真实的历史或现实的人和事、科学或技术、情怀与理想，激励学生树立正确的人生观、价值观、世界观，增强对伟大祖国、中华民族、中华文化、中国共产党、中国特色社会主义的认同感，增强文化自信，以乐观健康的身心，去发现真善美，鼓舞学生勇于承担，积极奉献，成长为全面发展的未来高素质人才。

（二）"多场域、重实践"的多样态教学模式

工作站每门课程，都由学科教研组与九三学社专家组通过线上线下定期研讨、专题教研等方式共同负责课程开发建设，从课程体系、结构框架、大概念主题模式的构建来整体系统性地进行规划设计。此外，课程小组还结合学情，共同研讨制订课程每个专题每个课时的教学内容、教学方式等课程实施的科学合理方案；专家与学校一线教师共同进"课堂"，"课堂"不局限于传统的教室，更多的是设置在学校或高校科研院所的实验室或校外实践基地，设置让学生身临其境、亲身体验或参与的学习内容，在理论与实践的冲突碰撞中，指导学生进行项目式/专题式的真正的理论实践应用相结合的探究性学习，让学生从感性到理性、从浅层了解到深度认知，经历问题发现、问题解决的全过程学习实践。学校配课教师及时记录梳理每门课程的教与学过程性的资料，在专家与教师的实施过程中不断完善，形成"有骨有血有肉"的可推广的特色课程体系，最终在线上或线下服务更多师生，甚至可以推广应用到边远地区优质资源相对缺乏的中小学生。

（三）"育德养正"的大思政模式

教育要为学生的终身发展和社会发展的需要服务，工作站采取独特的协同育人的实践模式，搭建起中小学师生更多地更密切地与专家学者深入接触的平台和机会，以三大课程体系为媒介，在教育教学的全过程中实践全要素育人。首先，使师生在面对面、手拉手的互动沟通研讨中切身感受九三学社专家高风亮节的情操、虚怀若谷服务社会的奉献精神和品格，以触手可及的榜样的力量来涵养人的德行正气。其次，工作站积极发掘各环节的育德养正的内涵、元素、功能，提高教师"育德"的意识、能力和自觉，渗透思政育人，厚植家国情怀，培育和践行社会主义核心价值观，提高学生崇尚科学的风气，潜移默化地将科学精神深植于学生的思想中，使他们刻苦钻研，努力提高自己的理论知识与实践技能，以强烈的使命感和责任心积极投身中国特色社会主义建设。最

后，工作站以九三学社专家为引领，通过大思政协同育人长效模式，弘扬和践行社会主义核心价值观，将育知和育德有机融合，达到育人和育才的真正统一，使其成为一项惠及学生、教师、学校并最终惠及社会的民心工程。

四、结语

协同育人是"十四五"时期落实"'五育'并举"、建设高质量教育体系的重要方法和思路，九三名师工作站把立德树人融入课程与课堂的各个环节中，打造可持续发展的长效育人机制，既是择高而立，又将向宽而行，立足当下放眼未来，不断创新协同育人的模式，培育全面发展的高素质人才。这是最初的宗旨，也是最后的归属。

发展素质教育　放飞童年梦想
着力落实"双减"要求　促进学生全面发展

付胜利

育新学校始建于 1997 年，是海淀区素质教育优质校、高中示范校、新品牌学校。建校初，时任国务院副总理李岚清题词"认真实施素质教育，培养全面发展的跨世纪人才"。截至 2021 年，育新教育已经形成跨区域、集团化办学格局，师生总计 15000 余人，并成立了首都师大育新未来学校。20 多年来，我们认真贯彻党的教育方针，在新时代教育发展要求下结合学校发展，提出"发展素质教育，从优质走向卓越"的发展使命愿景。学校秉持"先成人后成才，既成人又成才"的育人宗旨，以"育德、致美、启智、日新"为核心价值观，明确"培养行于礼、善于思、格于物、达于美的时代新人"的育人目标。

一、课后服务原则及理念

根据《教育部办公厅关于做好中小学生课后服务工作的指导意见》（教基一厅〔2017〕2 号）等相关文件精神，依托《北京市中小学课外活动模式创新与应用研究》的课题，以"双减"为契机，我校不断提高教育管理水平和课堂教学质量。随着教育部出台《关于进一步减轻义务教育阶段学生作业负担和校外培训负担的意见》以及加强中小学生作业、睡眠、手机、读物、体质等"五项管理"文件，我校进一步强调要站在育人的高度做好课后服务工作。

（一）以"落实五结合、模式五结合、目标一核心"为原则。

第一个"5"：课后服务实施的"五结合"。落实海淀区教委要求，一要与"五育"并举相结合；二要与提升学生体质健康需求相结合；三要与学生课业辅导相结合；四要与党史教育等德育工作相结合；五要与学校特色建设相结合，扬长补短。第二个"5"：以课题研究方向为要求，课后活动模式的"五结合"，即课内、课外相结合，校内、校外相结合，社会、学校相结合，首都、国际相结合，普及提高相结合。最后一个"1"：始终坚守"建构以提升育人能力为核心的课后服务管理体系"。学校把开展课后服务作为建设高质量教育服务的探索和重要途径。

（二）以课程建设为思路，系统规划课后服务内容

聚焦学生发展需要和学习需求，着力改变课后服务内容碎片化格局，开展多层级、多样态课后服务课程的实践，探索相关课程间内容整合以及功能整体优化。

（三）以未来教育为方向，创新变革学习方式

在课后服务探索实践中，为学生提供线上线下、校内校外学习资源，教师为学生搭建符合成长规律的个性化自主学习平台，形成"人人皆学、处处能学、时时可学"的无边界的未来学习生态系统。

二、课后服务组织管理

（一）落实责任，成立课后服务领导小组

在原有的"八大中心"和"两个委员会"的管理运行机制的基础上，成立了课后服务工作专班小组，工作组以学校法人为组长，以中小学主管校长为副组长，以各部门负责人、年级主任为组员，负责课后服务的具体实施。

（二）规范管理，健全课后服务管理制度

我校制定了《学生管理制度》、《工作人员岗位责任制度》、《校外人员进校检查制度》、《安全防疫制度》、《突发事件应急预案》等一系列制度，开设课后服务热线，专人接听、解决问题，第一时间了解、解答家长需求。

（三）自我诊断，内需式提升供给能力

基于学校发展愿景和学生、家长的实际需求，启动"基于学生发展"的课后服务自我诊断管理模式，包括以教学、资源、安全、同伴、教师、文化、课程、组织与领导为主要内容的基础诊断和面向每位教师、每个社团课程的专项诊断，确保课后服务工作完成常态化、周期性、系统性的内需式改进。教师参与率100%，学生参与率80%以上。

（四）统筹安排，优化课后服务资源

积极挖掘校内人才，发挥我校教师的专业特长；引进校外机构，丰富课后服务的广度；获得家长、社会资源的支持，家校社合作共育，联合开展课后服务。

三、课后服务的实施

在实施课后服务工作中，以政策为依据，以"5落实、5模式、1核心"为原则，以"整体化、课程化、创新化、未来化"为理念，落实"立德树人"根本任务，实现"'五育'并举"育人要求，探索"'五育'融合"育人路径，确保每个学生至少参加一个社团或兴趣班，每周至少参加一次课后体育活动，同时统筹课程设置，保证每天一节体育课、每天校内锻炼一小时。促进学生健康成长、全面发展。

（一）立德树人弘礼仪，明德惟馨传芬芳

以"重礼仪塑常规、重常规塑形象、重形象塑栋梁"为核心，以"九礼六仪"为引领，根据"礼·悟"育德贯通课程规划，本学期成立《礼·馨》社团。学生们既可以在德育课后服务中感受到中国传统文化的魅力，又能培养学习的专注力。

（二）创想未来之城，拥抱梦想之家

第一，开展学业、作业辅导，高质量思维活动，体验进步的快乐。自主研发了具有育新特色的校本作业，通过多形式、多角度、多层面的练习，提升学生的思维能力。

第二，科技社团课程化，实现小初高贯通，提升创新素养。我校以"育新人，创未来"理念构建了小初高一贯制科技课程体系，建立科学探索、技术应用、实践创新三类课程群，多路径培养学生的创新意识、创新精神和创新实践能力。

第三，跨学科融合，项目化学习，变革学习方式。课后服务中打破学科壁垒，增设项目化课程，学生对真实的、复杂的、跨学科的问题进行探究，如"世界地球日项目"、"梦想之家项目"、"二十四节气桌游棋项目"、"垃圾分类项目学习"等。

（三）健康第一，健体育人

构建了包括基础性社团、拓展性社团在内的全方位、立体式、一体化的体育社团体系，使每个社团都走出了一条带有自身鲜明印记的发展之路，使每个学生都能参与运动，享受体育。目前学生成立了12个校级品牌社团。本着小场地、少器材、多竞赛、全参与的原则，每周开展全校大课间活动，提升练习实效。

（四）以美育人，以美培元

搭建出具有层次的艺术社团课程，以美育人、以美培元，使全体育新人都能够携美前行。艺术社团包括中学行进打击乐团、小学民族打击乐团、中小学蒲公英书画社、中小学音乐剧社、中小学合唱团等12个校级品牌社团，学校还形成了摄影社、动漫社、舞蹈社等20多个学生自主兴趣社团。学生在社团中发展艺术特长的同时也使育新的校园生活因艺术而优雅、自由。

（五）争做劳动模范，献礼建党百年

以服务性劳动为抓手，结合班级日常生活劳动和校内可开展的生产劳动，以学校为主导，形成家校社三位一体育人格局，以建党百年为契机，通过全方位开展劳动教育，宣传劳动精神，对学生进行劳动精神和党史教育；通过细化劳动评价培养学生劳动品质；通过做好劳动总结最终实现劳动育人。

（六）"五育"融合华夏课程，点亮学生智慧人生

我校课程服务的实施还将"'五育'融合"主题课程——"华夏智慧"课程纳入其中。它以横向融合、凸显育新文化为特色，融合了语文、数学、历史、美术、科学等多学科领域内容，以项目式学习方式加以实施，使学生在真实的情境中围绕驱动性问题并调动多学科经验进行自主探究、合作学习。

四、课后服务成果

（一）学生在课程化课后服务的浸润中收获成长的快乐

课后服务通过课程化的方式，满足了不同潜质学生的发展需求，促进了全体学生个性化的成长。丰富的资源拓宽了学生自主发展的空间和维度，灵活的学习方式使每个学生在合作探究中彰显自信，体验成功与快乐。

艺术：行进打击乐社团屡获国家、国际金奖，参加国庆70周年阅兵。"金月亮"合唱团获世界青少年合唱节表演金奖，在北京市第二十四届学生合唱节

中获得一等奖，创作的第一部音乐剧《梦想不打烊》成功在天桥艺术中心公演并入选北京第四届天桥音乐剧演出季。

科技：科技社团荣获 DI 全球赛中国区创新创意奖、全国 VR 创意创新创业大赛银奖。

体育：网球、棒球项目是北京市传统项目学校。蝉联区、市级团体冠军，20 余人次获得全国冠军。其中 2 人次打入国际四大满贯青少年赛正选，3 人次代表国家队主力参赛，先后代表海淀区参加两届北京市运动会，并斩获十余枚金牌；棒球多次获得区级、市级冠军，多次获得全国前三名成绩。

（二）教师在自身特长释放中获得专业成长的持续动力

教师积极发挥学科专长参与课后服务，激发了自身持续成长的动力，提升了课程建设力、专业增长力、项目管理力，带来了专业胜任感和职业幸福感。

（三）学校在发展素质教育中不断提升社会满意度

我校在着力落实"双减"工作中，以学生发展为本，不断提升我校教育服务覆盖面和教育质量，得到了学生的喜爱、家长的认可、教师的认同、社会的赞誉。自 2018 年至今，我校先后承办了北京市综合实践活动现场会、北京市中学美术学科课程展示与交流活动、第三届全国思维型教学大会、北京市贯通课程现场会、第五届全国中小学未来教育高峰论坛等各级各类现场会进行教育教学成果展示，同时，在近 3 年的社会满意度调研中得分显著提升，2021 年满意度增幅进入海淀区前三位。

党的十九届五中全会提出构建高质量的教育体系，对学校来说，就是要制定高质量发展的教育路线图。我校将以落实学生课后服务工作为契机，遵循教育教学规律，坚持发展素质教育，从优质走向卓越，努力构建超越现代空间束缚的未来学校，超越现代班级授课束缚的开放学校，超越现在教材和知识束缚的智慧学校，不断超越，不断前行！

探索未来学校　智慧教育在路上

董　申

面对未来的学校，面对未来的学生，为促进教育高质量发展，学校的育人模式一定会发生改变。学校需要进行课程体系、教学模式、活动体系等多方面的协同创新，给学生更多的选择。学校育人模式的变革是让每个学生的潜能在新的育人观念、育人机制中得到激发和释放，要尊重个性和因材施教，实现教育真正意义上的差异性公平。为探索未来学校的样态，2021年4月29日，在教育部在线教育研究中心基础教育部、清华大学人文学院人文教育发展研究中心的指导下，慕华成志未来教育研究院联合首都师大附属育新学校发起成立首都师大育新未来学校。首都师大育新未来学校更关注以学习者为中心，借助人工智能、云计算、大数据等先进技术，结合中小学生的学习特点，开发出符合学生学习规律的个性化学习平台，打造智慧课堂，让千人一面的课堂变成千人千面，保证学习者在任何时候、任何地点、任何设备下都能愉快地进行个性化学习。

一、首都师大育新未来学校的工作指导方针
——"一体两翼三回首，八轮驱动四步走"

未来学校的研究并非只有畅想，在未来学校相关的研究中，我们能看到很多引领性的教育创新及实践性的发展经验，在此基础上我校提出了"一体两翼三回首，八轮驱动四步走"的首都师大育新未来学校工作指导方针。

"一体"是首都师大育新未来学校本身。未来学校必将是基于信息技术，教学过程打破时间与空间限制，以学习者为中心，充分尊重个体差异，培养其

适应未来社会发展的学校。因此我们界定这是一所云端数字学校，广域泛在，它是联系线上、线下、校内、校外的纽带和桥梁。

"两翼"是支持首都师大育新未来学校发展的助力者。一翼是首都师范大学，给予我们行政支持和理论指导。2020年首都师范大学成立了儿童与未来创新研究院，提出未来教育百城千校的设想，育新便是其中一员。首都师范大学副校长对于未来教育有一个全国性的课题，他在这个课题里边提出"构建高质量的学校发展路线图需要突破现有的教育范式，要构建突破现有空间限制的未来课堂、现有分科限制的综合课堂、现有学制束缚的人生课堂、现有班级授课束缚的开放课堂，还有其他面向未来的一些课堂形态"。另一翼是技术公司，给予我们发展的基础支撑。首先是资源的共享，提供了大量的教学资源；其次是技术的赋能，提供了智慧教学的基础平台和相关人员的培训。

"三回首"是首师育新未来学校的三个宗旨，可以概括为三个词，叫共享、共建、共育。第一是共享，促进我校动态、开放、优质教育资源的共享；第二是共建，建构起未来学校的共同体；第三是共育，探索面向未来的育人模式。

"八轮驱动"是首都师大育新未来学校在建设过程之中设计的八轮驱动运行机制。首先第一轮是平台，我们会建构未来学校的门户、网站和资源平台，使其承担扶持学生学、教师教、课堂互动、学校治理、教育评价等诸多功能。第二轮是资源或者说是课程，以我校"育·新"课程体系为基础，以动漫微课为支撑，建构一个丰富的教育资源，涵盖教案、学案、试卷、试题、微课、示范课等内容，以多种方式呈现。第三轮是师训，我们会对骨干教师、全体教师、管理者进行相应的培训工作，以引领我们的教学工作。第四轮是课堂，混合式教学加持下的"551"思维课堂，更好地展现在发展进程之中。第五轮是教育督导，我们把过程性督导和结果性督导相结合，做好发展的过程控制。第六轮是教育评估，包括对学生的学业评估、教师的教学评估、学生成长的综合评估等。第七轮是教学管理，我们会对相应的主管领导进行管理层次的培训，落实学校的办学理念、管理模式。第八轮是品牌辐射，我们希望将首都师大育新未来学校建设成整个未来学校系统的核心，进一步提升教学质量，突出办学特色，发挥其品牌辐射效应，不断发展壮大。

"四步走"是首都师大育新未来学校的发展战略。第一步是推动资源共建共享。信息时代的基础教育课程资源将越来越多地采用数字化方式呈现，各种多媒体数字化教学资源、互动式和集聚式等数字教学资源将与传统的教学资源一起，根据教育需求智慧地呈现。第二步是推进信息技术技术在教育教学中的常态化应用。通过技术应用实现"以学生为中心"的教学模式，利用教育技术赋能教育过程，打破了传统的师生间单向的信息流动路径，构建了新型的互动式课堂教学模式，为学生提供自由的学习路径，支持学生进行自主学习。第三步是深化技术赋能评价改革落地。人的学习过程是一个数据生成的过程，通过技术手段实时采集这些数据，进而进行智能化分析与反馈，实现对学生多元实时的评价并指导教师进行针对性的教学改进。第四步是逐步形成基于信息技术的基础教育服务新生态。通过技术与教学的深度融合，使技术真正服务教师的教学与学生的学习，实现真实泛在的学习，让资源随处可取、让教与学无处不在、让评价实时反馈、让学校成为学生成长的"服务者"。

二、首都师大育新未来学校的智慧教育实践
——基础建设、互动教学、双师平台、智慧作业

未来学校以现代教育信息技术手段为支撑，通过开展个性化的学习与教学活动，培养能够适应未来社会发展的人才。智慧教育是当下学校信息化发展到一定阶段的内在诉求，也是未来学校发展的重要实践。在人工智能、云计算、大数据、物联网等新兴信息技术的推动下，我校不断实践智慧教育探索未来学校新样态。

（一）构建互联感知的智慧教育环境基础

未来学校新样态中人与人相连、物与物相连、人与物相连是其实现的基础，需要通过"互联网＋物联网"的技术整合把学校中的所有人和物都有机联系到一起。为此，我校近年构建了高速互联的基础网络、高效泛在的无线网络，扩大了学校的出口带宽；不断建设完善校园环境中对"人"的感知，借助生物识别、射频识别、红外感应、互动教学设备、视频采集系统、网络行为采集等，获取教师和学生在教学和学习活动中的数据信息。

（二）探索平板电脑支持下的智慧交互课堂

学校在基础环境支持下为部分班级配备了交互式的平板电脑，在此基础上，老师利用"未来学校"教学平台不断探索未来课堂，通过在教学中运用互动白板、平板电脑等设备，辅助专业教学应用 App，打破传统的师生间单向的信息流动路径，构建了一些新型的互动式课堂教学范式。

数学课上，老师利用数字绘图软件，将函数公式变为动态的图像，帮助学生理解新知；学生在软件上探究实践改变函数的参数，绘制不同函数图像，实时了解不同参数对于图像的影响。数字绘图将原来需要想象的内容变为可视化的图像，学生在实践探究函数图像的过程中构建知识，并在技术的支持下相互分享作品，从而得到认可并获得成就感。

英语老师使用平台的在线测试进行即时的课堂练习，利用英语配音软件组织课堂活动。尤其是利用平台提供的听说评测功能，实现全员统一时间统一内容的口语练习，并且系统会自动进行评价，给出所有学生的问题反馈，让教师进行针对性的讲解。

历史老师利用平板电脑带学生走进线上数字博物馆，通过多媒体技术，将丰富的内容呈现在学生面前。线上博物馆对馆藏文物的图片还原和详细讲解，能取得引人入胜的效果，能有效改善历史教学中教学内容固定、教学方式单一的问题，帮助学生加深对知识点的理解，通过文物来引导学生全面了解其所处时期的历史背景，有效掌握历史事件，深入探究其历史意义与价值。

美术课中做《校园写生》，学生用平板电脑去拍摄校园景观，然后回到课堂，教师再讲解评析，学生对照数字相片进行创作，不仅能放大看细节还能进行多方向的回顾，并能把绘制过程分享给老师和同学，大家相互学习及反馈，大大提高了课堂效率，取得了很好的课堂教学效果。

书法课上，老师利用平板电脑上安装的专业书法软件，让学生依据兴趣自由选择主题，并配合软件提供的视频进行自主学习，然后上传作业，系统会自动评价，实现了同一空间下完全不同的学习内容，教师有更多的时间进行教学活动的组织与解答学生的问题。教师的角色发生了重要的转变，由知识的主要传授者，转为活动的组织者与监督者。

物理老师使用平板电脑将一闪而过的现象录制成慢动作展示给学生；化学老师使用平板电脑将危险实验变为虚拟实验；生物老师利用平板电脑将生物结构呈现给学生，学生还能通过与虚拟仿真类教学资源的交互加深对概念的理解。

教师正在基于信息技术创造性地探索"以学生为中心"的教学模式，利用教育技术赋能教育过程，变革传统教学方式。在空间上突破了学校的时空限制而具有广延性，为学生提供了更多可用的学习资源，将数字教学资源与传统的教学资源结合在一起，根据教育需求进行智慧的呈现；在应用上呈现多元化，依据需求使用不同的软件功能为学生的自主学习提供支持。

（三）创设广泛分享与发展的双师智慧平台

作为北京市双师课堂试点学校，我校搭建了双师智慧平台，在实现全自动录播及教室间的"双师"授课的同时，搭建了在线"双师"教研平台。智慧学校的智慧教育需要一大批智慧教师的投入和实践，除组织教育技术培训和融合技术的教学研修等途径，更需要教师之间的充分分享与合作，以及外部专家的理论指导。在双师智慧平台的支持下，实现了教师线上同备一节课、同评一节课。备课过程成为备课组协同创造的过程，每个人的修改都会被保留、都会被分享，备课过程中教师广泛参与并被发展出若干不同的版本；授课过程被记录到平台中，所有人都可以看到，都可以进行评价，都可以提出建议，可以随时被调出，可以随意暂停打点，弹出的弹幕可以感受不同时空的评价。双师智慧平台中还"入驻"了学科专家，打通老师与专家的时空界限，老师可以随时"问诊"，专家在零散的时间就能完成指导，让专家真正走进我们的实践中，陪伴我们的老师成长。

（四）尝试智能采集与分析的智能作业平台

作业作为占据学生大量时间的学习任务，对学生学业质量、诊断改进教学、学生素养发展等至关重要。提高作业质量，发挥作业诊断、巩固、学情分析等功能，实现个性化作业离不开对作业数据的采集与分析。学校在部分学科尝试使用 AI 智能作业平台，不改变教师、学生纸笔使用习惯，依托 OCR、AI 批改等技术，实现对学生作业和老师批改数据的大规模、常态化、高精准、无感知、无负担采集。然后在智能数据分析支持下，教师能够快速发现教学中存在的薄弱环节，了解所有学生的学习情况，为后面的教学提供建议。通过对作业数据的积累，创建智能预测和推理的逻辑关系模型，进而可以对作业设计进行评价，对作业设计质量从目标、结构、难度、时长等多维度自动评估，提示教师对作业内容进行调整，并支持 AI 推题、换题，提升教师作业设计能力。在此基础上同时可以实现人人不同的个性化作业，这也是非技术手段下无法支持实现的。

三、首都师大育新未来学校的未来畅想——数据驱动、智能评价

运用教育数据驱动教学变革是未来学校的重要特征，充分发挥教育数据

资源潜在价值是智慧教育中最重要的一环。在我校实践中获取了大量的教育教学数据，并使用这些对学生的学业进行评估、对教师的教学进行评估、对学生的成长进行综合评估等，进而促进教育教学的改进。面向教师层面，将基于大数据课堂诊断，通过提供现场课堂观察与诊断、视频课例分析，进行基于课堂教学行为大数据的客观、全面的诊断与分析，以发现教师的教学特色及存在的问题，促进教师课堂教学行为的改进，提升教师的专业发展水平。面向学生层面，构建多元成长评价体系，不仅关注"认知"和"结果"，更重视"行为"和"过程"，改变单一成长评价主体的现状。面向课堂层面基于平板电脑和智能作业系统进行"学业画像"。通过课堂教学大数据透视教学问题，为教育决策提供科学依据；为教师提供备课、授课、课堂回顾、课后作业、统计分析、师生交流互动的全流程业务服务。

通过师生教育教学行为数据和教育结果评价数据的不断积累，下一步学校将创建智能预测和推理的逻辑关系模型，能够进一步对学生的学习和教师的教学提供预测和建议，实现从"适应"到"反馈"最终到"服务"的"智慧闭环"。让多元学习评价与学习过程同步发生，基于实时采集的学生数据，利用智能评价手段、工具，对学生进行实时的综合评价，形成可视化报告，为教师充分把握学生个性特点、了解学生学业情况提供评价参考，也为学生更加全面地了解自身的学业与发展提供反馈。让自适应评价反馈和自适应学习成为可能，利用学习者的学习过程数据，将通过智能分析描绘出学习者的学习特征，给出具有针对性、适应性的学习建议，为学生的教育全过程提供专属的智能学业助手，最大限度上发挥教育评价的诊断、激励作用，为学习者预测并推荐最适合的学习资源和学习方式。

未来学校是信息化时代下教育变革浪潮的产物，未来是什么样子的现在还不确定，但一定是在技术的支持下对现有教育形态的优化。面向未来学校，我们将不断实践智慧教育，实现个性化的教育，提升学校教育的效能，进一步充当促进教育实质公平、提高教育质量、凝聚教育智慧和促成每一个学生通过教育获得与自身相适应的最优发展的关键支持力量。

"卓越教师工程"促进教师发展

边慧颖

建设高质量教育体系是构建新发展格局的基础环节，也是新时期对学校教育提出的新要求，如何开展学校工作，落实减负增效，切实构建高质量的教育体系是每一所学校都要研究的课题。我校通过对"卓越教师工程"构架、实施和"五育"并举与育人品质提升两方面构建高质量教育体系进行了思考和实践。

一、构建"卓越教师工程"培养体系，推动教育高质量发展

学校之本，在于育人；办学之本，在于教师。教师是学校发展的第一资源，教师培训是提升教育质量的动力。新时代的教育对教师队伍建设提出了新要求，如何打造教育情怀深厚、专业基础扎实、勇于创新教学、善于综合育人和具有终身学习发展能力的高素质专业化创新型教师队伍，是每所学校都面临的重要任务。面对新方位、新征程、新使命，把握国家加强教师队伍建设的历史机遇，立足"人品、敬业、能力、成果"的为师标准，找准教师发展关键问题和痛点，我校以打造"卓越教师工程"为抓手，通过丰富的课程服务和贴心的培训管理，组织教师校本培训，有效促进教师队伍整体提升。2018年教育部印发的《关于实施卓越教师培养计划2.0的意见》强调着力培养"学高为师、身正为范"的卓越教师，我校将"卓越"定义为"知止有定、越而胜己"，"卓越"既是目标，更是激励。

"十四五"以来，我校以助力教师专业发展，从"优质"走向"卓越"为"卓越教师工程"的培养主题；以《中共中央、国务院关于全面深化新时代教

师队伍建设改革的意见》精神为指导，认真构建我校"卓越教师工程"校本研修五年行动纲要。

（一）"卓越教师工程"培养体系构架原则

一是坚守师德为魂原则，将"四有"好老师、"四个引路人"、"四个相统一"和"四个服务"等要求细化落实到教师培养全过程。

二是坚持教师需求为本原则，尊重教师专业成长的自主权，激发教师实现自我价值的内驱力，满足教师群体和个体的需求。根据参训教师自身发展和培养需求设计培训课程，并根据需求变化及时进行方案和培训内容调整，达到共融共进。

三是坚持突出重点、分类施策原则，贴近各级各类教师的不同特点和发展需求，以需（需要）定训，制定不同层次教师个性化的研修模式、策略和内容，营造人文空间有温度、教育教学空间有高度、科研空间有深度的研修氛围，保证全体教师在五年的研修中都能"平稳发展，超越自我"。

四是坚持以求（要求）定训原则，根据学校发展的需求，采取梯队式发展模式，突出重点精准培养，在五年的发展中力争更多的优秀教师能够"突破自我，走向卓越"。

五是坚持任务驱动、处实效功原则，各层级培训活动以任务完成、作业展示、材料提交等手段督促参训教师保质保量完成实训工作，切实保证参训教师增知、提质、积德、赋能、出彩。

（二）从培训对象、培训资源、培训内容、培训策略和培训评价五大板块，全面立体构建"卓越教师工程"

1. 培训对象

根据教师专业发展水平，开展分阶段研修项目。根据从教时间和专业水平，以自评、他评、互评等方式，明确教师所处发展阶段——职初教师、成熟教师、优秀教师、卓越教师，分别参与启航教师研修项目、领航教师研修项目、远航教师研修项目，以不同研修模式完成不同研修任务。

2. 研修资源

多渠道开发校本研修资源，培训资源来自四个方面：联合专业机构根据学校教师需求共同开发研修资源；各领域专家培训资源（包括邀请的主题讲座和陪伴成长）；学校优秀教师和持续学习过程成果也是培训资源；利用技术进行资源搜集积累形成的资源库。还会不断丰富培训资源，尽可能满足培训个性需求。

3. 培训内容

研修课程内容涉及政策及师德内容、学科教学内容、学生发展指导内容和个性化自主学习内容。学校针对教师发展四个阶段，研制三段提升课程项目，每位教师研修内容都包括上述四项。

4. 培训策略

以"理论学习＋互助观摩＋实践反思"的思路、"主题必修＋定制选修"的策略逐步推进研修项目落地。必修与选修课程借助信息技术和资源库建设以"线上＋线下"方式实现，增强研修时间、空间的选择性、灵活性；推进同伴互助"学习共同体"研修，促进榜样学习和合作学习氛围的形成；以"教（课堂教学）—研（课题研究）—训（校本培训）"一体化为研修主线贯穿于五年行动规划。借助海淀教育高地资源，组建学科核心团队，积极申报、开展课题研究，形成学校教学特色。

5. 培训评价

研修评价与能力等级、工作成果挂钩，强调实际工作问题解决。研修评价以自评、他评与互评方式开展，根据研修成果和教育教学实践衡量确定能力等级。既有过程性评价要求，又有终结性评价标准。过程性评价以研修手册为依托，以学习笔记、学习反思、专业阅读为主要形式，重点观察和了解学习投入、教育观念变化、自我提升等；终结性评价强调实际问题解决和教育教学实效，如课题（项目）研究、论文撰写、公开课、评优课、课程开发、经验交流等。

二、扎实推进"卓越教师工程"，为教师赋能

2020年9月，全面复学以来我校把"卓越教师工程"作为重要工作积极开展推进。分别在全体教师层面、优秀骨干教师层面及教研组层面做了方案的解读。全校各个部门结合卓越教师发展方案，分析现存问题、思考发展策略，明确五年发展目标。为了帮助老师们找准自己的定位，学校聘请专家型教师逐一分析骨干教师的发展规划，提出合理修改意见，为教师专业发展把握方向。

学校在如何规划自己的教师职业生涯、对"四有"好老师的理解、教师心理与儿童心理、课题的选取与实施、论文的撰写、现代化教育技术的应用、未

新时代
教育文库
北京卷

来学校的认识、学生项目化学习的设计与实施等多方面聘请专家教授为老师们做报告、讲座20余场，培训活动在有序开展，老师们的专业综合素养也在不断地提升与积淀。

为了提升老师们的专业素养，学校积极倡导教师多读书，读好书。老师们读书不再是图书馆有什么书，大家读什么书。而是老师们想读什么书，学校就给老师们买什么书。在读书需求的统计表中能够看出，无论是专业提升还是涵养养成老师都有自己的需求，大家涉猎多个领域的书籍，有很强的自我提升内驱力，而学校就是要为老师提供最大的支持。这学期，为了能够帮助老师们深度阅读难懂的专业书籍，学校聘请首都师范大学的专家教授为学校的老师们规划了"带读引领教师成长"的读书赋能计划。在观念理念、教学能力、科研能力、管理能力以及其他方面，针对"骨干教师"和"学科带头人"，开展卓越教师素养培养，以面对面教学的形式，带领教师梳理重点讲解要点，引导卓越教师系统的"读好经典图书"，为卓越教师成长奠定坚实基础。

教师成长是一个负重前行的修炼过程，需要"精神动力"。学校始终以欣赏的眼光看待每一位教师。教师节"最美育新人"的评选让当选的老师激动不已，五四青年节优秀青年教师备受鼓舞，教龄在30年以上的老教师会接到校长亲自颁发的荣誉证书，这就是教师发展有力的爱的支点。学校始终主张教师的精彩都要以学生的成功来印证，构建高质量的教学体系是时代的要求也是我们不断追求的目标。

三、结语

"卓越教师工程"全面促进教师发展，高质量的育人体系更激发了教师持续成长的动力，提升教师的课程建设力、专业增长力、项目管理力，带来教师的专业胜任感和职业幸福感。党的十九届五中全会提出了构建高质量的教育体系，学校就要制定高质量发展的教育路线图，落实发展素质教育，从优质走向卓越，以努力构建超越现代空间束缚的未来学校，超越现代班级授课束缚的开放学校，超越现在教材和知识束缚的智慧学校为目标，不断超越，不断前行！

"卓越教师"培养机制建设的实践探索

李 星

学校之本，在于育人；办学之本，在于教师。教师专业成长是学校发展的源头活水，也是实现学生可持续发展的重要动力。面对新方位、新征程、新使命，学校为打造教育情怀深厚、专业基础扎实、勇于创新教学、善于综合育人和具有终身学习发展能力的高素质专业化创新型教师队伍进行了持续的探索。

2017 年，学校统一进行机构的设置和调整，组建"教师发展研修中心"。教师发展研修中心通过丰富的课程服务和贴心的培训管理，组织教师校本培训，有效促进教师队伍整体提升，不断向培养一支"重人品、喜敬业、塑能力、崇成果"的面向未来的专业教师团队的方向努力。之后，学校在持续的实践中不断强化组织管理与制度设计，开展培训研究，明确提出"卓越教师"培养计划，育新"卓越"定义即"知止有定、越而胜己"，"卓越"既是目标，更是激励。

一、构建动态变化的教师发展课程体系

培养卓越教师的基础是构建适合教师发展的课程体系。教师发展课程体系的本质是基于学校与学生发展的需求，使教师在不同发展阶段都能够找到专业发展的方向，促进课程内容从供给方到教师团队、个体之间进行有效的转移，从而培育学校自身的育人个性与特色。

"育·新"教师发展课程体系是学校课程体系的一部分，它是基于学校特点与学生实际，以校为本，建立在对学校已有基础的分析与未来发展目标达成之间的教师成长需求上的课程体系。因此，它具备动态性、包容性的特点，具

体构成如图1所示。

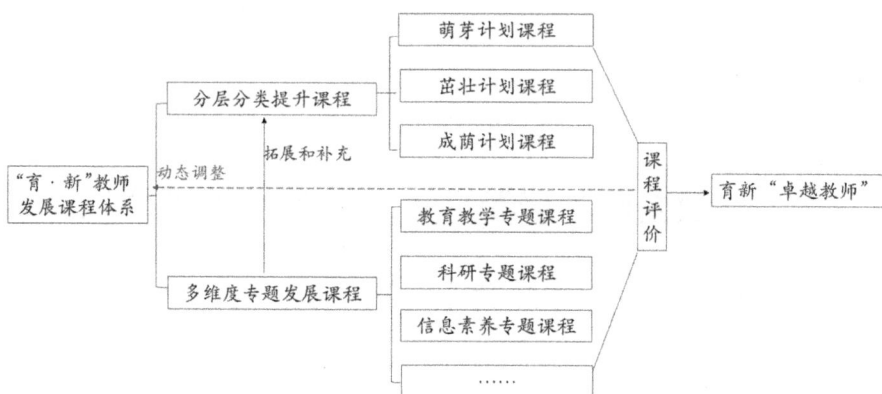

图1 "育·新"教师发展课程体系

学校坚持"骨干先行、青年优先、全员参与、年长不舍"的分层分类培训理念，将教师专业发展划分为以课堂自觉为标志的职初教师、以学科自觉为标志的成熟教师、以教育自觉为标志的优秀教师、以文化自觉为标志的卓越教师，在四个阶段的教师中积极推进萌芽计划、茁壮计划、成荫计划三类课程助力教师专业成长。

除此以外，根据教师个性化发展需求，学校推出以教研组、备课组、课程中心、学生发展指导中心、科技中心等多角色多维度的研修课程以丰富课程供给，为教师提供个性化的服务。教研组、备课组在教学督导委员会的指导下，侧重解决具体学科的教学问题，以探讨学科课标、教材、教法为主；学生发展指导侧重解决学生管理的问题，以班主任培养和学生发展指导教师的培养为主，强调的是在尊重学生身心发展规律的基础上运用科学的方法管理学生；课程中心在教研组、备课组、学生发展指导研究具体问题的基础上，以申报课题、撰写论文为导向，侧重进行问题研究的理论和实践策略指导，强调的是科研的严谨性和创新性；科技中心侧重于对教师信息化素养的培养，用各种信息化手段提升教学效率，强调的是信息化普及的问题。

之后，学校坚持在实践中使用"柯氏模型"评估学校课程的建设效果。在反应层、认知层、行为层、结果层四个层次上进行效果评估。然后进一步调整各个模块课程的设计。当然，由于评价本身存在难度，教师发展课程的调整依据主要来自参训教师的建议反馈等。

二、创设灵活多样的教师学习共同体

培养卓越教师的有效途径之一就是在学校学习生态的涵养中创设学习共同体。学校的学习生态要想形成，除了提供丰富的课程，最重要的是必须依靠教师，要让教师成为校本研修的"真正"主体。因此，必须改变教师个人将理论应用到实践中以提高教学效果的传统学习观，构建在参与和互动中学习，通过互相交流、对话、分享、协作促进教师的专业发展的现代教师学习观。

育新学校通过各种平台组建的个性化"学习共同体"，是教师基于共同愿景而组合起来并乐于分享、关注持续学习、最终促进学生成长的学习组织。主要方式有以下 4 种。

满足教师多样需求，组建学习共同体。学校打破学科、学段的界限，以教师个性化需求为基础，自由组合组建学习共同体，解决部分教师存在的普遍性问题，同时学校提供资源保障全方位助力学习共同体的常态化推进。

多维度课堂观察，研讨反思共同进步。对常规教学进行观察研究，能更深入地了解教师教学实际情况，迅速找到教师专业发展的微观切入点。因此，学校坚持全员听评课的基本原则，组建以教学干部、教研组长、年级主任、教学助理等为核心的听课团队，以同课重构、同课异构等多种形式，在思维型教学理论的指导下进行评课，群策群力，在观点的讨论中达成下一步改进的共识。同时，借助信息化手段，留痕听课，核心团队定期总结汇报，以推进常态课质量的不断提升。

"青蓝"互促，师徒结对共话成长。育新学校自成立以来就建立了"传帮带"制度，目的就是搭建平台，发挥骨干教师的引领作用，整合学校优质资源，助力青年教师、青年班主任快速成长。青蓝结对，不但分享备课、上课、带班的各种资源和经验，还要求师傅手亲身示范、指导改进，帮助青年教师、青年班主任尽快胜任工作，同时也希望在师徒结对的过程中，实现教学相长，共同提高，由此为学校不断发展积淀动力。

名师引领，规划清晰共同前行。育新学校中学两位正高级教师分别组建了"董雪娇名师工作室"、"李斯莲名师工作室"，两个名师工作室探索了不同的教师培养路径，董雪娇名师工作室以人文类教师为主，探索研究型教师的培养；李斯莲名师工作室以信息化为依托，探索智慧教育的实现路径。虽然成员数量有限，但在教师培养的过程中实现了精准培养，高质量培养的同时最大限度地发挥了辐射作用。

三、开展扎实有效的教师教育研究活动

培养卓越教师离不开常态化教育实践的推动。每个一线教师都有着丰富的实践经历，为什么有的教师工作几年就能够快速成长进步，而有的教师工作多年仍没有明显进步？除了个人潜质、自身起点等方面的原因，最重要的因素在于是否具备教育教学研究的能力。

教师专业发展的底层逻辑是必须具备持续的研究能力。因此，学校坚持开展理论学习、案例分析、实践体验、反思提升的引领活动，帮助教师基于具体问题出发，将教学问题转化为研究课题或者研究论文，深入地探究教育教学的内容和方法，这个过程可以促使教师在实践过程中反思、发现、进步。但是不能否认的是，一线教师"工学矛盾"普遍突出，不是人人都能够申报课题和撰写论文。因此，学校基于核心问题，开展系列培训，引领教师发现问题，不断增强研究的意识。

学校围绕"思维型教学理论"的学习和运用，邀请专家开展系列化的理论讲座，挑选部分教研组先试先行，在学科内巩固思维教学的方法。适时组建思维教学核心团队，既有资深老教师的学习引领和交流，也有骨干教师、青年教师的学习和实践，二者相互影响，再相得益彰。

学校围绕深度学习的研究和运用，借助区级力量，邀请专家讲解深度学习及其五大特征，并试图探索深度学习与思维型教学理论的融合，共同促进学校研究的理论厚度，为适应教育教学改革做了进一步尝试。

学校围绕核心素养和课程标准的学习和运用，以教研组为单位，邀请学科专家指导，全学科开展课标的学习和解读，为学科教师深度理解核心素养和课程标准搭建平台。

学校围绕大单元教学的设计和研究，以学期为单位，在备课组内开展校级展示课活动，借助教研组和备课组的力量，共同开展大单元教学的实践研究，进一步提升教师的研究意识。

培养卓越教师需要关注教师的内在因素，当然也离不开各类资源的外在支持。在学校机制建设、经费支撑、资源统筹的支持下，育新学校成绩斐然，现

有市区级学科带头人、骨干教师 53 人，占比 19.49%，正高级教师 4 人；硕士学位以上教师 55 人，占比 20.22%。承担有市区级以上课题 48 项，其中市级课题 8 项。

在育新学校培养卓越教师的实践中，我们始终坚持"变"与"不变"相结合。基于解决教育实践中不断遇到的新问题的需要，我们不断地调整课程内容、改变研修方式与手段，努力使卓越教师的培养融合到我校教育教学"血液"中去，从而不断积累经验，凝聚智慧。但我们教师培养课程化、体系化的策略与意志从未改变。

构建全员参与机制 科研引领内涵发展

——教科研工作思考与实践

唐 枫

一、明确新时代科研定位，构建全员参与科研工作机制

（一）明确科研定位，规范科研管理机制

建校伊始学校明确提出教育科研要源于实践、服务实践、高于实践、指导实践，要不断落实教育教学理论常规化、教研科研过程规范化、课题选择研究层次化、科研教学管理一体化，二十几年来学校一直非常重视教科研工作。

面对全面提高基础教育质量的新形势新任务新要求，学校明确提出：教科研要服务学校教育教学，引领课程教学改革，提高教育教学质量；服务教师专业成长，指导教师改进教学方式，提高教书育人能力；服务学生全面发展，深入研究学生学习和成长规律，提高学生综合素质；服务教育管理决策，加强教育理论、政策研究，提高教育决策的科学化水平。

（二）统筹研究需求，搭建全员科研平台

发现职业价值、享受职业乐趣是幸福的钥匙。学校认同"如果想让教师的劳动能够给教师带来乐趣，使天天上课不至于变成一种单调乏味的义务，那就要引导教师走上从事教育科研这条幸福的道路"。因此，学校以参与重点课题研究、主持重点研究项目、个人申请立项课题三级台阶搭建起全员参与科研的平台（见图1）。

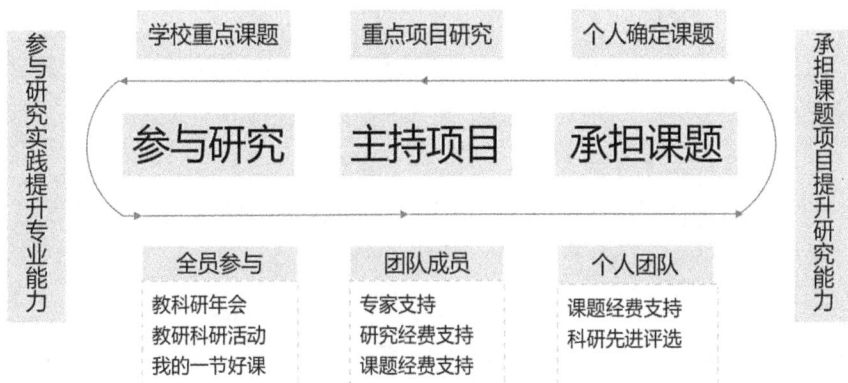

图 1　全员参与科研路径

对于研究内容重要、涉及面广的研究内容（比如思维课堂研究、学生发展指导研究），校长亲自牵头，教研、科研协同开展，全体教师参与其中，并以教科研年会、"我的一节好课"作为全员参与的保障，实现研究成效最大化。

根据发展需要确定若干重点研究项目，项目组带领骨干教师攻坚克难，进行课程改革、教学探索新尝试。学校给予项目专家资源、研究经费支持和保障。

学校大力支持教师申请或参与课题研究，每学年划拨经费支持研究工作。

目前中学部在研市级规划课题 6 项，区级规划课题 8 项，区级群体课题 4 项。

学校每年组织科研年会和年度科研先进个人表彰活动，编辑校刊《育新教育》，促进科研工作开展和交流；教师参与研究并得到专家指导，研究能力和教育理论水平得到提高。

（三）加强科研培训，提升教师科研能力

学校认同教师专业成长公式（成长＝经验＋反思），认为如果一个教师仅仅满足于获得感性经验而不进行理性思考，那么他原有的教育理念及不当的教学行为就很难改变，因此明确提出研究型教师培训目标。

借助科研年会引领教师关注教育本质和发展趋势，每届年会围绕一个主题开展包括专家讲座、教师交流、教研组研讨、阶段成果展示系列活动。近三年年会主题分别是"以同课重构促思维课堂深入开展"、"作业本质上是一种学习方式"、"学生发展指导途径与教师指导能力提升"。

开展主题科研和教研实践，借助课题申报和论文评选契机帮助教师明确研

究要求和实质，以及好论文的特点。

组织编写学术校刊《育新教育》，为价值引航、为科研赋能、为交流搭台、为发展奠基。

二、立足学校发展重点内容，发挥科研引领服务作用

（一）聚焦课程开发研究，助推教师转变育人理念

课程是教育思想、教育目标和教育内容的主要载体，是最为重要的育人载体，因此学校不断通过对国家课程校本化实施和特色课程建设，开发能承载学校核心价值观、满足学生需求、引领教师专业成长、促进学校特色发展的课程体系。

在着力推进国家课程校本化实施过程中，学校积极倡导并支持以课题研究为载体和平台，开展课程实践研究，提高课程开发质量。如艺术审美教育中心借助市级课题《十二年一贯制校本艺术课程体系建设研究》研究契机，明确艺术学科一体化课程在"育·新"课程体系中的定位，搭建具有层次的课程结构与设置，通过"我和我的城市，我和我的国家，我和我的世界，我和我地球"四大主题，通过四条途径（跨学段纵向贯通时间维度一体化实施，围绕主题横向统整、纵向递进贯通一体化实施，校外实践与学校课程一体化实施，显性课程与隐性课程的一体化实施）进行一体化课程实施探索。体育健康教育中心通过国家课程、特色课程、创新课程、阳光体育、素养课程五个路径突出体育学科的功能性、层次性、多样性、选择性、适应性，打造体育一体化课程，激发学生体育学习兴趣，为终身体育锻炼奠基。科技创新教育中心以国家课程、校本课程、科技项目、科技社团、科技竞赛为支撑构建起学校科技课程体系和科技优长生培养机制。

（二）聚焦思维课堂研究，提升教师专业教学能力

学校认为课堂教学是学生在学校生存发展的基本方式，是学校办学的重要基点，是不同时期学校教学改革的核心内容，强调课堂教学要通过教学方式与学习方式的转变，落实学生的主体地位，激发和引导学生的自我发展之路。

借助市级立项课题，学校自2014年通过专家讲座、干部引领、骨干先行、实践交流、同课异构、同课重构等方式和活动不断推进思维课堂探索和实践。

尽管"551"思维课堂教学模式实践研究受到广泛肯定，但学校也清醒地

认识到"思维课堂"研究还需要更具学科特征、课型特征的研究内容与问题的解析。伴随教学方式变革研究，还要进行学习方式转变研究。

《思维型教学理论引领下的课堂教学课例研究》被批准立项为"2020年度北京市规划课题"，其将探索不同学科、课型基于思维型教学理论的教学策略，通过课例研究和评价研究完善思维课堂教学模式，促进教师专业成长、学生思维品质提升。

学校加入区群体课题，基于海淀"9L"学习品质评价指标体系评测数据，开展初中学生学习品质提升途径与策略研究，期望从"学"的角度开展学习品质研究，与从"教学设计"角度的思维课堂研究相互补充，形成提升学生学习品质有效机制。

（三）聚焦学生发展研究，提升教师科学育人能力

2017年伴随新中高考改革，学生选科走班指导和生涯规划指导成为学校日常工作内容。基于对"人生的本质是一连串基于内心愿景的选择，学校的根本意义在于帮助学习者树立合适的愿景，并习得不断做出正确选择的能力"的认识，学校认为：创造适合每位学生发展的教育，发现每位学生的不同，激发每位学生的潜能，启动每位学生的内在动力，让每位学生成为自我发展的承担者，是现代学校教育面临的新任务，对教育理念、教育内容、教育途径等进行结构性、系统性探索，构建全员育人、关注个体的学生发展指导体系势在必行。

面对教育改革新形势，面对学校发展新要求，学校认为学生发展指导体系应与学校教育要求、学校课程体系紧密联系又各成体系。学生发展指导应面向全体学生，从高中延伸至初中、小学；指导内容从狭义的生涯指导转化为当前覆盖学业、生涯、个性与社会性发展各个领域的综合指导；指导人员从班主任到所有学科教师，再到普通教师、学校行政人员、家长等共同合作的指导队伍。基于这样的认识，构建学生发展指导体系，提高全体教师指导意识与指导能力是学校发展迫切任务，学校着手开展学生发展指导体系研究、学生发展指导途径与策略研究、学生发展指导评价研究。目前，相关研究已立项为市级规划校本专项课题。

三、师生共享科研成果，学校优质资源辐射周边

（一）教育科研重实效，学生受益健康成长

学校教学研究实践最大收获莫过于学生在课堂内外展现出无穷的思维活力。

2018 年，参加北京市第二十一届学生艺术节，"一场对无名骑士的审判"和"坏孩子的天空"均获一等奖；参加"登峰杯"全国中学生学术科技创新大赛，获一等奖；参加"蓝桥杯"全国软件和信息技术专业人才高级创意编辑组大赛，多名同学获北京赛区一等奖。2019 年，参加中美旗舞邀请赛，获九年一贯制组金奖；参加"真实世界设计挑战赛（无人机）"国际总决赛，获中国区第二名；参加第 39 届青少年科技比赛，获北京赛区一等奖；发明的实验室培养皿清洗装置获得实用新型专利。2020 年，中小学师生共同原创校园音乐剧《梦想不打烊》隆重亮相北京天桥艺术中心。近 3 年，多名同学获得北京青少年科技后备人才早期培养计划科学探索专项资金……

学校以研究促进教师教学能力和发展指导能力提升，克服地理位置和生源条件不利，连续多年向北京大学、北京航空航天大学、人民大学、中国农业大学等国内一流高校输送大批优秀人才。

（二）科研活动重过程，教师实现专业发展

学校以"有限课堂无限可能"不断引领教师开展教育教学研究，已形成共识——备课是一种策略研究，上课是一种临床研究，听课是一种比较研究，评课是一种诊断研究，反思是一种经验研究，学习是一种能力研究。

课程开发与教学实践研究过程中，教师与教学理念对话，与教学过程对话，与教学得失对话，不断总结、提炼成功的教学经验；教师们研究自己如何教，研究其他教师如何教，产生出不平凡的教育智慧。实践—反思—调整—再实践的教研过程，不断促使教师从经验型教学走向研究型教学，教师在研究过程中不断成长。

（三）科研成果受关注，优质资源辐射周边

教育部专家评价学校思维课堂实践研究："思维课堂的生成，打破了知识和权威垄断课堂的局面，实现了对传统教学文化的超越。"

2019 年北京教科院基教研中心主任对学校相关研究予以肯定："学校在课

程教学方面是在构建课程教学的模型,是在形成学校课程教学的哲学。"

学校特色课程探索吸引了一批专家学者的关注,如中国社科院哲学所、中国地质大学、央美实验艺术学院的专家们赞许学校研究方向和内容,积极参与并助力研究成果生成。

近几年,学校将科研管理模式和科研实践成果在集团内分享推广,开展形式多样的市、区教学交流活动,发挥优质资源辐射作用。

四、秉持科学态度,以科研助力学校不断适应教育新形势

"十四五"期间,学校将不断完善全员参与科研机制和科研管理机制,激励更多教师积极申报、承担研究项目,在规范研究过程中提高教育教学能力和科学研究能力;以开放、主动的心态了解教育动态、成果经验,根据学校发展需要,确定研究方向,不断适应教育发展新形势;以更科学的态度,更规范地开展研究活动,梳理提炼成果,使教育科研更好引领课程改革,服务教育教学,服务教师专业成长,服务学生全面发展,服务教育管理决策。

改变，从学校自我诊断开始

万立新

健康体检，对于追求生命质量的现代人来说，已经是一个普及性概念。它的意义在于，通过自觉、持续、周期性的全面而客观的检查，了解机体的发展、运行状况，并以此为据有的放矢地调整生命状态和活动策略。借鉴这一理念，很多企业开展"健康体检"即企业全面质量管理，学校作为特殊而重要的组织，应该如何"体检"？

任何组织想要摸清自身状况，最常用的手段是评估，比如市区常规督导、学科督导和满意度调查等，但这些评估的特点是行政性、外部性、一次性和终结性的，无法给予学校细致到人的问题信息和改进建议，帮助学校发现真问题的功能有局限。

运用基于大数据的证据，获取来自广大学生和教师视角的真实的学校信息，以科学的"健康体检"发现和分析学校优势和问题，基于证据进行学校决策和改进，正在成为越来越多追求综合质量提升、不断走向卓越学校的重要评估活动。

2018年10月，育新中学部引入学校诊断项目，启动"基于学生发展"学校自我诊断，开始实施内涵式自我评估，进行常态化、周期性、系统性内需式改进。

一、"基于学生发展"的自我诊断内容

以学生发展为核心的学校自我诊断有八大要素（见图1），即同伴、教师、教学、课程、资源、组织与领导、文化、安全，这是为师生服务导向下的学校管理的核心要素，不仅涵盖了学校传统组织与管理的方方面面，更为重要的是，通

过这几个要素的自我诊断，学校不仅能更全面、更清晰地了解师生眼中真实的学校，而且能确保学校的每一步改进都不偏离促进学生全面发展和教师持续进步的方向。

图 1　基于学生发展的学校自我诊断八要素示意图

基于学生发展的学校自我诊断是一种内需式的自我评估，流程上是一个由持续性、周期性形成的螺旋上升的闭环（见图 2）。诊断结果一旦形成，也就意味着下一阶段的改进目标、工作内容同时确立。每一次"诊断前准备—诊断数据采集与分析—诊断结果形成"这一小循环的结束，即是下一轮改进及再诊断的开始。如此循环往复，诊断—改进—再诊断—再改进，实现螺旋上升。

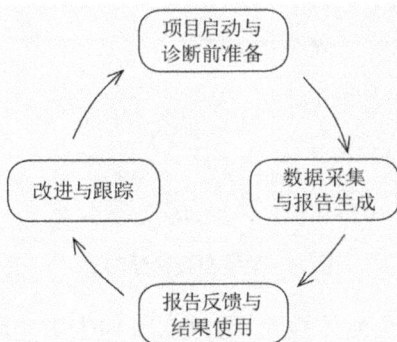

图 2　学校自我诊断流程图

学校自我诊断的意义不仅在于摸清现状、发现问题，更具有共识形成、理念引领的前瞻性和引导性。自我诊断的指标和内容，既是学校检核既往努力成效的标准，更是引领教职工进一步改进和提升的方向和目标。比如，"教师"要素的核心诊断内容为"教师是否真正陪伴学生快乐成长、指导学生有效学习"，对这一内容观测点的确定是对教师学习、理解如何做学生成长的陪伴者和学习的引导者的具体引领。

所以，基于学生发展的学校自我诊断不仅清晰地告知了"我们现在走到了哪里"和"我们走得怎么样"，它还帮助学校不断厘清"下一步我们该如何走"。

二、学校开展自我诊断的进程

基于学生发展的学校自我诊断分基础诊断、专项诊断和定制诊断（见图3）。

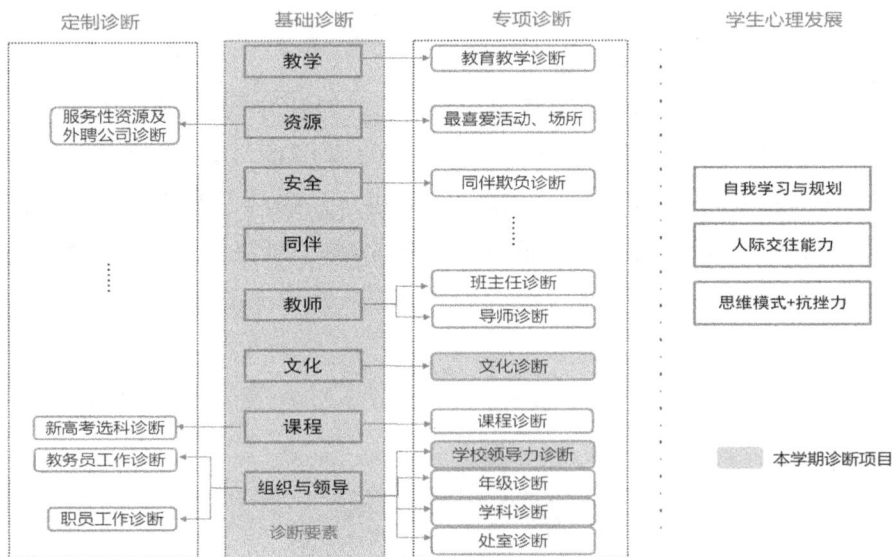

图3　学校自我诊断项目

基础诊断相当于"全面体检"，通过全校师生对"同伴、教师、教学、课程、资源、组织与领导、文化、安全"要素的总体感受，了解学校在各核心要素上的基本发展状况。

专项诊断是对要素中某一个要素进行的"单项体检"，以深入发现并剖析问题，同时为改进策略提供更充足的信息。比如教育教学专项诊断（见表1），就是对教学要素进行深入诊断，目的重在帮助学校每一位教师获得所教学生对其教育教学的具体感受及判断，从而帮助教师有的放矢地进行教学行为调整。

表 1　教育教学专项诊断（常规学科）

观测点	题目-启动会上修订
全人教育	老师不仅关心我的学习，还注重引导我更好地做人做事
	老师注重指导我确立目标并做好规划，对我总有启发
	老师重视培养我自主学习的能力（高中使用） 老师能给我自主学习的时间，并教给我方法（初中使用）
个别化教育	我能感受到老师在关注我的成长
	老师善于激发我的学习兴趣
	老师善于发现我的闪光点，及时鼓励，增强了我的自信心
课堂效果	老师风趣、幽默，能创设愉悦、和谐的学习氛围
	老师的课堂让我收获大
	老师的课堂能有效激发我主动参与和思考，促进我思维能力的提升
受学生喜爱程度	这位老师是我本学期最喜欢的老师之一
主观题	这位老师让我想点赞的地方有：
作业情况	作业量
	作业难度
	批改、反馈认真程度
	批改、反馈及时程度
	作业收获

　　定制诊断指的是根据学校的特殊需求和特定的教育情境，为学校量身打造聚焦于某个要素的测量工具以满足其个性化需求的诊断项目。比如 2021 年新冠肺炎疫情突如其来，延期开学、居家学习，学校的常规步调被打乱。该如何调整教育教学来守护学生的成长？一段时间的辛苦付出和努力探索是否有效果？为此，4 月学校联合诊断评估团队特别开展了新冠肺炎疫情防控期间"居家学习专项诊断"，收集并留存这段特殊经历所带来的问题与挑战、经验与成果，为学校迎接"后新冠"时代的转变和提升提供抓手。

　　学校自我诊断有的项目（如教育教学诊断）需要年年进行，有的项目（如文化诊断）则需要间隔一段时间再做。

　　一般来说，诊断基本过程是诊断工具校本化修订—基础数据准备—诊断宣传动员—组织问卷调查—结果解读与反馈—结果使用与改进。其中诊断工具校本化修订是全员参与的过程，教师们在此过程中了解教育教学导向和要求，在日常教育教学中实践改进，通过评测反馈了解实施成效。

　　诊断结果最初由 E 智慧团队进行分析并向学校诊断组进行说明解释，诊断组学习数据结果分析技术。2019年底诊断组组织教研组长、年级组长会，现身说法进行诊断结果分析示范，指导各位组长了解数据分析方法。

经过两年多的实践，目前大部分老师已掌握分析和解读诊断报告的技术。

三、老师们眼中的诊断

行政服务部门的老师说——

看到119位老师选择为我打分并给予4.86（满分5）的平均分时，看到"很好很负责"、"耐心讲解特别赞"等发自内心的评语，这些都让我非常感动，感谢老师们对我的信任与赞许。其实我只是众多服务于教育教学的行政职员团队中的一个代表，我们有更多二线的老师兢兢业业、默默无闻地为学校的发展贡献着自己的力量。我们热爱本职工作，也愿意与老师们爱心相连，服务永远。

教研组长这样说——

从诊断结果中可以看出，以生物学实验为核心，建设"感知·体验·探究"系列化选修课程群满足学生期待，受到学生喜爱。

如果把学校比作一个生命有机体，那么教研组就应该是这个有机体上的细胞，只有把教研组建设好，教学研究才能不断深入，教学效果才能不断充实，学校的教学质量才能保障。让我们通过"诊断—改进—再诊断"的良性循环，最终促进学生快乐成长、有效学习，教师幸福工作！

更多的一线老师这样说——

初二下学期看到诊断时，两个数值刺痛了我的眼睛：在个别化教育中"老师善于发现我的闪光点，及时鼓励，增强了我的自信心"这一栏中赫然写着89.13%，在"受学生喜爱程度"一栏中写着85.64%。我安慰自己：这个班情商太低！我们是学霸班，智商高可能情商就低了吧？！安慰了很久都不能使我释然，对这两个数字始终耿耿于怀。

"老师善于发现我的闪光点，及时鼓励，增强了我的自信心"和"受学生喜爱程度"应该是因果关系，我都没有发现人家的闪光点，及时认可鼓励人家，人家凭什么喜欢我呢？于是我就开始反思：以往的教育教学中严厉有余，温柔不足；看缺点目光犀利，说优点惜字如金。总之，缺少亲和力！

于是在初二结束，初三分班伊始我就开始转变：心理、态度、方法、语言。

……

爱优等生，天性使然；爱后进生，人格超之。看到不学习的孩子真是让人搓火：上课像雕塑一样杵在那儿一动不动，令人"佩服"得五体投地；找默写，拉着都能借由逃跑，一中午踪迹难寻；自习课无所事事的样子真是——想说爱你不容易……但是当我看到那个男孩子在育新融合日机器人操作游戏时熟练的动作时，我想我们不能把学习成绩当作衡量孩子的唯一标准，每个孩子都有自己可爱的地方，有他擅长的方面，不要担心他们的未来，我要做的是让他始终有学习的愿望。那天的各项游戏中他都积极参加，动手类活动成绩都很好，我及时表扬了他，他也特别乐意跟我说游戏过程中的体会。

……

反思自己发现，以往解决问题原则有余，变通不足，教育语言比较直接，所以孩子们往往对我是"敬而远之"。于是我打算修正自己的说话方式。

李同学每天午休第二遍铃打铃了才会一身汗地出现在教室里，我知道他去打球了，也就意味着他今天中午没有找任何一个老师"还债"，细思极恐。但是他现在迟到了，我不能无视他这种行为啊。于是我说：李同学，你对篮球是真爱啊！我们所有的老师都好羡慕那个篮球，让你倾整个中午甚至不惜迟到去追随它！他有点不好意思地说："对不起、对不起，老师，以后不会了！"（其实他以后还会，但是起码会有时良心发现一下找找我们）

……

亲其师，信其道。这是亘古不变的教育箴言，师生关系就是教育力。当一个具有亲和力的班主任行走在孩子们中间时，一个幸福的班级就诞生了，班级的幸福当然也会成就班主任的幸福。

感谢两次"诊断"，让我从一个不同的视角"看见"自己的不足，也"看见"了自己的成长，体验到了不一样的幸福！

如果诊断只是停留在一次次评价活动上，那么它还只是一种评估；而当诊断具有了促成反思能力形成的功能时，以诊断促进思考、以诊断推动学校发展就不再是一句空话。从这个意义上说，诊断之于学校就像反思力之于个体，它会预示个体和组织最终进步所能达到的高度以及前进的速度。一所具有反思力的学校会成为一个真正具有学习力的组织，诊断文化会成为引领学校可持续发展的重要生命力，我们将继续实践和探索。

如何做好学校食堂食品安全工作

肖长海

育新学校建于 1997 年，自建校以来，在上级主管部门的支持和全校教职工的团结拼搏下，经过 26 年艰苦努力，小学部从几百人到现在的 2000 多人，目前 51 个教学班，并成为有一定影响力和知名度的基础教育品牌学校。

一、"夫食为民天，民非食不生矣。三日不粒，父子不能相存"

学校食堂创建于 1997 年，随着学校的不断壮大，学校食堂也历经了一次又一次的蜕变。从无到有，从小到大，设施逐渐齐备，管理趋于科学，从业人员更加专业，从而圆满地保证了全校师生就餐的需要，为学校的发展和壮大做出了自己应有的贡献。

民以食为天，食以安为先。食堂食品卫生安全关系到广大在校师生身体健康和生命安全，也是影响校园秩序稳定乃至社会稳定的重要因素。如果学校食堂发生卫生安全事件，既影响到学校的声誉，也影响学校正常教学秩序。所以，学校始终把食堂食品卫生安全放在最重要的位置，从思想和组织上真正重视起来，做到警钟长鸣、常抓不懈。

做好学校食品卫生安全工作，必须健全责任制，做到责任到人、责任到底。所谓责任到人，就是事事有人管，关关有人把，环环有人抓；所谓责任到底，就是每个人各负其责，负责到底，出了问题，追责到底。

通过制度建设，落实责任，层层把关，我校建立了一套完整有效的管理体系，坚持"细节决定成败"、"过程决定一切"的方针；坚持从细节入手，从小处着手，从每个环节抓起；坚持事事抓、时时抓、反复抓、抓反复，从而使我校的食品卫生安全工作逐步走上规范化、科学化的管理轨道。

特别值得称道的是，我校小学部付校长对食堂管理非常重视，他常说，学校工作有两个关键点，一是课堂，二是食堂。他经常深入食堂内部，了解食堂管理过程中的实际情况，提出指导性意见；他经常和学生一起就餐，听取学生的意见和建议，并督促改进伙食管理，提高饮食服务质量。由于领导重视、制度严格、纪律严明，食堂员工认真负责，我校从未发生过食物中毒事件。

二、增强意识，合理膳食，美化环境，服务育人

作为学校的食堂负责人，应为师生的饮食着想。为保证师生的身心健康，要求食堂从业人员增强服务意识，坚持以"服务育人"为宗旨，切实转变工作作风，全心全意地服务于学校的根本任务和中心工作。

为此，我们食堂从业人员经常听取教师、学生的意见和建议，制作出的饭菜、食品既适合师生口味，又注重人体所需的各类营养成分，保证教师身体健康、快乐工作，促进学生健康成长、快乐学习，同时又为和谐校园的建设贡献自己的力量。

青少年是祖国的未来，人民的希望。身体素质是青少年成长的重要指标之一。小学阶段，既是学习历程中的关键时期，也是生理的重要发育阶段。可以说小学时代是长知识、长身体、增强体质的最重要、最有利的时期。而充足的营养、合理的膳食则是保障中学生身心发育的重要基石。由于指导思想明确、措施得当，我校食堂"两颗星"荣誉，表明我们的膳食搭配是科学的，也是一流的。

构建一个文明卫生的用餐环境，有利于养成学生文明就餐、卫生用餐的习惯。借特色学校建设、校园文化建设之机，我们把食堂转化为对学生进行教育和学校文化展示的窗口。

首先，通过建立文明餐桌，培养学生文明就餐的习惯；其次，通过张贴、悬挂名言、警句、名诗、名画，营造浓郁的文化氛围，强化对学生的文化熏陶，引导学生珍惜一粥一饭，尊重劳动，勤俭节约；最后，通过学校校刊、电视、校园网络等媒体，加强对学生文明礼仪的常规教育。在美化食堂就餐环境上精心筹划，群策群力，受到了全校师生的欢迎。

如今菜谱改善了，学生乱倒剩菜剩饭的现象不见了，取而代之的是"班级排队就餐，安静就餐"的文明就餐景象。学校食堂已经成了教育学生的重要阵地。如今我们的食堂不仅仅是为师生提供就餐的地方，还是学生学习、交流沟通的公共场所。真正做到了让师生吃得放心，吃得舒心。经过精心布置的食堂，彰显了校园文化特色，成为学校一道亮丽的风景线。

三、加强队伍建设，重在人文关怀

定期组织食堂工作人员参加食品卫生安全知识学习。每年组织两次关于卫生知识等内容的综合考试，考试合格后方可上岗。同时还就灭虫、灭鼠和防投毒等专项工作聘请专业人员进行专题技能培训和指导。还注重加强职工的思想道德和职业道德教育，强调"爱岗敬业，服务师生"的主题。同时也密切关注食堂炊管人员的思想品德与心理健康状况，对有不良行为苗头的和有心理问题的职工，及时进行教育和疏导，不断增强职工的服务意识，树立了良好的服务形象。在对员工的日常管理中，用指导去管理，在不断的教导下，员工都能坚守在自己的岗位上，并能做到爱岗敬业。

由于食堂的大多数员工都是外地人，所以应注意关心他们的生活点滴，做到嘘寒问暖，雪中送炭。曾远赴员工的家中参加他们的婚礼，捎去无比真挚的祝福；也曾奔赴千里之外问候他们生病的父母，亲自送温暖上门。因此，食堂员工队伍稳定，干劲十足，更加深了大家服务教育的决心。

四、增进友谊，特色服务，对外展示，多种功能

学校多次承办国家、市、区教学、德育、科技现场会，接待各地的教育代表，食堂的饭菜得到了参会人员的好评。

食堂一直坚持菜品的不断创新，缔造整洁舒适的就餐环境，提供无微不至的服务细节，力求技能上的精益求精，努力完成接待任务。这既使来自四面八方的朋友高兴前来，满意而去，领略了育新食堂员工的良好风貌，也间接为学校走出去、请进来学习理论、获得经验、加强了解、增进友谊、共同提高、取长补短尽了自己的力量，同时使食堂成为展示学校文明的窗口。

食堂管理是学校管理的重要组成部分，关系到广大师生的生命安全和切身利益，抓好食堂管理是保证学校正常教学秩序的前提条件。我们要充分认识学校食堂管理工作的重要性和紧迫性，把食堂管理工作和师生的生命安全放在更加突出的位置，切实加强对学校食堂工作的领导，以更好地维护广大师生的根本利益。

育新学校
YUXIN SCHOOL

课
程
建
设

基于学科核心素养培养的学科课程群建设探索

代翔燕

基础教育学科课程具有国家法定性和强制性，以学科形态存在的国家课程是学校课程系统的核心要素，开发具有本校特色的学科课程群，是学校课程群建设的重要维度。

一、学科课程群建设的意义

（一）实现教育改革需要，促进学校特色发展

学校育人体系的核心是课程体系，其是学校课程建设的主要领域，是学科育人功能实现的主要载体。

《普通高中课程方案（2017年版2020年修订）》指出，要结合学科特点，分类分层设计可选择的课程，满足学生不同学习需要。2022年义务教育新课标发布，其中的一项重要变革是以课程结构化引领教学实践变革，以学科实践为依托推进育人方式变革。

推进学科课程群建设是学校回应课程政策要求的一个选择，也是新高考背景下学校课程建设再升级的关键路径。

（二）满足学生多样学习需求，提升教师课程领导力

学习需求是学习的动力，是影响学习品质的重要因素。学校需要关注三类学习需求：一是所有孩子的共同学习需求，二是部分孩子的团体学习需求，三是特定孩子的个别化学习需求。在保证每个学生达到共同基本要求的前提下，充分考虑学生不同的发展需求，结合学科特点，遵循学习科学的基本原理，分类分层设计可选择的课程，满足学生不同学习需要，促进学生发展，是学科课

程群建设的初衷。

学科课程群建设必须依靠教师，而课程建设对于长期专注教学工作的教师来说是一项全新的要求。突破新瓶颈，提升课程领导力，必须通过扎实有效的研究和实践。

面对教育改革新趋势，面对学校发展新形势，面对学生发展新要求，开展一体化学科课程群开发与实施探索，是提高全体教师课程意识与学科课程教学能力、完善优化学校课程体系的迫切任务。

二、学科课程群开发的思路

学校地处海淀这块教育高地，如何跟上海淀课程建设快速发展步伐？如何既尊重"教育公平"（让每个孩子都能够选到学校开设的各级、各种课程，而不是因为教师不同带来的课程不同），又满足"学生全面而有个性"的发展？如何既尊重"教师特点"（每位教师擅长方向不同），又反哺国家课程（不是因教师擅长而开设的与本学科无关的选修课）？如何既有横向的宽度又有纵向的深度？在多年课程实践基础上，学校认识到：学科课程群的建设是实现以上需求，并能够从学科教学走向学科教育的重要途径之一。

2021年，学校聚焦语文、数学、英语、物理、化学、生物、历史、地理、思政九大学科，围绕学科核心素养，从三个维度进行学科课程群构建：（1）通过基础课程、拓展课程、发展课程为学生多样化发展和个性化需求提供可选择的课程；（2）从初一到高三做六年一体化设计，支持学生进阶发展；（3）通过跨学科课程开发，打破学科孤岛现象，增强学科课程的适应性，从而增容和提质国家学科课程。

（一）学科课程群整体框架顶层设计

设计不同于整合，设计是"把一种设想通过合理的规划、周密的计划、通过各种方式表达出来的过程"。在大量阅读书目及文献基础上，经过与专家多次研讨，学校搭建起学科课程群整体框架，并以"两图两表"作为学科课程群建设的工具。

（二）学科课程群建设工具——"两图两表"

学科课程群结构和内容通过"两图两表"阐释，"两图两表"也是课程群建设的工具。

"两图"指"意向图"、"结构图","两表"指"学科课程设置一览表"、"学科课程信息详表"。九大学科借助"意向图"梳理和阐释对学科核心素养的理解和课程开发思路；借助"结构框架图"梳理基础、拓展、发展三类课程，进行课程设置说明。"学科课程设置一览表"横向为基础—拓展—发展课程，纵向为七年级至十二年级课程设置，"一览表"需要关注横向课程的延伸和纵向课程的递进，也是核查课程纵向连续性的工具；"课程信息详表"通过"课程目标"、"课程内容"、"课程资源"、"授课形式"和"成果呈现形式"全面而又简要说明各门课程情况（每门课程更具体详细的介绍通过《课程纲要》呈现）。

（三）学科课程群建设的三个维度

1. 学科课程群的横向延展——满足学生个性的可持续发展

九大学科围绕学科核心素养，横向划分课程层级分为基础课程、拓展课程和发展课程。其中，基础课程是以国家和地方规定的必修课程为主，面向全体学生的必修课程，指向共性需求与要求；拓展课程是面向不同学生群体开设的各类选修课程、活动课程，满足学生多元化的学习需求；发展课程是面向有突出特长和特殊需求的学生开设的项目课程、专题课程和研究类课程，满足学生的个性化发展需求。

基础课程是学科课程群建设重要内容，包括国家课程和"+1"课程。"+1"课程内涵丰富，因学科学段各有不同，可以是为了达成国家课程设计的辅助课程，可以是与国家课程配套实施的实践课程，可以是一段时间内以活动为载体的综合课程……学校积极推进思维型教学理论指导下的大概念、大观念、任务群、议题以及深度学习，实施单元教学，将"赢得"的时间用以推进"+1"课程。

2. 学科课程群的纵向递进——支持学生进阶式发展

九大学科分别从基础课程、拓展课程、发展课程做六年一体化的纵向设计，以支持学生进阶式发展。例如，语文学科基于学科核心素养和"润育"语文课程育人目标，整合高中语文新课标中给出的 18 个任务群，提炼出"传统与经典"、"跨（媒）介与阅读"、"科学与人文"、"思辨与争鸣"四个维度，并以此为核心概念，构建起育新中学语文教学的课程网络，形成初高中贯通一体的教学课程体系。以"科学与人文"为例，从初中到高中为学生科学与想象素养提供持续化的课程供给，支持学生持续发展。同时课程实施过程中，不仅强调学习内容、学科素养的纵向衔接，更强调学生学习方法、思维方式的深化与发展。

3.跨学科课程开发——增容和提质国家学科课程

跨学科课程开发，有利于打破学科孤岛现象，增强学科课程的适应性，从而增容和提质国家学科课程。跨学科课程归属具有灵活性和开放性，可根据面对学生群体而改变。全体学生参与的跨学科课程属于基础课程，部分学生参与的属于拓展课程，部分课程因探索问题具有较强的个人研究属性则属于发展课程。

三、学科课程群建设机制

全学科推进课程群建设需要以校本教研机制做保障，即以学科课程群建设为平台，培训与研讨同步，项目与教研结合。

在学科课程群建设过程中，学校首先组建起项目核心组，核心组由校长牵头、课程开发指导中心协调课程指导专家和教师发展研修中心，组织九大学科教研组长及每组1—2名思维活跃、具有较强学习能力和学习意愿的中青年教师参与其中。

核心组根据自愿原则确定出1—2个教研组先行，在布置研究任务时较其他组提前完成，交由核心组和专家研讨分析，作为样例供其他学科组参考和学习。

核心组以每两周为一个周期推进学科课程群研讨、汇报，每个阶段主体流程是先锋学科汇报—其他学科发言、提出疑惑—专家/负责人/先锋学科解惑—布置任务—学习完成。研讨期间专家团队随时给予的指导保证了学科课程群建设的科学性。

学科课程群每一阶段建设任务进行过程中，各组代表都需要在组内征求建议或汇报，从而促进更多老师知晓学科课程群建设进度，并能够通过学习跟上学校的步伐。

每学期结束时，学校都组织全校大会，各教研组代表进行课程汇报，让全校教师在熟悉本学科课程群建设的基础上更深一步了解其他学科的特点，为开发更多的跨学科融合课奠定基础。

四、学科课程群建设阶段成效

从学校层面，促进了对课程本质的追问与思考，比如说国家课程与地方课程、校本课程与基础课程、拓展课程、发展课程的关系是什么？发展课程与研究课程有什么区别？再比如怎样的课程群样态比较理想等，这些追问与思考促使我们更加理解教育政策、教育教学规律、教育发展趋势。

对老师来说，从教学设计到课程开发，再到课程群梳理与完善，在课程群建设中，从课程尤其是十二年一贯角度了解学科全貌，更加理解学科本质和学科素养内涵、学生需求、教学规律等。多名教师申报的有关学科课程群课题获得立项，相关论文获奖或发表……

对学生来说，在几年持续的实践探索中，育新课程整体设计更加合理、更加符合学生身心发展规律，贴近学生需求。学生在各级各类比赛中获奖，数学建模相关论文发表，出版诗集……

学校的实践研究也得到认可和鼓励，关注点获得课题立项，相关成果获得区教育教学成果特等奖，学校 2020 年被评为北京市科研先进校，2021 年承办北京市贯通课程现场会，获评北京市课程先进校，受邀在"2021 博鳌全球少儿美育论坛"进行课程交流，《博物馆大剧院课程》被认定为北京市普通高中特色课程，参加区首届课程方案评选，成为唯一一所同时获得初中组、高中组一等奖的学校。2022 年，学校受邀在海淀区进行学科课程群建设经验交流。

十二年一贯制校本艺术课程体系建设研究 ①

黄　静

"十二年一贯制校本艺术课程体系建设研究"是北京市教育科学规划 2018 年度立项课题。课题旨在探索将十二年一贯艺术学科的国家课程、校本课程、艺术社团、艺术活动、艺术相关综合实践活动进行单元式系统化设置，建构一个具有互补、互生，对话、创新特征的，持续动态发展的校本课程体系，发挥各类艺术的特性，实现至真、至情、至美艺术生态，服务学校育人目标。两年来，课题组对艺术课程一体化进行了积极的探索。

一、艺术课程一体化建构的意义

艺术有助于创造新经验、新情感、新思维和新理念，是认知生活和创造未来的核心动力。艺术课程是包含音乐、美术、戏剧、舞蹈等多种艺术类型的课程，是在艺术与生活、情感、文化、科技之间建立紧密联系的课程。

2020 年 10 月，《关于全面加强和改进新时代学校美育工作的意见》提出"以提高学生审美和人文素养为目标，弘扬中华美育精神，以美育人、以美化人、以美培元，把美育纳入各级各类学校人才培养全过程，贯穿学校教育各学段"。

进行艺术课程资源整合、艺术课程一体化建构，有助于艺术教师上知国家课程的"天气"，下接学校课程的"地气"，从课程的执行者变为创生者，实

---

① 本文为北京教育学科"十三五"规划 2018 年度一般课题"十二年一贯制校本艺术课程体系建设研究"的阶段性成果。

现专业成长、多元发展；艺术课程一体化建构与实施不仅系统地、科学地、个性化地满足学生多元发展的艺术需求，而且能有效落实知识、技能、审美、品格、态度等核心素养的培养目标。

二、艺术课程的定位和核心概念

"育·新"课程体系包括道德与修养、艺术与审美、体育与健康、人文与社会、劳动与生活、数学与科技六大领域，艺术课程同时属于艺术与审美、人文与社会两大领域，并以"学科与融合、经验与生活、文化自信、世界眼光、珍爱生命"等核心概念渗透其他四大领域中（见表1）。

表1　艺术课程定位

课程领域	艺术课程的领域作用
艺术与审美	感受艺术之美，培育向美之心、创美之力
人文与社会	培育良好人文素养、多元审美，与自我、他人、社会和谐共处
道德与修养	理解真、善与美的美学意义，陶冶道德情操，锻造良好品质
数学与科技	形成融汇思维习惯，拥有跨界思考能力
体育与健康	欣赏运动之美、力量之美、健康之美
劳动与生活	热爱世界、热爱生活

三、艺术课程基本结构和建设思路

（一）"三层六领域"课程结构

以学校办学理念和艺术课程建设目标为引领，立足学生发展需求，整合社会资源，充分挖掘学校文化，搭建"三层六领域"一体化艺术课程体系（见图1）。

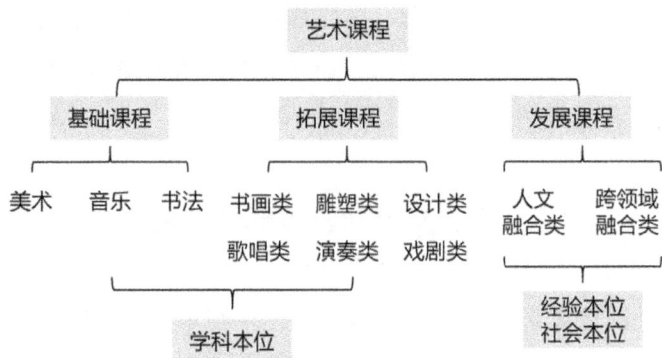

图 1　艺术课程体系结构

基础课程以国家和地方规定的必修课程（以音乐、美术课为主），面向全体学生，指向核心素养；

拓展课程包含学校特色课程（如绘本、插画、版画、书法、油画、中国画、古琴、古筝、打击乐、合唱、电声乐队等）和统一组织的学生活动（如艺术节、艺术日、育新日等），以选修课程样态呈现。通过灵活的走班形式，横向拓展基础课程学习广度，纵向延伸基础课程学习深度，满足学生多元化学习需求，提升审美创新意识和能力；

发展课程为满足学生个性化学习需求而设置，如博物馆大剧院课程、央美育新 EAST 艺术科技实验课程、音乐剧课程等，是研究性的综合实践课程。

艺术课程力求通过"大概念"、"大融合"、"大时空"三种方式对国家课程、校本课程、地方课程进行整合、拓展、开发、落实。

（二）围绕主题统筹课程内容

艺术课程依据学生发展核心素养和学校育人目标确定四个主题："我和我的城市"、"我和我的国家"、"我和我的世界"、"我和我地球"。

我和我的城市旨在认识自己的城市生态，审视当下的自己；"我和我的国家"旨在理解文化传承，认识血脉里的自己；"我和我的世界"旨在面对文化碰撞与融合，认识多元世界中的自己；"我和我地球"旨在面对自然中的自己，形成对生命的敬畏、珍爱与尊重。这四个主题渗透在每一级课程中，进行一体化实施。

四、艺术课程实践探索

（一）基础课程——基于主题统整一体化实施

课题组从主题、内容、视觉语言、音乐语言、材料、技法、欣赏几方面对一至九年级国家教材进行分类整理，依据课程标准进行大概念总结、提炼，对课程内容进行单元整合，如1—9年级美术（版画）单元内容（见表2）。

通过主题统整解决知识碎片化、知识与应用疏离问题；采用情境化教学可以更有效实现艺术时间、空间维度上的自然、社会、自我基本向度的统一；基于技法进行课程内容模块整合，可以更好实现一至七年级的教学在知识、技能上的系统性、联通性，在主题横向整合同时，实现纵向贯通一体化实施。

表2　1—9年级美术（版画）单元教学内容

年级	主题	内容
一年级	感知印痕	实物拓印《我的手》、《看谁摆的花样多》（印台） 纸板《图形变变变》、基本形《撕纸真有趣》、动物《拼拼贴贴》、建筑简单刻板《痕迹》
二年级	版画中的四季	卡纸对印《彩蝶》（春天） 海绵纸版《花衣服》（夏天）彩笔或油画棒 实物版画《实物拓印》（秋天）彩铅或油画棒 漏印《雪花飘飘》（冬天）水粉
三年级	快乐童年	对印《滴染》胶片、彩笔水、生宣纸、纸巾 橡皮章《生活中的装饰布》 海绵纸版《吹塑纸版画》 《海绵纸版画》、《自画像》、《快乐童年》
四年级	北京传统文化	橡皮章《老北京胡同》 海绵纸版《北京的城楼》 漏版《点彩刻纸》（京剧）
五年级	运动之美	海绵纸版《动态之美》 活动版画《有趣的纸版画》（皮影）
六年级	创想未来	海绵纸版《制作藏书票》（海绵纸） 综合技法《综合版画》
七年级		纸板（神话历史故事）、漏版（民族文化）
八年级		橡皮章（校园生活）、木版（名画创想）

（二）拓展课程——基于课程群划分一体化实施

拓展课程划分为不同的课程群，分别指向不同的课程目标，但都体现课程大主题，服务于育人总目标。拓展课程相较于基础课程在课程受众、实施形式、授课方式、成果类型方面都有其自身的特点，与基础课程相互补充（见表3）。

表3 拓展课程课程群

课程群名称	课程名称	学段	实施形式及成果类型
美术欣赏美术鉴赏	绘画的故事名作赏析	小学	走班选修跨学段教学、体验式教学成果类型：绘本、剧本、剧目等
	戏剧欣赏	初中高中	走班选修跨学段教学体验式、探究式、合作式学习成果类型：剧目、PPT、剧本、诗歌、散文等
绘画	纸版画、对印版画石膏版画、线描创作	小学	走班选修跨学段教学、探究式、合作式学习成果类型：小型或大型版画作品，送展、参赛
	趣味橡皮章、插画、中国画、水彩、油画	初中	走班选修跨学段教学、探究式、合作式学习成果类型：小型或大型的美术作品，可送展、参赛
	版画、油画、水彩、插画、中国画	高中	
书法	硬笔、软笔、书写年味	小学初中	走班选修跨学段教学、讲授式教学成果类型：各尺寸的书法作品，可送展、参赛
演奏类课程	民族打击乐	小学	跨学段教学成果类型：学习小型或大型的曲目，表演、参赛
	键盘打击乐	初中高中	
	古筝、古琴	初中高中	跨学段教学成果类型：学习小型或大型的曲目，表演、参赛
歌唱类课程	合唱	小学初中高中	跨学段教学成果类型：学习小型或大型的曲目，表演、参赛
戏剧类课程	音乐剧	小学初中高中	跨学段教学、体验式、探究式、合作式学习成果类型：学习小型或大型的剧目，表演、参赛
活动类课程	艺术节、艺术日、育新日	小学初中高中	跨学段课程、体验式、合作式、探究式成果类型：展览、展演、论坛、艺术活动

（三）发展课程——横向单元主题整合，纵向跨学段一体化实施

发展课程是跨学科、跨领域的整合课程，学科不再是课程的组织中心，取而代之的是现实生活中的一个大概念，学科被融入单元主题之中，成为服务于现实问题和核心概念的主要内容，在研与行基础上开展单元主题项目教学、个性化指导成为课程主要方式。

发展课程囊括科学、技术、艺术、数学、历史、地理、文学、哲学等学科内容，以团队作为课程开发及实施的核心力量，聚集统整校内外多方资源，为学生提供更多样的学习方式、更多元的思维角度、更广阔的课程空间、更高位的视野和平台，举例如表4、表5所示。

表4 博物馆大剧院课程设计

课程	年级	课程目标	课程内容	上课时间课程地点	成果	合作资源
博物馆大剧院课程	小学高段	1. 欣赏和认识博物馆藏品以及经典戏剧、戏曲作品，理解人物、自然、时代、社会； 2. 多角度发表作品理解； 3. 感受博物馆、剧院在自己生活中的意义价值； 4. 针对作品思考形成观点，创意表达。	1. 剧目及展品的内容、形式、主题、立意。 2. 剧目及展品的文化情境。 3. 围绕剧目及展品完成相应的创意表现。	教室美术馆博物馆剧院课内周末假期	感言小剧评展评PPT诗歌小剧目	中国社会科学院哲学所尤伦斯当代艺术中心天桥艺术中心
	初高中	1. 面对美学现象和社会问题，能进行多维度综合认识和分析； 2. 形成严谨、真诚的治学态度，深度学习的能力；具有反思自我、关照自我的能力； 3. 具有理解生活、热爱生活的能力； 4. 具有自由表达、审美感知和创新实践能力。	1. 围绕博物馆及大剧院呈现出的艺术形式、艺术内容、艺术主题，结合自己的生活发现议题，研究议题，形成观点。 2. 参与、组织不同形式的艺术交流活动，传递情感发表观点。	教室艺术工作室博物馆美术馆剧院课内周末节假日	PPT论文研究报告诗集展览论坛展评剧评剧目演出	

表5 艺术与科技课程实施纲要

学期主题	单元内容	大概念核心问题	周问题	素材包	作业
"一本书是如何炼成的" 1. 纸的历史、技术、艺术 2. 颜料历史、技术、艺术 3. 笔的历史、技术、艺术 4. 绘画、设计、制作	纤维和纸	纤维概念造纸工艺特殊纸制造和应用	1. 纤维的概念； 造纸工艺的历史—植物纤维和动物纤维，麻、竹、稻草，纤维形成织物； 纸张和毛毡、混凝土的相似之处； 2. 汉朝的造纸工艺—今天的手工造纸； 纸张添加物—参观造纸博物馆； 日本的障子纸（加入塑料纤维增加强度）； 3. 为特殊用途生产的特种纸； 防水涂层，加强纸—砂纸—玻璃纤维包装纸、感光纸、复印纸、热敏纸、热缩纸。	书籍视频讲座PPT图片等	纸张实验生宣—熟宣—防水涂料
	光和色	光与色的原理光与影光与色的应用	1. 光学原理（三原色叠加、色立体）、配色原理；2. 彩色透明玻璃纸、不同灯光、滤镜，分别观看影子戏、手影、皮影、剪纸走马灯； 3. 观察彩色玻璃：彩色玻璃窗、彩色玻璃灯罩；玻璃为什么有颜色？威尼斯人烧玻璃的历史； 4. 费纳奇镜—视觉残留—OP艺术视错觉。	书籍视频讲座PPT图片等	做皮影演皮影戏
	墨和颜料	墨的原理和应用颜料的原理和应用	1. 墨和颜料作用，古人用什么当墨汁？制墨原理，中国制墨的过程； 2. 其他可以制作颜料的来源：植物染料、动物染料、矿物染料、今天化学合成颜料。	书籍视频讲座PPT图片等	蛋彩画颜料制作与使用

中学科技艺术课程探索与实践

——以"痕迹"教学为例

张　敏

中央美院实验艺术学院邱志杰教授说："古往今来存在这样一种实践——人类持续地使用迄今为止最新的技术手段来做艺术，并不断思考技术进步与人自身发展的关系，这种实践被称为'科技艺术'。"

科技是艺术面对着的现实，也是生活面对着的现实。艺术与科技因实践性（实验）与创造性对学生能力培养具有重要意义。我国有 34 所高校开设了"艺术与科技"专业，但科技艺术实验课程在中学的教学实践中鲜有先例。

在中学开设科技艺术课程，打通被人为切割了的科技、艺术知识，帮助学生获得跨界思考的能力，形成融汇的思维习惯，提升科技能力和艺术敏感性，引导学生运用艺术的手段结合科技的方法呈现见解与态度，是我们开设科技艺术课程的初衷。

一、科技艺术课程内容探索

科技艺术课程在"育·新"课程体系中属于发展性课程。发展性课程是在基础课程和拓展课程的基础上，为满足学生个性化学习需求而设置的。虽然科技艺术课程是跨学科的融合课程，但是在教学内容的选择和编排上，不刻意区分，也不刻意整合艺术与科技，而是选择更能提供两者思维结合与碰撞的主题进行，从而使两者在教学活动中保持互动和融汇的活力。

（一）明确角色定位

受学习时间限制，科技艺术课程针对初二、初三、高一年级学生混龄开设。尽管三个年级学生特点不同——初二学生好奇心强爱表达，初三学生倾向于深入思考后表达想法，高一学生知识储备更丰富，但总体来说，相关内容学生以前接触较少，因此对课程非常感兴趣，除了实践体验输入需求，对学习与思考的输出也有强烈愿望。

科技艺术课程强调观察、实践和体验，教师提供丰富的材料和相对充足的时间，让学生去尝试、去实验。要求教师尽可能承担教学组织者角色，不过多讲解知识内容，而是精心挑选、编排教学内容，通过问题和环节的设置，激发学生认知、感受与思考，促进逻辑思维与视觉思维相互转换。学生通过实践体验与学习创作，尝试着用自己的作品与语言表达对主题的理解与思考。

（二）确定主题内容

课程小组与专家团队经过充分研讨，最终确定了学期课程主题："纤维与纸"、"光与色"、"光与影"、"绘画造型感"、"笔和书法"。

"痕迹"这节课是"笔和书法"课程主题中根据教学实际需要拓展确定的内容。

绘画或书写都是"用一种工具在一种载体的表面上制造痕迹"，因此这节课主要是从科技艺术的角度了解书法史，了解书法风格不仅受时代、个性影响，也受技术的影响，尤其受书写工具的影响。

"痕迹"是一个较为宽泛的名词，释义为"指事物经过后，可觉察的形影或印迹、迹象"。因此，它的层次性、包容性很强，可延伸的思考方向多样。它可以是能够被观察到的，也可以是能够被感受到的；可以是个人层面的，也可以是时间空间层面的；可以是理性的，也可以是感性的；可以是被放大的，也可以是被忽略的；可以是发现的，也可以是创造的……它可以有非常多的可能，无论是哪一种可能性，在对"痕迹"的逐渐探究中，不同特点的学生都能从中发现问题，能够在这个主题下找到自己思考与行为的落脚点，表达与表现自己的观点。

二、科技艺术课程实践探索

科技艺术课程希望能充分调动学生思维活力和探索精神，培养学生对事物的感受力和判断力。对"痕迹"这一主题的拓展，给了学生这样一个空间和可能性。

（一）"痕迹"教学设计

本节课的教学目标确定为：学生通过教师提供的材料和工具进行自主实践，探索制造、消除或修复痕迹的方法；通过小组讨论，尝试对"痕迹"主题的递进式解读，实现对主题的再认识与再思考，形成本组创作主题；小组合作明确"痕迹"主题作品创意，以纸为主要材料完成主题创意表现；阐释"痕迹"创意作品的思考以及选择主题的态度和价值观。

为达成这一教学目标，课程教学重点是：对"痕迹"主题的再认识与再思考以及完成"痕迹"主题的作品表现；难点是：学生如何从对"痕迹"的表象认识拓展和提升到更广阔的领域和进行相对深入的思考，学生如何以视觉形象或行为来表现一种相对抽象的思考和观念。

（二）"痕迹"教学实践

教学环节一：观察体验，启发联想

教师组织学生在教学现场寻找并说出他们所看到的"痕迹"，以起立回答并迅速随机自愿接龙的方式进行。

在这一环节中，学生首先通过观察，发现并说出"黑板上的字迹"、"衣服上笔画的痕迹"、"桌面上涂抹的痕迹"、"地上脚踩的痕迹"、"桌斗里尘土的痕迹"、"老师放工具的盒子上的黑色油墨的痕迹"、"铁栏杆上生锈的痕迹"、"麦克风上磕碰的痕迹"、"手表上的刮痕"、"门板上磕碰的痕迹"。

接下来每组学生运用教师或者他人提供的材料在纸上制造尽可能多种类的痕迹，然后以小组为单位分享制造的痕迹。在此基础上，教师引导学生，提出思考问题，如"除了刚才发现的、制造的痕迹，还有哪些也是'痕迹'"。

通过分享制造的痕迹并联想现场空间之外的其他痕迹这一环节，学生逐渐打开思维，说出了文化历史的痕迹、自然的痕迹、童年的痕迹、知识在脑海中的痕迹、工业发展的痕迹、聊天记录是社交留下的痕迹、电流的痕迹、物理变化和化学变化产生的痕迹等，并由此记录下了自己所思所感的关键词：变化、历史、存在、回忆、真相、自然、青春、岁月。

教学环节二：实践探索，触动感受

教师请每组同学尝试对所制造的痕迹进行消除或者修复，其间适时提供必要的工具材料，适时举例解释何为消除（修复），可以有什么办法消除（修复），完成后学生分享与展示消除或修复的方法及效果。在这一环节中，学生展现出了对痕迹消除或修复的不同方法和理解，通过实践、分享和进一步思考，记录了如下的关键词：创新、残留、彻底、不可逆、未来、改革、时间。

教学环节三：影像拓展，引发思考

教师播放剪辑视频，内容为各角度各类型的痕迹消除或修复，如自然中（大地、天空、海洋）的痕迹、动物和人类留下制造（足迹等）的痕迹、岁月时光的痕迹、文化的痕迹、心灵的痕迹，汽车划痕与消除、烟花绽放与消失、皱纹的生长与岁月的变迁、文物破损与修复、王朝的更替、旧城的拆除与重建、心理创伤与修复等。教师请学生用关键词的形式把看完视频后产生的感受、想法、思考、疑问写在黑板上，学生观看视频时链接自己的经历和情感，产生的关键词有：生命、轮回、珍惜、故事、震撼、熵增。

教学环节四：链接创作，确定主题

教师分享与"痕迹"相关的艺术家作品与科学家创造，如装置作品《漂泊者》、公共雕塑《千尊小冰人》、行为艺术《生命瞬间》、卫星折叠太阳能板，启发学生确定创作主题。然后，教师请学生思考：使用"纸"为主要创作材料，如何运用视觉艺术作品的形式表达本组或者本人由"痕迹"而生发的创作见解和态度？在这个过程中，教师与每组对话，通过交流帮助清晰明确每组的作品创作主题及方案。在每组创作主题和方案的分享交流中，学生用语言和示意图表达由痕迹延伸出来的更多的思考，比如对初心、时间空间、三思后行、循环、永恒、意义等的思考，由单纯的思考延伸到对行为的反思。

教学环节五：作品分享，梳理总结

教师介绍艺术家以纸为主要创作材料的相关作品，启发学生完善自己的创作方案。学生总结课程过程和感受，包括疑惑或困难，并结合整节课的体会，以关键词的形式完成最后的梳理。

回顾整节课，从现场发现痕迹到制造痕迹，再到对更多痕迹的思考，这是想象与联想的思维过程，也是感性和理性不断转换、思维不断递进的过程，使思维在有限制范围内突破局限。第二次消除或者修复痕迹的实践则通过一种表象上的矛盾实践形成反差，触动学生思考产生疑问，在此基础上延伸主题的含义，进一步提升思维水平。剪辑制作的视频推动学生对"痕迹"的再认识和再思考，突破形、材料、方法、空间等各方面的限制，突破思维局限，逐渐由具象的"痕迹"形成一个抽象的概念和思考。对"痕迹"创作作品主题的确定和呈现方案的过程，是由抽象概念的思考落脚到视觉思维的表达的过程。每个环节关键词的记录与呈现，帮助学生梳理整个思维过程，形成自己围绕"痕迹"

生发出诸多思考的态度和观点，完成思维的提升。

科技艺术课程每一个主题中，都有很多像"痕迹"这样的内容切入点，每一个内容都会有很多不同形式的表现与表达，可能是艺术作品、可能是实验报告、可能是文字梳理、可能是思维创想，可能是发明创造。面对同一主题、同一材料，学生的落脚点根据他们以往的学习与积累会有所不同，呈现方式或者内容也有差异，教师团队在整个教学过程之中要始终与学生保持充分的交流与探讨，提供必要的知识与技术支持，辅助学生实现由课程生发出来的思考与创意。

科技艺术课程实施还处在研究探索的实验阶段，面临着很多问题与挑战，我们在不断反思与调整，以便更好适应学生的需求，为他们发展提供更多可能。

社会性科学议题课程实践探索

——以"其他垃圾应该填埋还是焚烧"为例

李 萍

2020年3月北京师范大学中国基础教育质量监测协同创新中心发起社会性科学议题学习项目，2021年9月，我校作为实验校参与该项目，开启了社会性科学议题课程设计与实践探索。

一、什么是社会性科学议题教学

（一）一种基于真实情境的教学

社会性科学议题（Socio-Scientific Issues，SSI）指由当代科学技术研究开发所引起的一系列与社会伦理道德观念、经济发展及自然生态环境等紧密相关的社会性问题，如克隆技术和基因工程等科学技术给社会伦理观念和生态环境保护带来的难题。这些议题通常因社会各界人士不同价值观等产生合理分歧。

社会性科学议题教学是一种基于社会性科学议题真实情境的教学，在教学中引入社会上热门的争议性话题，融合学科特点、科学知识，帮助学生提高对于科学技术与人类社会相互作用的理解，引导学生将科学知识与实际生活联系起来，结合社会、经济、道德、伦理等领域，从更高的层面看待社会问题，更好地理解学习科学知识。

（二）社会性科学议题教学的特点

社会性科学议题具有集社会性、科学性、开放性与伦理性于一身的特征。SSI教学以现实中科技引发的"真问题"为背景，还原综合与复杂的现实问题，设计跨学科融合学习情境。SSI教学与传统教学方式相比有如下3个特点。

1. 以一个真实的、社会相关的议题作为中心主题

SSI 教学将真实的、与生活密切相关的社会性科学议题作为中心主题（如全球变暖、转基因食品、南方供暖问题、垃圾分类与处理等），贯穿整个教学活动过程，展开与此相关的科学知识学习、信息收集等一系列活动。学生们被要求考虑这些问题背后的科学原理，并分析科学数据，从而使议题的协商能够进行。在这种情况下，学生的学习就不是去自我、去情境的个人意义的知识建构，而是在与社会、文化、个人情感互动的过程中发展认知和道德情感。

2. 学习者参与科学思维活动

科学思维包括科学论证、科学推理、模型思维等。科学思维因其对学生批判性思维、认识世界的培养具有独特的价值，被大部分国家列入 21 世纪核心素养中。SSI 教学侧重以证据为基础的推理，并且关注证据的获取、分析、评估和解释、参与论证、谈判等多个视角。

3. 明确关注科学和社会维度

SSI 教学同时关注科学概念的学习以及社会维度的协商，在社会维度的协商中尤其强调跨学科联系。因为学生在进行协商时，需要有政治、历史、哲学、心理学等多方面的知识，才能够从各个价值立场出发提供具有说服力的观点。

二、社会性科学议题课程实践探索

（一）课程核心议题的选择

设计 SSI 课程，开展 SSI 教学，首先需要选取合适的社会性科学议题。在众多社会性争议问题中选择教学可用的议题，需要考虑以下主要因素（见图1）：（1）基于真实的社会情境。议题须是一个真实的社会性科学问题，它必须是与社会生活、伦理道德观念和经济发展等问题紧密相关的社会性问题。（2）包含核心知识，体现核心素养。议题要涉及与科学课程内容相关的科学知识和科学问题，确保议题与知识之间的紧密关联，涵盖核心知识，体现学科思想方法，承载学科核心素养。（3）贴近学生生活。议题作为教学中探讨的核心问题，需要贴近学生生活，与学生密切相关，有利于调动学生的积极性和主动性。

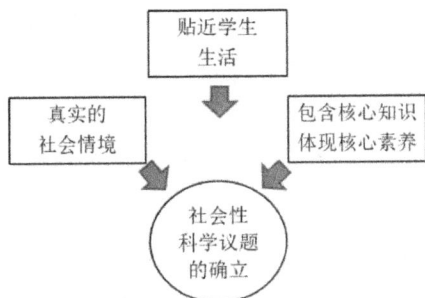

图1 社会性科学议题的确立要素

我们从社会生活中寻找议题——面对城市逐渐被垃圾包围，生态环境日益恶化的问题，为了减少垃圾总量，改善生态环境，全国实施了垃圾分类、禁运"洋垃圾"等措施，但其他垃圾的总量依然很大。目前其他垃圾主要采取填埋或者焚烧方式处理，各有利弊，不同的人各持观点。

该议题是目前很受关注的社会问题，涉及其他垃圾焚烧和填埋产生有害物质的成分、形成机制、治理措施等科学问题，与学生生活紧密相关。议题可以涵盖的核心知识有土壤微生物、有害物质的化学检测实验、工厂选址问题，承载的学科思想方法是研究物质迁移与能量转化的角度与思路，承载的核心素养有人地协调观、科学态度、社会责任和创意实践等。

（二）课程设计思路与工具

确立社会性科学议题后，便进入课程设计阶段。星形图是课程设计的有效工具（见图2），有助于多角度的系统思考和组织定位社会性科学议题的教学目标与内容。

图2 社会性科学议题教学星形图

设计星形图的过程就是顶层设计社会性科学议题活动框架的过程，非常重要。星形图中各个角的教育立意、教学目标与内容，既应基于各学科国家课程中的目标与内容而发散，又应围绕议题使各个角之间有内在的逻辑联系。同时，星形图中各个方面的目标与内容应符合学习这个议题的学生的认知与情感发展水平。

接下来，就是确定以问题解决为线索统领整个课程，即科学认识议题、寻找利与弊、论证利与弊是否成立、权衡利弊做出决策、采取行动践行决策五个环节。整个社会性科学课程设计的过程，教学目标包含三个维度：核心知识的获得与应用，学生能够在探讨议题过程中学习核心知识，综合应用所学知识探讨相关的社会性科学议题；科学论证能力的提高，学生能够综合运用信息查找、问卷调查、访谈等多种方法获得必要资料，并能够对资料进行加工分析，依据观点、证据和结论之间的逻辑关系进行有条理的阐述；科学态度与社会责任素养的增强，学生能够从科学、环境、经济、社会等多个方面，权衡不同观点的利与弊，有依据地做出决策。根据集体决策，针对议题采取实际行动，践行决策。

我们围绕"其他垃圾应该填埋还是焚烧"这一议题，根据问题解决思路设计了10项活动。课程设计框架如图3所示。

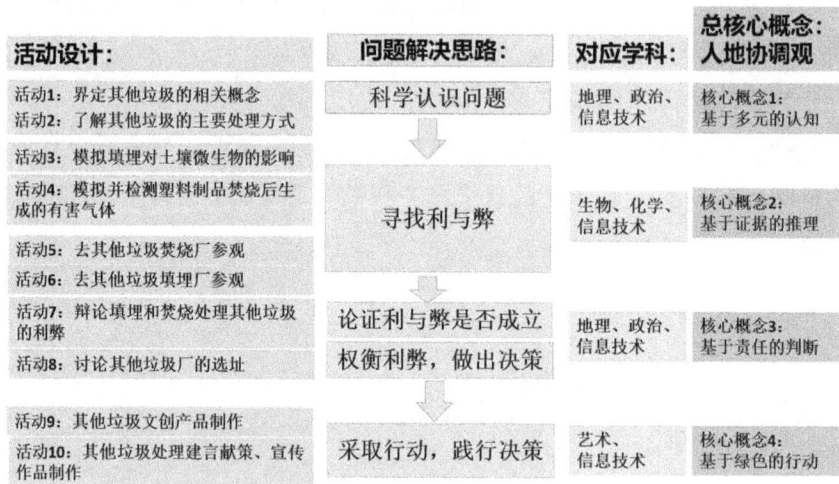

图3 课程设计框架

（三）课程探索与实施过程

1.科学认识议题

针对"其他垃圾应该填埋还是焚烧"这个议题，学生首先置于真实情境中进行探讨，根据近几年关于生活垃圾的分类与处理，从各个维度全面地认识议题。然后拆解并分析议题中涉及的科学问题和科学知识：明确其他垃圾究竟指什么、其他垃圾都是怎么处理的、其他垃圾焚烧与填埋都会产生哪些物质、这些物质进入环境会发生怎样的转化、这些物质对环境是否有影响，等等。

2. 寻找利与弊

社会性科学议题往往比较复杂，需要在社会背景中，从多个视角综合分析议题涉及的利与弊。面对"其他垃圾应该填埋还是焚烧"这个议题，学生分析的利与弊如下：其他垃圾进行焚烧处理的优势有：占地少、效率高、产生的热量可以用来发电、灰渣可用于建材原料等；劣势有：容易产生有毒气体、技术难度大、投资大等。其他垃圾进行填埋处理的优势有：处理费用低、操作简单、技术成熟等；劣势有：填埋厂远离城区、运输费用高、占用土地面积大、垃圾渗出液难处理、填埋土壤污染等。教师将上述多条利和弊分类总结，为学生提供方法论引导。

3. 论证利与弊是否成立

各种利弊观点经过充分的科学论证，形成可靠的观点，才有助于做出合理的决策。为了有效论证，需要依据观点充分收集相关资料，并对资料进行推理分析，使资料成为支持或者否定某种观点的证据，并且考虑是否存在对证据或者观点的反驳。观点、资料、推理过程、反驳是科学论证的基本要素。资料的可靠性、翔实程度，推理过程是否合理以及是否考虑到了反驳，决定着科学论证的水平。

论证"其他垃圾应该填埋还是焚烧"时，为了达到知识维度的落实及论证能力的提升，教师将论证聚焦于"其他垃圾对环境的影响与检测"这个问题，学生通过动手实验操作检测其他垃圾填埋和焚烧所产生的物质及其对土壤微生物的影响，以及教师提供的不同研究者的研究报告、科研论文等资料进行论证，整个过程中教师对学生的论证进行追问、质疑、反驳、评价及示范，不断完善学生的论证。

4. 权衡利弊，做出决策

将议题涉及的利、弊逐条论证后，需要结合实际情况，权衡利弊，做出符合科学态度和社会责任的决策。该环节的教学中，学生们依据可持续发展、环境友好观念对社会性科学议题进行综合分析，教师在学生做决策和阐述的过程中进行即时性评价，对学生进行适当引导。

5.采取行动，践行决策

在对社会性科学议题权衡利弊、做出决策后，梳理整个过程并采取行动，进而实现想法、决策与具体行为的有机结合。此次课程中，学生对整个社会性科学议题的学习成果进行汇报展示，分享交流，撰写议题的论证报告，并进一步模拟向政府部门或人大代表提出倡议，形成倡议书或议案。对其他垃圾进行文创产品制作，实现其他垃圾的资源化、无害化、再利用。此外，学生也计划针对议题展开实际行动，走进社区进行宣传与科学知识的普及。

三、社会性科学议题课程实践反思

（一）关注教师角色地位的转变

面向发展学生核心素养的教育应以学生为中心，激发学生的学习兴趣，促进学生主动学习。因此，SSI教学落实于科学课堂时，尤其要关注教师角色地位的转变，从知识讲授转变为问题引导，将自己定位成学生学习兴趣的激发者、知识建构的引导者、科学素养和乐观积极性格的培养者。SSI教学的核心活动是学生的讨论与交流，特别是议题相关的课堂辩论，为了使议题能够持续进行，让学生产生对话，教师必须适时地质疑并挑战学生的立场。同时，由于议题本身具有争议性，没有对错之分，所以教师在学生的讨论过程中，除提供学生必要的"脚手架"之外，不必对学生的讨论做过多干预，以免因教师观点带有的权威性影响学生的意见表达等。

（二）重视科学论证能力的进阶培养

学生对议题基于自己的已知进行认知、着眼于议题解决方案开展推理与判断、进而付诸行动的过程，是学生对议题进行探究与实践的自主过程。开展科学论证时，教师要注重培养学生理清主张与证据之间的关系，并对不同年级学生有不同的要求。例如，要让小学生意识到自己有无与主张相匹配的证据，区分这些证据的主观性与客观性；要让初中生提升自己主张与证据的逻辑性，追求以客观证据来形成与支持自己的主张；要让高中生进一步追求主张与证据的科学性，以科学、客观的证据来提出与论证自己科学合理的主张。

科学论证是一个批判性合作的过程，与辩论赛相比，它更强调协商与合作，立场问题是社会性科学议题中的论证区别于一般论证的本质问题。教师要锻炼学生以自己的主张与证据与他人开展交流与论证的能力，即如何参与合作性的协商过程。学生对议题的"议",不在于追求标准答案,而是学会相互倾听、换位思考与理解,学会通过合理的协商来达成共识。

(三)聚焦核心素养的教学评价

课程评价是落实核心素养的重要抓手,基于核心素养的课程评价能够充分发挥素质教育的引导作用。SSI 教学并不适合使用选择或问答题式的纸笔测验,也不能仅以单次的表现来评价学生的学习结果。SSI 教学是对学生批判性思维、科学论证能力、科学本质观的培养与发展,因此在评价学生时,应该从多方面多维度进行考查,可以通过写与议题相关的议论文,也可用科学本质观专用量表测量学生的学习成果。

跨学科主题课程实践探索

——"重走长征路"跨学科主题课程设计①

魏丹丹

学习如果具有思想、感情、创造、美和游戏的鲜艳色彩，那它就能成
为孩子们深感兴趣和富有吸引力的事情。

——苏霍姆林斯基

《教育部关于全面深化课程改革落实立德树人根本任务的意见》中提到
"充分发挥学科间综合育人功能，开展跨学科主题教育教学活动，将相关学科
的教育内容有机整合，提高学生综合分析问题、解决问题能力"。"重走长征
路"跨学科主题活动课程设计正是政策引领下的一次尝试。

一、"重走长征路"课程设计背景

把立德树人融入思想道德教育、文化知识教育、社会实践教育各环节的同
时，充分挖掘学科的育人内容，将教育活动与学科学习有机结合，以更丰富的
学习方式和育人方式，促进教育活动育人功能的发挥，是此次跨学科课程开发
的初衷。

课程主题聚焦"长征"基于两方面原因：一方面，整本书阅读是现今语文
教学改革的一个重要趋势，《红星照耀中国》一书是初二年级整本书阅读重要
篇目之一；另一方面，研学旅行是学校持续开展多年的教育活动，学校在提升

---

① "重走长征路"跨学科主题课程由魏丹丹、李萍、秦佳陆、杨筱浦老师共同开发。

相关活动课程化水平、研究性学习深度等方面不断进行探索。

因此，初二年级以整本书阅读为背景，组织学生开展"重走长征路"研学旅行方案设计评比，要求学生通过组建团队、小组研讨、搜集资料、思维碰撞、方案展示等多个环节，形成具有实践意义的研学旅行方案。

学生要设计出好的"研学"方案，仅通过阅读一本书是远远不够的，需要从历史和现实的角度对"长征"有更深层次的认识，方案设计涉及地理知识、历史知识、政治理解、社会调查、生活常识等方方面面。因此，以"理解长征精神"为主题，以研学旅行方案设计为载体，多学科共同开发的"重走长征路"跨学科主题课程顺势而生。

二、跨学科主题课程设计思路

（一）确定活动主题

跨学科主题课程以学生活动为主，需要准确把握学生的认知发展水平，根据学生们的生活经历和现阶段相关学习内容有针对性地选择活动主题。

（二）寻找学科整合点

学科课程整合强调找准课程整合点，以此为基础从多个相关学科获取观点和资源，综合这些观点加深对主题、问题和话题的理解，最终将这些观点整合成一个更完整、连贯的分析框架。

"重走长征路"课程以长征为线索，以长征历史事件、长征经过地点、长征艰苦条件等为整合点，涉及文学、地理、历史、道法、艺术等学科相关内容。

（三）设定活动方案

跨学科主题课程并非将体系相对独立的学科内容简单聚合到一起，而是要发掘不同学习领域的内在关联，形成课程内容之间深层次支撑，以此搭建跨学科主题学习的基本框架。

"重走长征路"课程就是以整本书《红星照耀中国》阅读为课程起点，以历史事件和地形地貌作为学科支撑，以感受和认同长征精神为课程宗旨，搭建出"了解长征缘起和经过"、"了解长征路线和途经典型地区地理特征"、"感受长征之苦"、"理解长征意义和长征精神"的课程基本框架。

（四）采用多种学习策略

学习方式变革是新一轮课程改革的核心内容，学习方式因学习目标的多元性、学习内容的多样性和学习者的个别差异性而具有多样性。

"重走长征路"作为实践性主题课程，倡导开展自主学习、合作学习和探究学习，通过任务设定引导学生参与和实践。

（五）多元评价活动成果

活动评价是课程体系不可缺少的一部分。通过完成一个个学习项目，学生会收获不同的活动成果，同时也会通过自主体验，获得不同程度的发展。引导学生展示活动成果，对学生的活动情况进行评价，既是跨学科主题课程的重要环节，也是驱动学生查漏补缺，实现进一步发展的不可或缺的重要环节。同时多元评价的方式，可以让学生获取成功的体验。

因此，"重走长征路"课程跨学科主题活动过程中，老师们结合课程项目和活动任务，创设了不同的展示活动和任务评价标准，用评价引领学习实践，启发学生对学习任务进行深入的研究和思考。

三、"重走长征路"课程设计过程

（一）组建课程开发团队

"重走长征路"课程是以年级主导开发的课程。初二年级根据课程内容需要，组建起以语文、地理、历史、道法、艺术五大学科为主的课程开发核心团队，精心打磨课程内容，组织学生开展学习活动；同时组建了所有学科参与的学习指导团队，协助提供课程资源、指导小组活动及解决学生疑问。

（二）明确课程教学目标

课程开发小组经过请教专家和充分研讨确定课程教学目标：

（1）指导学生查找资料、小组研讨、解决学习问题，提升学习能力、合作意识。（2）引导学生了解长征历史、长征精神，体悟长征对现实生活的影响，提升社会责任感和国家认同。（3）指导学生利用所学设计具有个性特点的研学方案，培养学生创新意识，时提升审美能力。

（三）设计系列学习任务

学生在学习过程中需要完成的主要任务有：设计"'重走长征路'研学方

案"、编辑与创作"长征主题文集"、设计"重走长征路"研学方案。

任务一：绘制长征主题地图——路线及地理特征

学习目标：

1. 结合《红星照耀中国》阅读和关键事件梳理，能在中国地图上准确查找并标出长征途经省级行政区及其位置，说出其全称、简称及行政中心；

2. 能够运用资料描述长征中关键事件对应地点的自然地理特征，说明自然现象与地理位置的关系；

3. 能够运用资料分析长征途中遭遇的恶劣自然环境，解释工农红军需要克服的艰难险阻，感受不怕苦不怕累、勇于克服困难的长征精神。

学习评价：

评价项目		说明	等级
过程评价	行为规范	学习态度：善于思考，积极努力争取最好的结果	☆ ☆ ☆ ☆ ☆
		学习习惯：能按计划学习，详细记录工作日志	☆ ☆ ☆ ☆ ☆
		遵守纪律：能专心听讲，轻声讨论，并提醒同伴遵守纪律	☆ ☆ ☆ ☆ ☆
		诚信行为：能独立、高质量地完成自己承担的任务	☆ ☆ ☆ ☆ ☆
	团队合作	分工合作：主动认领各类任务，与大家一起友好工作	☆ ☆ ☆ ☆ ☆
		交流讨论：能认真倾听同伴发言，积极发表意见	☆ ☆ ☆ ☆ ☆
		资源共享：能主动向同伴提供信息、提出建议	☆ ☆ ☆ ☆ ☆
		互帮互助：能主动帮助有困难的同伴	☆ ☆ ☆ ☆ ☆
	交流表达	阐述表达：清楚、流畅表达，对他人疑问给予耐心解释说明	☆ ☆ ☆ ☆ ☆
		作品展示：能用多种形式熟练展示自己作品	☆ ☆ ☆ ☆ ☆
成果评价		绘制的中国工农红军长征路线图准确、清晰	☆ ☆ ☆ ☆ ☆
		长征主题地图展示与解说逻辑清晰、自然大方、表达流畅	☆ ☆ ☆ ☆ ☆

任务二：绘制长征主题地图——事件及历史意义

学习目标：

1. 在《红星照耀中国》阅读和资料查询基础上，能够描述长征主要经过及关键历史事件；

2. 绘制长征"时图"，准确标注关键历史事件时间、事件发生背景和原因；

3. 能够结合长征历史解释长征的历史意义。

学习评价：

评价项目	说明	等级
时空观念	能够比较完整地描述长征及关键事件	☆ ☆ ☆ ☆ ☆
唯物史观	能够比较客观理解长征关键事件发生背景和原因	☆ ☆ ☆ ☆ ☆
史料实证	采用的史料客观、有价值	☆ ☆ ☆ ☆ ☆
历史解释	能够使用历史术语描述长征这一历史事件	☆ ☆ ☆ ☆ ☆
家国情怀	深刻理解长征精神，认同社会主义核心价值观	☆ ☆ ☆ ☆ ☆

任务三：编辑"长征"主题文集——文学里的长征

学习目标：

1. 收集、整理有关长征的文学作品，能够按一定标准进行分类；

2. 阅读文学作品，品析理解作品文学形象、内容主题，学习写作手法；

3. 制作"长征"主题文集，图文并茂。

学习评价：

评价项目	说明	等级
作品内容	符合"长征"主题，内容积极向上，难度适中、篇幅长短适宜	☆ ☆ ☆ ☆ ☆
内容注释	内容必要处要有注释，注释准确	☆ ☆ ☆ ☆ ☆
作品阐释	作品分析理由充分、逻辑清晰、详略得当	☆ ☆ ☆ ☆ ☆
内容分类	作品分类合理（至少分三类，每类作品不少于3篇）	☆ ☆ ☆ ☆ ☆
图文设计	封面设计生动美观，能凸显文集主题；插图贴合作品内容，对主题表达起辅助作用	☆ ☆ ☆ ☆ ☆

任务四：编辑"长征"主题文集——"我"的长征

学习目标：

结合长征路线和艰难险阻、长征历史事件及意义、长征文学作品描述等，思考并撰文，准确生动表达长征对自己的启发。

学习评价：

评价项目	说明	等级
政治认同	准确理解长征精神	☆ ☆ ☆ ☆ ☆
	作品内容积极向上	☆ ☆ ☆ ☆ ☆
理性精神	分析指导意义有自己的创新点，不拘泥于俗套	☆ ☆ ☆ ☆ ☆
	作品中体现的为祖国做贡献的行为切实可行	☆ ☆ ☆ ☆ ☆
合作精神	组员分工明确，完成任务时不拖延	☆ ☆ ☆ ☆ ☆
	小组任务能够调动每个人的积极性	☆ ☆ ☆ ☆ ☆

任务五：采集实践资源

学习目标：

查找长征路线上，能落实研学目标的实践资源，为研学路线设计做准备。

学习任务单：

资源类型	资源名称	地点	作用
博物馆资源			
名胜古迹资源			
自然景观资源			
实践活动资源			
自主主题活动			
……			

任务六："重走长征路"研学方案设计

学习目标：

小组合作设计"重走长征路"研学旅行方案，研学内容有助于感受长征精神，有助于提升学科知识理解，路线设计合理，研学活动适合同学年龄特点、兴趣要求。

学习评价：

评价项目		项目说明	等级
设计过程	团队合作	分工明确，小组所有成员都能参与到项目工作中	☆☆☆☆☆
内容设计	研学目的	对提升学科学习能力，落实学科知识发挥作用	☆☆☆☆☆
		研学活动对学生生活能力的提升发挥作用	☆☆☆☆☆
	活动路线	按主题安排研学路线	☆☆☆☆☆
		行程安排充实舒适	☆☆☆☆☆
	活动安排	时间安排符合生活规律	☆☆☆☆☆
		活动地点选择符合主题要求	☆☆☆☆☆
		活动内容安排能达到研学目的	☆☆☆☆☆
		活动内容的安排符合学生年龄特点	☆☆☆☆☆
		大多数学生能参与活动	☆☆☆☆☆
	活动预算	活动预算安排合理	☆☆☆☆☆
	整体设计	整体设计核心主题突出	☆☆☆☆☆
汇报表现	图文设计	幻灯片设计与活动设计相得益彰，重点突出	☆☆☆☆☆
	语言表达	吐字清晰、声音响亮、表达流畅	☆☆☆☆☆
	仪表风范	自然得体、自信大方、从容自如	☆☆☆☆☆
	时间控制	时间使用恰当，不浪费、不超时（10分钟）	☆☆☆☆☆

　　课程是实现教育目的的重要途径，是体现和反映教育思想和教育观念的载体。当下的课程具有多种新样态，不仅内容彰显开放性，超越教材，超越教室，而且课程开发主体也彰显多元性，"重走长征路"就是级部制改革下年级课程开发的一次尝试。

指向高中育人方式变革意义的高中生涯规划课程的思考与构建

王海霞　王竹婷　李珊珊

一、指向适合个体发展意义的育新生涯课程构建的思考

2019 年 7 月国务院办公厅印发了《关于新时代推进普通高中育人方式改革的指导意见》（以下简称《指导意见》），其中将"加强学生发展指导"摆在重要位置，特别强调要"注重指导实效"和"健全指导机制"。《指导意见》中明确提出，"加强对学生理想、心理、学习、生活、生涯规划等方面的指导，帮助学生树立正确理想信念、正确认识自我，更好适应高中学习生活，处理好个人兴趣特长与国家和社会需要的关系"。当前国内外处于急剧变化之中，高中学生具有独特的价值观、思维与视野，个体间存在各种差异，必须研究并实施适合于每个学生的教育与指导，促进每个学生得到应有的成长和发展。那么我们必须要在推进学生选科指导的同时大力推进学生成长规划课程和系列活动，引导学生思考"我是什么样的人"、"我期望成为什么样的人"、"我将选择什么样的专业"、"未来的我将从事什么样的职业"等深入自我认知、自我选择层面的问题。可以说，生涯规划是影响学生成长的重要工作，也是体现学校育人理念和育人方式发生实质性改变的重要工作内容。在青少年价值观形成的关键阶段，学校应立足于指导学生发展的制高点，帮助高中学生树立合适的目标并获得实现目标的能力——这是学校高中教育的根本意义。

育新学校高中部每年有 600 多名高中学生。约三分之一的学生来自回龙观地区，约三分之二的学生来自海淀北部区域。受到家庭及过往学校教育经历的

影响，大多数学生明白考试于他们自身成长的意义，但大部分学生不太具备自主规划学业及人生的意识和能力。2017年是新课改元年，我校开始在新高一年级开设生涯规划课程，并对课改后两届毕业生的生涯规划教育做了一定的总结和反思，通过对"什么才是好的生涯教育"这一问题的认真思考、行动与实践，我们调整了高中生涯教育的视角——指向高中育人方式变革意义的高中生涯规划课程。

我们认为好的生涯教育，最根本的支点是"自我认知"和"未来感知"，本质上就是提供给学生对自我与世界的了解方式，引导高中阶段的学习者准确定位，主动发展。新课改工作以来，学校从育人理念的顶层设计到对学生个体积极发展的不懈努力与追问，正是对"什么才是好的生涯教育"这一问题的认真思考，更是对高中阶段生涯辅导模式的创新尝试，它使研究性学习真实发生，使学生发展指导工作落地有声。

通过本课程的学习，学生能获得成人成才、实现终身发展和适应社会发展所必需的核心素养，成为注重自主发展、善于自我管理、善于问题解决，能够创造美好生活、成就幸福人生的建设者和接班人。本课程目标聚焦在生涯和研究性学习两方面，均与学生发展切实相关，旨在解决学生学业规划模糊、学习动力不足、自信心不足等成长方面的问题。首先，学生通过对生涯规划重要性和必要性的正确认知，唤醒生涯规划、自主管理的意识，建立积极成长的信念和态度；通过对自我人生价值观、兴趣、能力与性格的探索和反思实践，正确认识和评估自我，提升自我认知和自我塑造能力；通过对高中学科、大学专业和未来职业的探索，了解自己关注的大学、专业和职业的相关信息，具备一定的收集、整理与归纳、分析以及利用信息的能力；通过具体行动计划的制订，培养合理规划能力，并达成积极、持续的行动力。其次，学生通过探索、思考、判断，逐步形成对外界主动探索的意识和能力，确保其建立正确的价值观、世界观和人生观，获得一定的自我激励价值。然后，通过研究性学习的方式，改变学生以单纯地接受教师传授知识为主的学习方式，为学生构建开放的研究和探索的学习环境，逐步养成独立解决问题的能力。最终，学生通过模拟招聘、生活实践等综合性应用的学习机会，通过研究报告的完成促进学生形成积极的学习态度和良好的学习策略，培养创新精神和实践能力。

学校整体设计课程实施阶段和内容，建立生涯规划及研究性学习的学习过程，构建研究性学习框架及其研究路径，形成导师指导视域下的开放性学习方式与平台。按照年级进阶发展阶段开设同一研究路径下的不同年级、不同年龄阶段的生涯指导课程。课程内容依据学业发展水平、学生发展的目标追求和心理情感特点等因素逐一设定。

二、基于高中学生发展指导"实施载体"的设计与实践

（一）打开格局、宽广心胸的价值引领课程

深化教育改革，全面推进素质教育，要求我们在工作实践中，切实把握 21 世纪知识经济时代的特征和新时期中学生理想教育的特点，运用灵活多样的方法开展理想信念教育。我校高中学生由于对时事政治关心的不多，大部分学生存在理想信仰表面化、理想信念认识泛化的问题。个别学生自认为看透一切，学习上不思进取，生活上松散疲沓；少部分学生胸无大志，或者怀有得过且过、无所追求的生活价值观；还有些学生对理想信念的认识与追求又过于功利化。如何直面这些现实问题，同时又要把握时代特征、遵循教育规律，扎扎实实地抓好理想信念教育，帮助他们树立远大的理想，努力实现超越自我的人生目标，是摆在我校高中教育面前的一个重要课题。

从理论学习与课程实践的经验反刍中，我们把对学生的理想教育课程分为显性导向和隐性导向两种。显性导向课程是指学科课堂教学、国防科技教育和生涯教育活动等。三年中，每个学期开展具有系列主题意义的理想教育，如高一阶段的国防教育活动军事专家的"国防意识教育"课程，贯穿整个学期的"党史和国史教育课程——观影活动"，学生可选择喜欢的建党百年央视电影和纪录片《理想照耀中国》、《觉醒年代》等，同时还有邀请首都师范大学马克思主义研究生宣讲团的辅导员开展的《李大钊——中国革命的"播火者"》和《新民学会与早期共产党人》为核心内容的党史和国史教育课程。在这期间还穿插以《我的青春力量》为主题的诗歌朗诵会和演讲会，作为理想教育课程的阶段小结或过渡内容。隐性导向课程即自我教育课程，如学生自己组织有关学习活动小组和志愿服务主席团，通过对日常行为规范进行自我管理、自我监督、自我教育，活动反映出以学生为本的现代教育思想，也锻炼了学生学会自治自理的能力，同时对形成学生的理想人格、理想信念有长远的影响。当然课程内容也包括教师在日常言论中表现出来的理想信念以及校园文化所蕴含的社会主义崇高理想，这将对学生理想形成、巩固起到直接有力的促进作用。

如果说开展理想教育是解决为什么学习、为何规划的问题，接下来我们就对学生的学习动机、学习策略、学习方法展开指导。从开学初、期中等不同阶段的调查中发现，学生在以上三个方面都不同程度地表达需要学校教师的引导和帮助。因此学校组织教师学习《学习诊断》的相关理论并将认知心理学引入中学生课堂，解决学业发展中的系列问题。例如，高中学习是怎么回事？为什么一直坚持努力学习却不见成效？如何学才能学得更好等问题。此外，我们积极聘请心理教师在生涯课中开展《认知心理学教育课程》，不仅学生获得如何创设情境和调动主动性地去学习，而且教师也从中获得了创设较为复杂而生动的学习情境来调动学生思维的方法。在价值引领与心理引导的双重架构下，引导学生打开视野、自我调适。

（二）向内自我探索、向外探索社会的职业规划课程

职业规划是我校生涯规划课程中的重要组成部分。依据美国职业理论专家萨珀提出的生涯彩虹图理论，15—24 岁的青少年正处于职业探索阶段，这一阶段又细分为试验期、过渡期、尝试期三个时期，高中生正处于探索阶段中的试验期，属于学习打基础的阶段，其发展任务是使职业偏好逐渐具体化、特定化并通过系列的探索、体验逐渐实现职业偏好。该阶段的青少年，需要向内进行自我探索，考虑自身的兴趣、能力及机会等，作暂时的决定，并在幻想、讨论、学业及实际生活中加以尝试。与此同时，他们也需要初步对外部社会环境进行探索，通过劳动实践、社团活动、社会实践等机会，对自我能力、自我角色及职业选择作一番尝试。我校生涯规划课程中的职业规划部分以系列活动为载体，兼顾了学生向内探索自我和向外探索社会两方面的发展需求，促进了学生形成积极的价值观，培养了探索精神和实践能力。

1.“探索自我”的系列班会与生涯报告

我校的生涯规划课程始终坚持落实立德树人根本任务，重视对学生形成正确价值观、人生观的引导与促进。在职业规划向内探索自我的活动中，除了借助霍兰德测试等常规量表，帮助学生了解自身能力特长和兴趣爱好外，还着重以班会课的形式，引导学生探索职业价值和思考工作的意义。如果说职业生涯课程就像是一辆不断前进的汽车，那么兴趣就是发动机，能力是车轮，职业价值观就是这辆汽车的方向盘，决定着发展的方向。如在高二学年第一节的班会课上，学生通过“价值观交换”的互动体验，了解自己的价值观取向；通过对名人生平的了解，理解价值观对个人发展的重要作用；继而通过小组讨论、分

享等环节，对职业选择形成初步的认识——世界上没有完美的职业，任何一个职业总是有利有弊，也许符合兴趣的却没有足够的收入，也许成就非常大的却要牺牲陪伴家人和朋友的时间，价值观引导每个人从事不同的职业，过着不同的生活，拥有不同的人生。又如，在第二节班会课上，学生从"假如中了3个亿，你还会继续工作吗"的假想情境开始，以独立思考、调查统计、分组辩论等形式，逐步深入思考工作的意义，通过绘制思维导图的方式，外显出自己对工作意义的理解。在前两节班会课的基础上，第三节课各班根据学生情况继续做深入探讨：或就某一话题做进一步的阐述与分析，或将学生对未来的思考引回现实，思考高中阶段的任务和准备。

学生在班会课中理解了价值观对职业的影响、树立了对工作的正确认识之后，还需要结合自身的兴趣、价值取向等做出判断与规划。但学生作为生涯规划的初学者，还不能自觉地进行系统分析并制订行动计划。因此，学生仿照给定模板，从自我分析、选科与未来职业方向的关系、理想的专业或大学、高中三年学业规划等几方面进行梳理与撰写，形成个人阶段性的生涯规划报告，并在小组或班级内分享交流。当然，这份报告只是学生阶段性的设想与认识，他们还将通过后续的学习与思考等体验活动不断修改、完善。

2. 探索社会的职业论坛与职业人物采访

学校虽然常常被比喻成"象牙塔"，但两耳不闻窗外事已经不符合新时代高中学生生涯规划的需要。学生对自身职业规划不能是"一厢情愿"，还需要对社会进行外部探索，了解社会的发展与需求，为走向社会、走向职业做好准备。学生的发展需求多种多样，现代社会的职业种类也越来越丰富多彩，出现了很多新的职业。为了满足学生了解不同职业、开阔眼界的需求，我校的职业规划课程充分调动了家校联合育人的优势，在家长委员会的帮助下，共同组织、策划了职业论坛与职业人物采访。在论坛前期通过学生问卷了解他们对职业的向往与意愿，通过家长问卷调查职业资源等情况。结合学生的职业兴趣倾向，联系有时间、有能力开展论坛讲座的家长确定职业论坛的主题，学生根据自身的意愿选择参与不同主题、不同时间段的论坛。在论坛上，主讲嘉宾对某一职业领域做较为详细的介绍，同时分享自己职业生涯的经历与感悟，与学生互动讨论，探索该领域所需的能力与今后的发展前景。2019—2021级高中共开设了50余次职业论坛，既涉及医学、法学、自动化等热门专业，也涉及文学研究、海洋工程、艺术设计等学生感兴趣的专业，还涉及大数据分析、媒体运营、心理咨询等新兴领域。随着职业论坛的连续开展，我校的生涯规划课程积累了一批家长、校友的优秀资源，形成了丰富的职业分享资源库，使得这一活动可以不断延续、更新，形成良性循环。

通过职业论坛，学生对某一职业领域形成了初步认识，与自我探索阶段对自身兴趣、能力、价值取向进行比对，寻找适合自己的职业方向。在此基础上，职业方向意愿接近的学生组成小组，寻找该职业领域的人物进行采访，学生经历确定采访对象、制订采访计划与提纲、完成采访并记录等一系列步骤后，最终形成采访稿并进行小组汇报。学生通过采访活动，深入了解某一职业领域对能力、学业等方面的要求，在该领域中会遇到的困难等，而且从专业人士的人生经历中，感受职业精神，思考如何在该职业领域中实现自我价值和社会价值。

3. "内外兼修"的模拟招聘

职业规划中的内部探索与外部探索是相辅相成、相互补充的，同时深度探索还需要实践的模拟与检验，模拟招聘会的形式正好适合这一阶段的学生，他们可以将内、外部探索形成的成果以个人简历的形式梳理出来，在招聘面试的模拟活动中对此做出检验。在一周的时间内，学生经过制作并完善简历、线上投递简历、等待面试分配结果、面试准备的前期四个阶段，最后一步来到招聘会现场与专业面试官进行面试。现场招聘会以无领导小组的形式对学生进行面试考查，设立了创业合伙人、风险投资人、记者、界面设计师、律师、软件工程师、外科医生、中学教师等学生感兴趣的岗位。在活动现场同学们穿上职业装，手中拿着准备好的简历，按照面试官的要求回答提问或展示自我。这一系列流程充分还原了现代职场的面试流程，使学生更加真切地感受到职场氛围。整个的体验过程也更切实地敦促着学生自身从提升自我学识做起，从提升自我专业修养开始，要想实现未来人生的追求就要不断地打好高中学业基础、合理规划高中生涯。

（三）尊重个性、多元发展的学业指导课程

1. 选科指导

高中新课改工作要求学生高一年级完成六科学业水平中合格考层面的学业并在一年的学习轨迹中逐步清晰并规划自己的学业发展路径，最终选择适合自我发展与适应专业发展的三科学业，据此学生应该做到对自我学情和学科发展领域的多元了解。从为何选、怎么选、选什么的逻辑来看，高一年级从入学阶段到第一学期期中、期末乃至到第二学期期中、期末要分阶段、层进式进行学业规划和学科选择。学生从了解大学专业开始，考虑大学专业排名及其对应院校、了解专业的课程设置以及相似专业的就业方向等因素，逐渐倒推到与专业相关的学科，从而不断向内探索了解自身的学科优势，并联系自身的发展兴趣、学习潜力、发展倾向等因素。最后要综合了解自身的选择现状，既包括选科组合也包含自身发展需求，思考如何从高一开始发展自己的学科特长、如何有效地进行学业规划，使学业、专业、职业、事业逐渐在生涯发展中成为一条逻辑自洽的发展链条。

在选科指导的过程中，学校通过不同发展阶段，设计不同选科因素的调研问卷，其中从中考优势科目、自己的学科优势所在、自己的发展兴趣所在、阶段考试成绩、父母的建议、老师的引导、同伴的影响、高校专业要求以及将来拟从事的职业等多元维度引导学生审视自我、理性思考、审慎选择。从高一入学、第一学期期中、第一学期期末进行三次选科工作，第二学期期中到期末进行局部微调。选科情况稳步推进。

另外，经过学校三轮课改选科指导的经验沉淀和学科导师的建构，教研组长、备课组长示范引领，针对学科学习领域的学习方法、学科与专业的相关领域等问题做出思考和解读，为高一年级学生选科做好学科选择指导。从微专题讲座的内容来讲，起点是选科指导，目的是对学业内涵发展做整体指导，希望调动学习兴趣、拓宽学科视野、挖掘学习潜力。

我们以学科学习和个别化辅导为双轨机制，不仅构建出生涯规划视域下的课程体系，同时以此带动并培养出了以教研组为单位的学科讲师团，逐渐形成以年级组为核心的全员导师团，构建出有30余人的育新导师队伍。在全员导师的构建与运行过程中，逐渐帮助学生建立起生涯规划中知识性的空间，以研究性学习的机制促进学生研究性学习的能力、创新思维的能力提升，在测评、探索、分析与规划过程中促进学生心智成熟、健康成长。

2. 研究性学习

研究性学习是指学生在教师指导下，从学习生活和社会生活中选择和确定研究专题，主动地获取知识、应用知识、解决问题的活动，其成果还将记入综合素质评价报告中，是高考录取的参考之一。研究性学习有利于培养学生永不满足、追求卓越的态度，发现问题、提出问题，从而解决问题的能力，以及在提出问题和解决问题的全过程中学习科学研究方法。因此，我校的生涯规划课程将研究性学习也纳入其中，作为学业指导的重要部分。学生在高一、高二分别进行两次小组式、主题式的研究性学习。学生在确定研究方向后，选择该方向的指导教师，并在教师指导下进行小组研讨、查找资料、确定选题、制订研究计划、开题答辩、开展研究、撰写结题报告、完成结题答辩等一系列过程，形成研究成果，优秀成果还可用于参与各种比赛活动。我校学生的研究性学习成果在全国高中数学建模能力展示活动、金鹏科技论坛、全国青少年科技创新大赛、青少年环保大赛、全国英语戏剧大赛、北京市科学建言献策、北京市科学专项活动、"明天小小科学家"等活动中都曾屡获殊荣。

我们坚信好的生涯教育要"授人以鱼，授人以渔，授人以筌"，既要教给学习者进行生涯规划的知识，还要教给学习者获得生涯规划知识的办法、技能，更重要的是提供给学生生涯规划的工具、资源和机会，由此借助研究性学习的模式来开展生涯规划教育。

3. 高三成长导师

进入高三以后，学生经过前两年的学习和发展，志向与兴趣都呈现更多元化的倾向，而且在高考备考过程中学生面临的学业压力将持续增长，这时就需要依据学生个体特点给予指导。因此高三伊始，在年级统筹安排下，以双向选择的方式，为每一位学生配备成长导师，从学习方法、压力调节、目标规划等方面给予个性化的关注和指导。导师既需要关注学生某一学科的学习，更要关注学生整个高中学习生活的状态和成果，做学生的引导者和贴心人。这一制度的实施也意在引导教师学会并调整对学生指导的方式和内容，要求学科导师们在年级制作的《学科导师指导学生情况记录表》中记录与学生沟通的情况。

自 2020 年开始，在学校高中部探索研究性学习视角下的生涯规划课程以来，基于学生的学科选择、专业选择和职业探索等活动，由学生根据自身学科发展特点及其优势以及专业选择对年级教师进行了导师选择的志愿填报活动，形成了基于学生发展指导意义上的导师制度的真正确立。

4. 志愿报考指导与模拟志愿报考

选择什么样的大学与专业始终是学生和家长在高中的生涯规划中最关注的方面，学校有必要在这一方面为学生和家长提供信息与指导。高一、高二每学期开展 1—2 次较为宽泛的大学专业或综合素质评价等录取方式的介绍，高三则增加到每月两次，进行较为集中、具体的有关高校专业介绍、高考志愿填报等方面的讲座，进一步助力学生生涯发展。

三、生涯课程实施效果的反馈及展望

指向育人方式变革意义的高中生涯规划课程促进高中生将学业发展与自身职业发展相结合，在研究、探索过程中把研究性学习、导师制度的建立作为发展素质教育、转变育人方式的重要制度，凸显其对促进学生全面发展的重要导向作用。同时，学校更加清晰生涯指导课程是引导学生在学校的三年学习、成长过程中通过学校育人方式变革、学科研修和自我发展规划形成终身成长的意义。

另外，通过对2020级毕业生的调研反馈得知：有78.48%学生的选科依据是兴趣、50.63%学生的选科依据与专业相关，还有46.84%学生的选科依据是因为该科目的分数较高。74.42%学生表示不会后悔自己当初的学科选择，72.15%学生的选科与高考报志愿紧密相关。新高考实施的三届毕业生回忆自己三年来的生涯指导课程历程，不少同学反馈其调动了自己学习的主动性，打开了自己之前没有关注到的发展领域，在高中阶段学会了选择和承担选择后的责任。

除此之外，我们也在课程探索中不断建立并健全高中生发展指导体系，以学生研究阶段为线索，展开导师全阶段指导的双轨发展机制，这是促进学生全面发展、个性化发展的保证，是完善学校教育职能、推动学生发展指导工作有效开展的前提，是学校转变高中育人方式、推进素质教育的重要举措。

新一轮课程改革推动着教育教学制度的不断调整和更新，也不断调整着从国家到学校的育人目标，其更加准确而清晰地指导着教育工作者以人为本地去培养学生，关注学生真正的个性发展区域。也由此可见，生涯指导工作是一项长期坚持并于其中关注学生动态发展的工作，需要我们每一位教育工作者真正用心思考并认真落实。

"'五育'融合"背景下小学跨学科校本课程建设探索

付胜利

2019年，中共中央、国务院印发《关于深化教育教学改革全面提高义务教育质量的意见》，提出"'五育'并举"的指导方针，要求"突出德育实效"、"提升智育水平"、"强化体育锻炼"、"增强美育熏陶"、"加强劳动教育"，以此全面发展素质教育。在实践"'五育'并举"过程中，研究者和实践者发现"五育"不能彼此独立，而是需要"五位一体"，因此，有学者提出："学生德智体美劳全面培养，不仅需要确立'五育'并举理念，更要确立'五育'整合的理念"，"整合"即"融合"，自此提出了"'五育'融合"。

什么是"'五育'融合"？研究者最初从理论来源、各"育"内涵以及五"育"之间的结构关系三个层面寻找答案。之后，有学者提出"'五育'融合是育人假设、育人理念、育人实践、育人思维、育人能力的统一"。为了给"'五育'融合"提供一个可实践讨论与反思的操作性定义，刘登珲、李华（2020）依据沃尔夫冈针对科学的教育概念提出的四个条件，结合时代语境，认为"'五育'融合"具有均衡性、平等性、关联性、整体性，具体是指：依照特定的逻辑，从目标、内容、实施等层面出发把未分化的教育要素纳入教育教学当中或把已经分化的教育要素联结为一个有机整体，进而促进儿童德、智、体、美、劳全面、整体发展的过程。

理解"'五育'融合"的理念之后，如何在学校教育中有效实践呢？学者们基于国内学校的现状，总结出"'五育'融合"实践的三种行动框架：育内融合、育间融合和跨育融合。其中，"'育'内融合"是指通过特定方式使汇聚在各"育"内部各学科、主题、活动形成有机整体的过程，各育及其内在学科保持独立；"'育'间融合"是指两"育"之间的有机融合，以其中一"育"为中心辐射其他各"育"的融合形式，如以"美育"为核心，形成"美育＋"融合模式；"跨'育'融合"是指通过创造真实情境，完全打破领域界限和学科逻辑，利用模块、项目、主题、探究等方式进行德、智、体、美、劳综合教育的过程。

由于"'五育'融合"概念提出时间较短，且关于此概念的内涵还有待学者进一步研究、探索、再界定，因而，有关"'五育'融合"背景下课程建设也在起步阶段，结合目前研究成果发现，国内"'五育'融合"背景下的课程建设有以下特点：第一，整体研究数量较少；第二，"'五育'融合"的行动框架主要以"育"内融合、"育"间融合为主，尤其以劳动教育为中心的较多，而真正"跨'育'融合"的形态较少；第三，虽然，很多研究开始以"'五育'融合"为背景进行校本课程的建设，但在课程建设的过程中系统的顶层设计不够完善，课程组织管理机制有待优化，课程评价体系还未完全从对单育的分开评价转化为以"'五育'融合度"为单位的整体评价。

我校 2019 年开始进行"'五育'融合"背景下校本课程的研发工作，"华夏智慧"主题校本课程应运而生。"华夏智慧"主题校本课程打破学科之间的壁垒，采用"超学科"的课程组织模式进行，把"五育"教育要素联结为一个有机整体，利用传统文化中小学生感兴趣的主题为载体，聚零为整，实现整体学习，最终促进学校学生德智体美劳全面融合发展。

跨学科融合是学生认知发展的必然要求，是学科教学的品质诉求，也是全面提升学生综合素质的需要。在中共中央、国务院印发《中国教育现代化2035》中提出的推进教育现代化的八大基本理念中，其中之一就是要更加注重融合发展。通过实现学科的横向统合，加强学科之间的理论联系，有效解决了分科课程容易造成学科知识片面化和破碎化等问题，深化了学生对于学科知识的理解和运用，从而实现了跨学科之间灵活的知识迁移。

"华夏智慧"主题校本课程如何通过跨学科融合实现"五育"教育要素的有机整合？

首先，在课程目标上，设有总目标和六大领域分目标（见表1）。"华夏智慧"主题校本课程属于"育·新"三层六领域课程体系中的拓展课程，课程目标在于更深层次带领学生去认识中华传统的人文智慧和思想文明，以帮助学生了解生活与社会，让学习更加贴近学生生活，开阔学生视野和胸怀，培养学生人文素养，激发学生学习活力。

表1 课程目标

总目标	使学生在学习与活动中加深体验，从而更深层次地去感悟中华传统的人文智慧和思想文明，了解生活与社会，开阔视野和胸怀，培养人文素养，激发学习创造力
人文与社会领域分目标	培养学生文化自信，提高对传统文化的多元审美，形成人与社会的和谐关系
数学与科技领域分目标	培养学生探索我国古人智慧的精神，并能理性地辨析古人智慧的精髓，提升学生的理性/科学思维以及创新能力
劳动与生活领域分目标	培养学生热爱劳动的精神，体会华夏民族勤劳奋进的精神，并通过一些古人发明的农耕、生活工具，理解工具与生活的联系，为今后幸福美满的生活做好积淀
艺术与审美领域分目标	通过服装、桥梁、民族手工艺等专题的学习，让学生感受华夏文化中的艺术之美，并在艺术氛围的浸润中培养学生的鉴赏能力
道德与修养领域分目标	通过感受华夏文明中的智慧，培养学生的民族自信，陶冶学生的道德情操，锻造积极、奋进的品质，培养学生做有责任感的新时代中国公民
体育与健康领域分目标	通过对古人情绪智慧的学习、对古人游戏精神的体会，帮助学生培养良好情绪管理能力，树立"玩中练"的运动习惯，培养学生强健的体魄、健康的心理和健全的人格

其次，在课程内容上，跨越学科，形成学科横向合力。从涉及知识面的广泛性与学生日常生活兴趣的连接度来确定专题范围，并结合六大领域合理分配专题数量；再按照学生学习水平划分了低、中、高三个学段；最终帮助学生从体验、体认、体悟、体行四个层次来收获学习所得。具体来说，低年级学生需要通过多种形式的实践与体验来全面感知这个世界，因此，在低学段更加侧重于通过"生活中的智慧"主题，增加体验与体认这两个层次能力的获得；中年级学生已具备基本的认识世界的能力，在此基础上，则更加注重学生在认识了解世界的基础上，通过"时间中的智慧"主题，能有自己的感悟，即体认与体悟；而高年级学生经过四年的学习积累，已初步具备自我意识与创新意识，因此在课程内容的设置上更加侧重于通过"设计中的智慧"主题，使学生体悟与体行两方面能力得以提升。课程结构如图1所示。

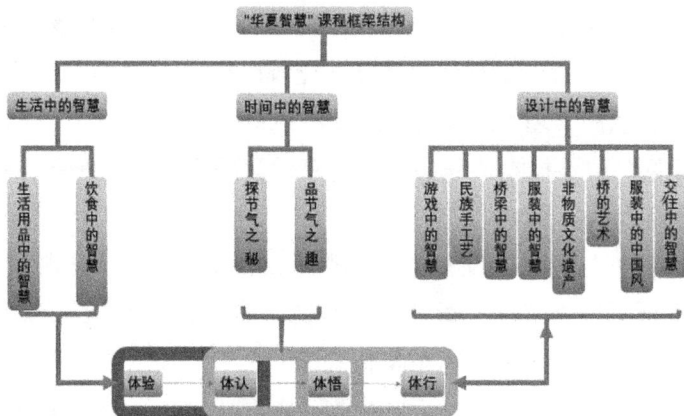

图1 课程结构

最后，在课程实施上，以项目化学习的方式推进。项目式学习是一种综合性学习方式，它以项目为载体，在教师的引导下，学生以小组的形式进行探究学习并呈现一系列作品。"华夏智慧"主题校本课程的授课教师带领学生在真实的情境中围绕驱动性问题并调动多学科经验进行自主探究、合作学习。例如，在"椅子的前世今生"项目式学习中，教师从学生生活中常见的椅子出发，带领学生纵观椅子发展历程，感受椅子的设计智慧并以"如何制作一把椅子"为驱动性问题，引导学生运用多感官观察椅子的特征，探究椅子的榫卯结构，把握椅子结构与功能间的关系；在制作小椅子的过程中，学生需要通过观察、设计、测量、建造、测试、讨论、改进等实现小椅子的迭代设计，这一过程有机融合了科学、美术、数学、工程等学科，将学生的学习和知识运用拓展到生活领域，连接了科学与人文，沟通了工程与艺术。

项目将"五育"有机整合在一起：学生通过对椅子历史的了解、对榫卯结构的认识，感受到中国古人的智慧，这体现了德育的传统文化引导；学生通过观察、测量椅子的结构提高对平面与立体的认知，这体现了智育中对学生思维的训练；学生通过设计造型的椅子，欣赏椅子的外在美观，这体现美育中对学生审美、鉴赏能力的培育；家长与学生通过亲子动手制作、不断试错直至成功，这体验了劳动教育对学生实践能力的锻炼；最后，学生通过思考如何利用椅子开发室内操，进行体育锻炼，体现了体育教育中对体育健康精神的渗透。

从"'五育'并举"到"'五育'融合"，已经成为新时代中国教育变革与发展的基本趋势。在基于"'五育'融合"背景下的"华夏智慧"主题校本课程开发与实施过程中，一线教师正在不断内化"'五育'融合"的理念、提升融合教学的能力，最终在教育教学中促进学生德智体美劳全面而整体的发展。

"华夏智慧"课程探索与实施 [①]

丁　新　吴　蕾　牛建超　肖会杰　李　婉

一、"华夏智慧"课程研发背景

华夏文明源远流长，中华民族有深厚的文化底蕴。《教育部关于全面深化课程改革落实立德树人根本任务的意见》就强调优秀传统文化的传承与发展，强调"把核心素养的研究根植于中华民族的文化历史土壤"。

育新学校践行"育德、致美、启智、日新"的核心价值观，明确"培养行于礼、善于思、格于物、达于美的时代新人"的育人目标。

挖掘华夏文明精华，开发"华夏智慧"课程，有助于培养学生家国情怀和良好品德，有助于培养学生审美情趣，有助于传递知识、启迪智慧，有助于培养学生的创新精神和实践能力。

开发"华夏智慧"课程，既是学校课程建设的需要，更是学校提升育人质量的需要。作为校本特色课程的"华夏智慧"课程，将是"育·新"课程体系的重要组成部分。

二、"华夏智慧"课程研发过程

（一）成立研发领导小组

学校成立"华夏智慧"课程研发小组，负责此项小学阶段年级主题课程开

[①] 本课程的开发与实施获得北京师范大学课程研究院专家团队全程指导。

发。小组成员明确分工和职责：组长负责课程的整体规划；副组长负责课程审核、实施与评价；小组成员负责研制课程大纲，并分别带领各学段教师进行课程具体内容开发；北师大专家小组全程参与课程研讨，每月两次到校跟踪指导课程开发和实施。

（二）充分研讨确定方向

课程研发团队与专家团队多次深入交流，专家向小组成员普及课程建设理念、原理、发展趋势，研发小组向专家团队介绍学校课程开展情况和发展设想。最终确定了课程名称、课程总目标、课程结构、实施方式、学段主题、专题名称、主要内容和各专题相关负责人。

研发团队每两周召开一次课程研讨会，专家团队来校对课程开发理念、学段目标、课程大纲进行详细指导，并深入课堂听评课，让课程建设持续优化和完善。

（三）完成专题大纲和模板

在专家指导下，各专题负责人按照课程开发方案的撰写要求，分别完成各专题设计大纲，主要包括开发理念、开发目标、开发原则、课程内容与实施、课程管理与评价。与此同时，"华夏智慧"课程每课时的教案模板也商讨确定下来。

（四）课程培训集体备课

每个专题负责人需要对各自专题的授课教师进行培训，组织授课老师集体备课撰写教案，并完成相应的课件制作和资源包的整理。每个专题每个课时的教案都经过反复修改、研讨才最终确定。

（五）课程反思总结修改

学期授课结束后，所有专题负责教师带领专题授课老师反思总结，对新学期授课内容开展培训，不断开发、反思、实践、修改、再实践……完善"华夏智慧"课程体系。

三、"华夏智慧"课程目标与内容

（一）课程目标

"华夏智慧"课程是融合性课程，涉及人文与社会、数学与科技、劳动与生活、艺术与审美、道德与修养、体育与健康六大领域，各领域培养目标如表1所示。学生通过丰富的课程资源更深层次了解中华传统、思想文明，感受华夏人文智慧，了解社会和生活，开阔视野和胸怀，提升人文素养，激发学习创造力。

表1 课程培养目标

领域	培养目标
人文与社会领域	培养学生良好的人文素养，提高在不同文化中的多元审美，形成人与社会的和谐关系
数学与科技领域	培养学生的科学精神和理性思维，提升学生的理性/科学思维以及创新能力
劳动与生活领域	培养学生热爱劳动的精神，为幸福美满的生活做好积淀
艺术与审美领域	让学生在艺术氛围的浸润下体会艺术之美，培养学生的鉴赏能力
道德与修养领域	陶冶学生的道德情操，锻造良好的品质，培养学生做有责任感的公民
体育与健康领域	培养学生强健的体魄/健康的心理和健全的人格

（二）课程结构

"华夏智慧"课程按照不同阶段学生认知水平分为低、中、高三个年级次序，通过"我与社会"、"我与自然"、"我与自我"三个模块层层深化，让学生通过体验、体认、体悟、体行经历学习过程（见表2）。

表2 课程结构

维度	目标	学段	专题名称
我与社会	体验+体认	低年级	生活中的智慧
我与自然	体认+体悟	中年级	时间中的智慧
我与自我	体悟+体行	高年级	设计中的智慧 （五年级：游戏中的智慧、民族手工艺、桥梁中的智慧、服装中的智慧；六年级：非物质文化遗产、桥的艺术、服装中的中国风、交往中的智慧）

（三）课程主要内容

在课程内容上，每个主题内容包括八个专题，分两个学期完成，每个专题2课时，设置为隔周开展（见表3）。

表3 课程内容

年级	主题名称		专题名称	课时
一年级	生活中的智慧	第一学期	门和锁的故事	2
			椅子的前世今生	2
			与纸笔的亲密接触	2
			筷子的秘密	2
		第二学期	风筝的秘密	2
			一扇清风	2
			水墨丹青	2
			劳动最光荣	2

年级	主题名称	专题名称			课时
二年级	生活中的智慧	第一学期	各种各样的食物		2
			食物哪里来		2
			美食知多少		2
			动手做美食		2
		第二学期	浓浓家乡味		2
			发酵出的美食		2
			夏季解暑美食		2
			东西方饮食习惯上的差异		2
三年级	时间中的智慧	第一学期	自然笔记——探节气之"秘"	时间老人的孩子们	2
				秋分带来的收获	2
				霜降带来的色彩	2
				冬至孕育的生机	2
		第二学期		惊蛰带来的苏醒	2
				清明带来的思念	2
				立夏带来的成长	2
				芒种带来的忙碌	2
四年级	时间中的智慧	第一学期	民俗活动——品节气之"趣"	中秋赏月——十五月亮十六圆	2
				重阳敬老——遍插茱萸食蓬饵	2
				小雪储冬——制腊风腌好过冬	2
				冬至亚年——数九消寒羊汤暖	2
		第二学期		惊蛰掷笑——吃梨奉神祭白虎	2
				清明寒食——祭祖植树放纸鸢	2
				立夏食鲜——斗蛋称人食夏馃	2
				端午裸礼——沐浴祈福赛龙舟	2
五年级	设计中的智慧	第一、二学期	游戏中的智慧	"七巧板"与"四巧板"	4
				环类游戏	4
				"翻绳"、"跳房子"、"玩石子"	4
				益智小游戏游戏设计大比拼	4
		第一、二学期	民族手工艺	对称美的中国结	4
				生动细腻的竹编画	4
				绽放的南京绒花	4
				千锤万凿铸宝剑	4
		第一、二学期	桥梁中的智慧	有趣的桥名	4
				造型奇特的桥	4
				世界之最——赵州桥	4
				世界之最——平安桥	4
		第一、二学期	服装中的智慧	纵观华夏服装，感受华夏智慧	4
				服装中的民族之花	4
				特殊服装的前世今生	4
				智能服装无限可能	4

续表

年级	主题名称		专题名称		课时
六年级	设计中的智慧	第一、二学期	非物质文化遗产	亦拙亦雅的紫砂壶	4
				惟妙惟肖的苏绣	4
				金碧辉煌的金漆木雕	4
				活灵活现的泥人张	4
		第一、二学期	桥的艺术	内涵丰富的桥	4
				会讲故事的桥	4
				世界之最——广济桥	4
				世界之最——洛阳桥	4
		第一、二学期	服装中的中国风	现代服装中的中国元素	4
				现代服装中的中国技艺	4
				时尚新宠：国际范儿的中国风	4
				我的校服我做主	4
		第一、二学期	交往中的智慧	礼仪中的智慧	6
				情绪中的智慧	8
				沟通中的智慧	2

四、"华夏智慧"课程实施与收获

（一）课程实施

根据不同学段学生的认知水平和学习能力，采取两种不同的教学方式。低、中年级按照课表时间统一开展"华夏智慧"课程，高年级采用选课走班开展教学，以提高学生自主探究的能力和创新意识。

学生在选课时需要填写申请理由及课程期待，确保有基础、有需求、有兴趣的同学能够选到自己心仪的课程。为了满足学生们不同的需求，我们在"设计中的智慧"这个模块下五、六年级分别同时开设四个大专题（每个大专题开设两个班级），每个大专题内容包括四个小专题，其中每个小专题4课时，给予学生充分的时间与空间进行自主探究。另外，由于高年级的选课走班制度的特殊性，我们在第一学期和第二学期开展同样的课程内容，而学生可以根据自己的需要，选择不同的课程进行学习，即每人每学年可选两个专题学习。

为推进"华夏智慧"课程有效开展，学校不断创造条件组织"华夏智慧"示范课展示活动，邀请教授专家走进课堂进行指导，全校教师参与听评课。听评课活动为全体教师提供了交流学习的机会，尤其是专家悉心深入的指导与点评，为授课教师指引了方向、提供了方法，"华夏智慧"课程在尝试和实践中稳步进行。

（二）课程实施效果与收获

1. 学生获得全面发展和个性凸显的机会

2019—2020 年课程调研，73.55% 的学生觉得课程很有意思，88% 的同学觉得课程内容吸引人，超过 85.2% 的学生认为课程能够开阔视野、增长知识、发展兴趣爱好、提高思维水平。"华夏智慧"课程将"用智慧的眼光看华夏，用发展的视角看世界"理念融进每一节课，丰富的资源拓宽了学生自主发展的空间，多样化的课程内容和学习方式使每个学生在合作探究中彰显自信，体验成功与快乐。

2. 教师获得专业持续发展的动力

"华夏智慧"课程开发激活了教师的课程执行力和教学创造力，激发了教师自我发展的意识，带来了课堂教学方式的变革。无论是开学前的全员培训、学期中的专家进校园听评课，还是学期末的反思总结，都激励教师们课程建设的热情。

3. 课程整体育人促进学校整体发展

"华夏智慧"课程不断地在"再构建、再实践、再提升"中日趋完善，得到了学生的喜爱、家长的认可、教师的认同，焕发了生命的活力。我们将在不断研究课程发展之路上"以古人之规矩，开自己之生面"。

基于核心素养视域下学校体育校本课程的建设成效与特色

曹　郑　李晓燕

一、体育校本课程建设背景分析

（一）开展基本情况分析

1. 社会背景分析

作为正处于社会化早期阶段的青少年儿童来说，学校教育取代了家庭教育，成为其最重要的社会化途径。如何提高学校教育质量，让受教育者科学、有效地将前人的社会经验转化为自身掌握的社会经验，是我们努力的方向。学校体育作为学校教育的一部分，是以在校学生为参与主体的体育活动，通过培养学生的体育兴趣、态度、习惯、知识和能力来增强学生的身体素质，培养学生的道德和意志品质，促进学生的身心健康。

党的十八大报告提出把"立德树人"作为教育的根本任务，党的十九大报告提出要落实"立德树人"的根本任务，2015年北京市实施教育部《义务教育课程设置实验方案》，突出了"课程整体育人、全面育人"的理念。2016年9月，中国学生发展核心素养总体框架正式发布，明晰了学生所应具备的，能够适应终身发展和社会发展需要的必备品格和关键能力，让立德树人和全面发展真正落到实处。学科素养是实施发展学生核心素养的主要路径，体育学科核心素养围绕学生在运动能力、健康行为、体育品德三个方面学科核心素养都得到全面和协调的发展。单纯重视知识和技能的体育教育教学对学生的终身发展是远远不够的，学生应具备适应终身发展和社会发展需要的必备品格和关键能力。

2. 学校背景分析

育新学校成立于 1997 年，是一所十二年学制的公办学校，坐落在教育部部属 48 所高校住宅小区，接受北京市教委、首都师范大学和海淀区教委的领导和管理。2007 年 8 月，中学部迁入新康园校区，形成"一校两址"的办学格局。2012 年，育新学校作为优质资源输出校与昌平区教委合作创建了首都师范大学附属回龙观育新学校。

由于我校地处北京市高教小区，小区居民多为高校教职工，一部分学生来自高校教师家庭，家长素质相对较高，容易接受新事物，具有浓厚的文化氛围，通过对学生家长的问卷调查和访谈了解到，他们对孩子参与运动具有浓厚的兴趣。自 2005 年 9 月普及实施网球校本课程以来，网球运动在学校得到了大力发展，深受学生以及家长的喜爱。

为了满足新时代对人才的需求，基于核心素养的视域下，育新学校通过不断的创新课程，调整内容，旨在让学生适应未来社会的发展。目前我校开设了网球、棒球、足球、体育舞蹈、健美操项目，而且是北京市教委、北京市体育局批准的全市唯一一所"北京市网球项目传统学校"，是中国网球协会后备人才训练中心（银牌），曾获中国网球公开赛突出贡献奖。此外，我校也是北京市棒球传统校。

（二）学校办学理念

学校以"育德、致美、启智、日新"为核心价值观。"育德、致美、启智、日新"，既是一种目标，反映着对师生的期望和要求；又是一种过程，体现着对师生的教育和培养；更是一种哲学，彰显着育新对教育本质的追求和信仰。

学校以"育德、致美、启智、日新"核心价值观为逻辑起点，通过构建高品质的育新课程，形成学校特色品牌。早在 2006 年，学校便以前瞻的理念，在发展规划中提出了"体育强校"思想，以体育为切入点促进师生健康成长，以体育特有的精神特征促进学生人格形成、习惯养成、素质提升，为"先成人后成才，既成人又成才"育人宗旨的落实增添了砝码。

（三）体育校本课程发展阶段

1. 1997—2010 年，开展国家课程，坚持"健康第一"的指导思想，促进学生健康成长

体育与健康是学校课程体系的重要组成部分，是实施素质教育和培养德

智体美全面发展人才不可缺少的重要途径，对促进学生全面发展，培养社会主义现代化建设需要的高素质劳动者，具有极为重要的作用。学校认真实施素质教育，在学校发展规划中以"健康第一"作为首要任务，作为强校思想指导工作。每学期开展丰富多彩的多样性体育活动，在师生中树立体育锻炼意识，强身健体快乐学习。

2. 2011—2015 年，开发学校传统体育项目，创设学校体育文化氛围

开展多样性体育活动的同时，进一步创设我校独有的体育文化氛围与特色体育项目。呼唤一个特色品牌一个体育项目在我校诞生，以展示学校风貌、凝聚师生精神，形成体育文化，为学生搭建强健体魄、磨炼意志的平台，是学校自身发展过程中对特色体育项目的需要。我校在特色体育项目的确立挖掘中，没有盲目效仿跟风，而是根据课改要求，在调查了海淀区及部分外区中小学开展各种体育竞赛情况、各学校特色项目的开展情况后，结合我校场地条件、学生来源、师资情况，经过认真研究最终确立网球作为特色体育项目并作为校本课程开发。在 2005 年网球试点课堂之后，2006 年学校同步启动了网球校本教材研发工作，确定将网球项目作为校本课程进行全面推广。由于受传统教学方法影响，课程开始之初，教师采用先挥拍后多球的方法进行课堂教学，但此方法无法达到课堂应有的密度及强度，收效甚微，一直处于摸索教学阶段。2007年国际网球联合会（ITF）携手 37 个成员国正式推出快易网球教学研究成果。该研发团队由 10 个国家的高级教练员和专家组成，是最先进的、最适合网球初学者的教学理念和体系。学校派出网球教师专程进行了学习，并以一个年级为试点引入快易和乐享的网球运动概念，运用快易网球小场大球的革命性创举，降低学习难度、大力发展学生对网球的兴趣，在校本课程的开发与实施中取得了实质性进展。2011 年在原有快乐网球的基础上，又将网球文化及基础裁判知识写入校本教材，对学生提出了懂网球礼仪、会欣赏比赛、懂竞赛规则、会打球的全方位要求，完成网球自编操工作并在学校课间操中全面普及。体育学科目前已编排 1—6 年级校本教材《网球》（见图 1），面向全体学生，全校1900 名同学每周都能享受到网球课带来的快乐。与此同时，学校的球童、田径、棒球、足球、健美操、体育舞蹈运动也应运而生，丰富的运动种类，不仅提高了学生的运动技能，强健了体魄，还让学生体验到了参与运动带来的乐趣。

图1　1—6年级校本教材

3. 2016年至今，完善课程体系，寻求更新发展

2016年中国学生核心素养被提出，其是指自主健身，核心能力是培养学生运动认知能力、健身实践能力和社会适应能力，同时要围绕学校课程发展部署，培育学生强健的体魄、健康的心理和健全的人格。《体育与健康课程标准（2017年版）》提出的课程总目标是："通过本课程的学习，学生喜爱运动，积极主动地参与运动；学会体育与健康学习和锻炼，增强科学精神、创新意识和体育实践能力；树立健康观念，形成健康文明生活方式；遵守体育道德规范和行为准则，塑造良好的体育品格，发扬体育精神，增强社会责任感和规则意识。运动能力、健康行为、体育品德三个方面学科核心素养协调和全面发展，培养学生在未来发展中应具备的体育与健康的正确价值观念、必备品格与关键能力，形成乐观开朗、积极进取、充满活力的人生态度，身心健康、体魄强健，为新时代健康文明生活做好准备。"

在体育校本课程实施中，我们将以立德树人为根本任务，特别注重德育的渗透以及跨学科的融合。如我校走向世界的球童服务，育新学校凭借专业的师资力量挂牌唯一中国网球公开赛球童培训基地，为学生提供了国际级的网球文化活动平台。学校借此机会每年都组织全校学生参加"中网小画家"活动，通过相关主题绘画创作，不但锻炼了学生的想象力、绘画能力，提高对网球运动的认识，还将评选出的优秀作品形成作品集或制作成周边产品进行义卖，所得收益直接进入公益基金用来做慈善活动，培养了学生的公益意识。

二、课程目标与课程结构

（一）课程目标

运动参与目标：积极参与各种体育活动并基本形成自觉锻炼的习惯，基本形成终身体育的意识，具有一定的体育文化欣赏能力。

运动技能目标：熟练掌握两项以上健身运动的基本方法和技能；能科学地进行体育锻炼，提高自己的运动能力；掌握常见运动创伤的处置方法。

身体健康目标：能测试和评价体质健康状况，掌握有效提高身体素质、全面发展体能的知识与方法，能合理选择人体需要的健康营养食品，养成良好的行为习惯，形成健康的生活方式；具有健康的体魂。

心理健康目标：根据自己的能力设置体育学习目标；自觉通过体育活动改善心理状态，克服心理障碍，养成积极乐观的生活态度；运用适宜的方法调节自己的情绪；在运动中体验运动的乐趣和成功的感觉。

社会适应目标：表现出良好的体育道德和合作精神；正确处理竞争与合作的关系。

（二）课程结构

育新学校体育课程是将"健康第一"的指导思想作为内容的基本出发点，遵循中小学生身心发展规律和兴趣爱好，坚持课程设置的基本原则，注重体育精神的传承，通过学科融合为创新点，发展学生体育学科核心素养能力，设置了体育基础课程、拓展类课程和发展课程。

三、课程设置

（一）课程设置原则

民主开放原则：在课程实施中鼓励教师、学生、家长等多个群体的积极参与，其中教师作为课程建设的主力，充分尊重学生的发展需求，同时重视学生、家长参与课程建设。在进行课程建设的过程中，面向教师、学生、家长进行意见征集，鼓励家长提供课程资源，以学生、社会、教师的需求为立足点，调动方方面面的因素参与学校课程建设。

发展性原则：以培养学生的体育核心素养发展为导向，课程内容注重学生的全体发展、全面发展，同时兼顾不同阶段学生发展的差异性、持续性。

因校制宜原则：新课程标准赋予学校合理而充分的课程自主权，为学校因地制宜地开发学校课程和学生有效选择课程提供了保障。体育的校本课程建设结合"育德、致美、启智、日新"的教育核心价值观和"培养行于礼、善于思、格于物、达于美的时代新人"的培养目标，以学校现有思维课堂研究为基础，引导教师进行课程建设。

（二）课程内容安排

为了立足学生发展需求，整合社会资源，充分利用学校文化，学校搭建出具有层次的课程，即基础类课程、拓展类课程和发展课程。

基础类课程即体育与健康课程：面向全体学生，指向基本素养，还开设了每周每班一课时的网球校本课程。

拓展类课程：面向特定群体，通过灵活的形式，使学生在横向上拓展学习的广度，在纵向上延伸学习的深度，满足学生多元化的学习需求，培养拓展性学力，进一步提升学生的创新意识和能力。我校每学期定期举行体育节活动［运动会（含亲子运动会）＋体育综合实践活动］，校园足球、网球联赛，啦啦操比赛等，此外还有学校课后一小时的育新体育俱乐部，针对有兴趣参与运动的学生，提供多元的运动项目供学生选择练习。

发展课程：是面向学生的个性化学习需求，参与群体较少、参与程度较深，教师指导性更强，在学习过程中强调学习方式个性化，更加突出个体能力的发展和素养的培养。以校内课后一小时校代表队训练的形式体现，包含网球、球童、棒球、足球、田径、体育舞蹈、健美操队的训练。

（三）体育校本课程的建设

体育校本课程建设主要以学校体育为主。学校充分落实《中共中央、国务院关于深化教育改革全面推进素质教育的决定》《全国普通高等学校体育课程教学指导纲要》《学生体质健康标准》《中小学体育与健康课程标准》相关文件精神，以学生的生理特点、心理特点、发展需要为目标依据制定学期、单元目标，以体能练习的贯穿性、心理教育的贯穿性、德育教育的贯穿性为主线，与美术、心理健康、德育等课程相关联，构建体育校本学科融合课程。在体育校本课程中，运动能力是形成健康行为和体育品德的基础，健康行为是发展运动能力和体育品德的保障，体育品德是提高运动能力和促进健康行为的根本，三者相互作用，相辅相成。

体育校本课程以及呈现形式包含以下内容：体育与健康课程、网球课程、足球课程、球童课程、篮球课程。以网球校本课程为例，基于课程实施情况，我校对不同年级的学生设置了不同程度的课程目标，表现为 6 个不同的水平，并制定了小学一至六年级网球技能和运动能力、身体素质测验项目。

四、课程实施

（一）课程整体实施原则

体育学科是落实立德树人根本任务、发展素质教育、弘扬科学精神、提升学生核心素养的重要载体。育新学校体育校本课程设置紧密围绕科学性与发展性、健身性与文化性、民族性与世界性的原则实施。

科学性与发展性原则：坚持教学内容应与学科发展相适应，反映本学科的新进展、新成果。以人为本，遵循学生的身心发展规律和兴趣爱好，既要考虑主动适应学生个性发展的需要，也要考虑主动适应社会发展的需要，为学生所用，便于学生课外自学、自练。

健身性与文化性原则：紧扣课程的主要目标，把"健康第一"指导思想作为课程内容的基本出发点，同时重视课程内容的体育文化含量、科学性和知识性。

民族性与世界性原则：弘扬我国民族传统体育，吸收世界优秀体育文化，体现时代性、发展性、民族性和中国特色。

（二）课程整体实施的模式

1. 基础课程

根据国家课程要求，开足开齐每天一节体育课。全校每周每班一节作为网球校本课程教学，由于学校是十二年一贯制学校，可以较好地实现一体化教学。在授课过程中，注重各项目中的育人价值和德育内涵，选择有利于发展学生核心素养、能够发挥教材项目特色，符合实际学情的教学目标和教学策略。

校本课程师资实施方面：项目开设之初学校有一名具备网球专长的教师，大部分体育教师喜欢这项运动，并参加了网球培训，具有基本技术能力。为深入开展网球运动，2006 年学校从北京体育大学引进了两名高水平网球专项毕业生作为网球教师，之后学校不断为网球教师提供良好的学习平台，如中国网球协会教练员培训、网球专项培训等，对专项教师进行了系统培训。截至目前有 6 名教师全部具备网球基本教学能力，另有 3 名教师具备 ITF 一级教练员资格证书。

场地设施实施方面：开课之初学校有一片封闭的多功能塑胶场地，试点时期球拍大多为学生自带。2006 年 8 月，学校出资修建了两片标准网球场，一堵专业网球墙，购置各种网球教学器材，为全校开展网球运动做好各项准备工作。

从学校的师资及场地设施来看，合理有效的教材，对校园网球开展有着积极的促进作用。该校有两块标准场地，46 个行政班，班容量 42 人 / 班，《网球》校本教材，遵循校本课程与国家课程、地方课程相结合的原则，相互补充、相互渗透。按照体育课程标准的三个水平段，采取不同要求、难度的有网球项目特点的方法对学生进行全面评价。促进网球技术提升与学生健康和谐发展。

2. 开设多元体育课程，提高学生运动兴趣

一是拓展类（兴趣类）课程。2018 年，学校成立了育新体育俱乐部，开设了球童、足球、轮滑、棒球、网球、体能、田径、冰壶和街舞等课程，为学生提供了更多选择的条件。此举既注重学生的兴趣培养和全面发展，也为学生终身体育锻炼打下基础。兴趣类课程是面向大众的普及课程，该课程打破了课堂内外、实施形式的限制，遵循学生的成长规律，使学生群体中每个人得到健康成长包括身体健康的成长、心理健康的成长以及良好的社会适应能力。以必修、选修、兴趣小组、社团和学校体育代表队等多种形式，由校内专任教师或聘请校外专业人士开展教与学的创新体验，学生可拓展兴趣领域，也可为自己的专长找到展示的平台，张扬个性，做自主学习的主人。

此类课程的学与练时间主要集中在每天正课（课表）结束后 1—2 小时内，它是学校体育的重要组成部分，是体育课的拓展延伸，它与体育教学、课外锻炼和运动训练相辅相成，共同完成学校体育的目标任务，打造有趣课堂。

下面以育新学校走向世界的网球球童社团为例，2010 年，"中网小球童"项目在全国范围内招募球童志愿者，育新学校凭借专业的师资力量挂牌唯一中国网球公开赛球童培训基地，为学生提供了国际级的网球文化活动平台。经过

层层测试选拔最终育新学校有 60 人参加了中网球童志愿服务工作，此后连续十年，育新每年进入选拔的球童约占全国球童的 50%—80%，其优秀表现多次获得电视、媒体的专题报道。育新学校不仅仅只顾自身的发展，在 2011 年还带动海淀区民族小学、朝阳区定慧里小学等参与活动。

球童志愿服务对于学生而言塑造、深化了价值观念，巩固与增强了个人对国家、社会及他人的责任感，培养了高尚的道德情操，塑造了健康的心理与坚强的意志。在服务过程中，球童需六人为一组，根据赛况相互配合完成工作，不但锻炼了学生的团队协作意识，更是让学生深入了解网球规则。2012 年中网全面启动与澳网、法网的球童交流计划，又为学生提供了更充足的交流机会，开拓了更为广阔的视野，为学生带来了快乐、友谊、自信及对未来美好的憧憬。

此外，学校组织全校学生参加"中网小画家"活动，通过相关主题绘画创作，不但锻炼了学生的想象力、绘画能力，提高网球运动的认识，还将评选出的优秀作品形成作品集或制作成周边产品进行义卖，所得收益直接进入公益基金用来做慈善活动，培养了学生的公益意识。

二是发展类课程（提高类课程）。这是面向特长群体的课程，对有身体条件和环境条件的学生进行人才培养，逐步形成培养高水平体育后备人才的育人基地。发展类课程有网球、棒球、武术、足球、体育舞蹈、健美操等项目，本校区和分校区共有 600 余名学生参加发展类课程学习。发展类课程与日常体育教学、兴趣小组、体育社团和学校代表队训练相互补充。授课教师以校内体育老师和校外聘请的专业教师为主，旨在专业技术上为学生提供更高、更专业的教学指导。学生通过练习，不仅能有一技之长，也为未来的升学提供更多的机会。

校队建设是选拔后备人才的重要手段，也是打通人才上升通道的重要方式。建立小学、初中、高中完善的选拔与晋升体系。与北京体育大学合作运用先进科学的测试方法进行选才。校内、校外相结合聘请专业水平较高的教练员带队。每周保证三次及以上的训练安排并积极参加市、区及国家级别的体育各类比赛，并注重校队的团队文化建设，进一步培养学生团结协作、顽强拼搏的体育精神。

五、课程管理与评价

（一）课程管理

为了更好地实施课程，学校成立了体育课程开发管理委员会且由校领导担任组长。

（二）课程评价

1. 教师评价

由校本课程领导小组对任课教师评价与教研组对教学研讨相结合的方式，对任课教师教学及效果进行评价。

2. 学生评价

遵循校本课程与国家课程、地方课程相结合的原则，相互补充、相互渗透。按照体育课程标准的三个水平段，采取不同难度的要求对学生进行全面评价，促进学生健康和谐发展。基础课程评价多以考试为主（见表1），但容易过于注重学生的学业成绩；拓展性课程和综合性课程评价容易松散，缺乏严格的评价体系，既不利于评估课程质量，又不利于课程的更新和改进。因此，在课堂上多采用展示与交流评价法，即在合作学习的基础上，以小组为单位，在课堂上开展交流和评价的活动。学校定期举行不同形式的体育活动，以学生为主要参与对象，为学生提供了展示、交流的机会。

表1　小学一至六年级网球技能和运动能力、身体素质测验项目

项目年级	运动能力、身体素质			网球专项技能		
一年级	20 米跑	投掷沙包	30 秒跳绳	原地拍球	抛接球	脚踩球
二年级	50 米跑	投掷沙包	30 秒跳绳	垫球	拍球	移动抛接球
三年级	50 米跑	仰卧起坐	60 秒跳绳	移动垫球	移动拍球	垫球绕障碍
四年级	仰卧起坐	50 米跑	60 秒跳绳	正手击球	反手击球	正手对打
五年级	俯卧撑	六边形跳	折返跑	正手击球	反手击球	反手对打
六年级	俯卧撑	六边形跳	800 米	正手打有效区	反手打有效区	网球比赛

六、课程效果

（一）学生的发展

通过体育课程的建设，学生在体育方面得到了全面的发展，并保障了个性的彰显。在 2020 年 3 月对全校学生做的一份问卷中，调查结果显示有 80.22% 的学生喜欢上体育课，只有 2.66% 的学生不喜欢上体育课，这说明育新学校的体育内容调动了学生的兴趣，学生认可当前的体育课设置。在调查中还发现，77.26% 的学生参加课外体育锻炼，在参加课外体育锻炼形式的调查中有 16.64% 的学生参加校队训练，36.78% 的学生参加体育俱乐部训练，此数据说明育新学校的学生参与运动的比例较高，学生已经认识到体育运动是学习、生活的一部分。这为学生的终身体育打下了良好基础。

除了学生参与运动的比例高，育新学校体育代表队的成绩也是骄人的。作为网球运动的北京市传统校，校队自建队以来参加了多个比赛，且参加比赛的性质从区级逐步走到国际级，并取得了优异成绩。

（二）教师的发展

体育校本课程的实施，增加了体育教师的接触面，激活了教师的课程领导力和教学创造力，激发了教师自我发展的意识，带来了课堂教学方式的变革。教师提高了研究意识和研究能力，真正成长为课程的研究者和实践者。我校体育教研组是 2010 年获得首届北京市优秀体育教研组，2011 年两次承接海淀区体育教师网球培训工作。教师在带领学生参加比赛中荣获区级、市级、国家级优秀指导奖，教师的科研能力也不示弱，在区级、市级征文中也不落队，多次获得不同的奖项。

（三）学校的发展

育新体育课程在不断地再构建、再实践、再提升中日趋完善，得到了学生的喜爱、家长的认可、教师的认同，焕发生命的活力，"育德、致美、启智、日新"的学校文化在师生心中落地生根。自建校以来，学校不断推进课程改革。2006 年小学部被评为海淀区首批素质教育优质学校，2010 年中学部被认定为海淀区普通高中示范校，为学校课程整体建设奠定了良好的基础。学校获得"北京市网球项目传统学校"、"北京市棒球传统学校"、"海淀区阳光体育明星校"等荣誉称号。

学校还充分发挥优质教育资源辐射作用，先后接待德国、澳大利亚、美国、英国、新加坡等国家以及全国各省市的校长、骨干教师百余批次来校学习和交流，甘肃临夏、武山，云南巧家、屏边，内蒙古赤峰、土默特，贵州兴义，山东滨州，河北迁安、唐山，广东惠州，湖南通道，湖北丹江口，海南白沙等，都留下育新教师支教的足迹，尤其在京津冀一体化大背景下与河北、天津多所学校开展教学交流。

七、创新特色之处

（一）借助十二年一贯制办学优势，进行中小学一体化体育课程建设

一体化教学强调各学段乃至各年级之间学习内容的有效衔接，注重系统性的学习，使上下学段和年级之间所学内容可以呈现螺旋式进阶，由易到难地学习，由少到多地积累，这样学习的效果就会更加明显。以网球为例，在育新小学阶段以培养球感、启蒙动作技术，专项体能，简化了解比赛规则，以欣赏比赛为主要教学内容，到了水平四和水平五，曾经有小学阶段基础的中学生，则以对打、传授技战术为主。使学生可以系统地、科学地有效学习。我校的一体化教学，还有效地做好了小升初的体育课程内容的衔接。对于小升初具有体育特长的学生，学校非常重视他们的学业发展，会优先给予升学指标，形成了一个"有产有出"的良性循环。

（二）注重不同运动项目体育精神的开发，进行跨学科融合

蔡元培先生曾经说过：完全人格，首在体育。体育特有的精神，可以塑造全面的人格。体育精神来源于体育实践，我们开发了不同项目的精神实质。例如，网球教学中要体现出的规则意识和运动礼仪，冬季长跑的教学中要激发学生吃苦耐劳、不畏艰辛的精神等。在举办学校体育节活动中，与艺术中心进行学科融合。在开幕式中，各班学生创作本班的服饰、道具，实现运动与美的融合。在体育节还设置了外出体育类综合实践活动。学校充分利用周边资源，带领学生去乔波滑雪场滑雪，去蹦床中心蹦床，去军事基地练习攀登、跨越障碍等和军事活动相结合的项目。为学生提供参与更多活动的机会，激发了他们参与运动的兴趣。

（三）充分利用校内外资源，为学生的全面发展提供更广阔的空间

《基础教育课程改革纲要（试行）》提出要积极开发并利用校内外课程资源。

育新学校充分利用校内外资源，如育新球童课程、育新体育俱乐部课程（足球俱乐部、棒球、体能、武术、田径）聘请校外优质的教练资源为学生授课。此外，为解决场地不足的问题，学校将购买校外优质体育服务，从而满足学生体育锻炼的需求。学习发达国家较成熟的学校与社会组织合作模式，便于更多的学生参与体育锻炼，同时可以缓解因学校场地、器材、师资等体育资源有限而产生的资源分配不均等问题，有效促进青少年在课后闲暇时间参与体育锻炼。

八、结语

育新学校体育校本课程在学校领导的有效管理下，正扎实地稳步前进。但是，在课程的设置上我们需要与时俱进，随时调整，为学生更好的发展指明方向。未来，我们将让学生接触更多的体育运动，带领孩子享受更多运动带来的不同体验。

育新学校
YUXIN SCHOOL

教学探索

思维型教学理论引领下的课堂教学实践研究

闫　振

一、思维品质培养是学校教育的重要任务

在智力和能力的整个结构过程中，思维是其中的核心，思维的个体差异被称为思维品质。学习的本质是提升认知思维水平，运用科学的方法策略，培养学生良好的思维品质和思维能力，让其学会思考、善于思考、乐于思考是学校教育的重要任务。

2016年《中国学生发展核心素养》总体框架正式发布，在核心素养的总框架中，各项内容都强调发展思维能力的重要性。如"文化基础"里的人文底蕴与科学精神，"社会参与"中的实践创新，"自主发展"中的学会学习等，都强调学习的过程不仅仅是接受知识，同时包括如何发展思维能力。思维品质提升是发展学生智力与能力的突破口，也是各项核心素养落地的关键。

二、"551"思维课堂教学模式实践研究

2012年，学校聚焦"思维课堂"研究，带领广大教师对课堂教学质量进行新思考和新实践，秉持"是思路而不是套路、是巩固而不是禁锢"的原则，构建思维课堂教学模式，为教师提升课堂质量提供思路和抓手。

2014年，学校思维课堂教学模式实践研究立项市、区两级课题，课题组明确提出"思维课堂是以提升学生思维能力和品质为目的，能够促进学生学科思维发展的课堂"，构建起"五有五思一核心"（以下简称"551"）思维课堂教学

模式（见图 1）。

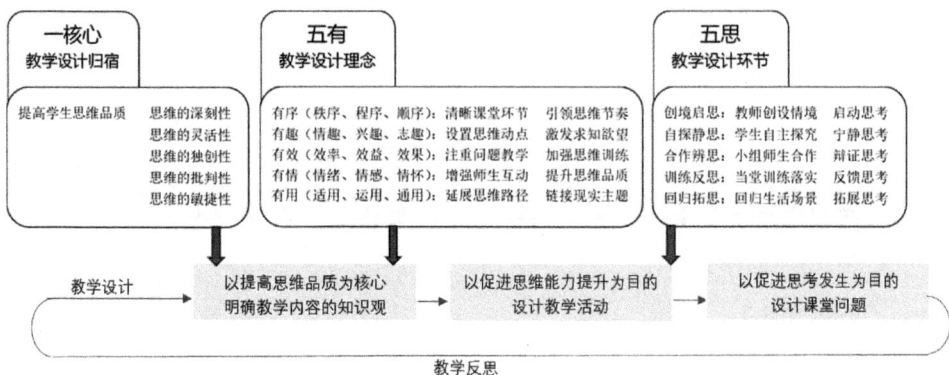

图 1 "五有五思一核心"（以下简称"551"）思维课堂教学模式

模式中的"1"指的是"一核心"，是将提高学生思维品质作为核心，作为教学设计归宿；第一个"5"指"五有"，是教学设计理念，即有序—有趣—有效—有情—有用；第二个"5"指"五思"，是教学设计环节，即创境启思—自探静思—合作辨思—训练反思—回归拓思。

"五有"是教学设计理念，是对教学方向的引领，含义是：

有序（秩序、程序、顺序）：清晰课堂环节 引领思维节奏

有趣（情趣、兴趣、志趣）：设置思维动点 激发求知欲望

有效（效率、效益、效果）：注重问题教学 加强思维训练

有情（情绪、情感、情怀）：增强师生互动 提升思维品质

有用（适用、运用、通用）：延展思维路径 链接现实主题

"五思"，是教学设计环节，是对教学方法的提示，含义是：

创境启思：教师创设情境 启动思考

自探静思：学生自主探究 宁静思考

合作辩思：小组师生合作 辩证思考

训练反思：当堂训练落实 反馈思考

回归拓思：回归生活场景 拓展思考

同时，"551"思维课堂教学模式"以提高思维品质为核心明确教学内容的知识观"、"以促进学生思维能力提升为目的设计教学活动"、"以促进学生思考发生为目的设计课堂问题"作为教学设计思路，通过理论框架和活动程序，成为教师开展思维课堂教学的抓手。

三、思维型教学理论引领下的课堂教学课例研究

尽管学校研究受到广泛肯定，但教学实践中我们清醒地认识到"思维课堂"研究给予老师理念、形式上的引导，但还缺少更具学科特征、课型特征的研究内容与问题的解析。

2020 年，学校再次成功立项市规划课题，以课题带动思维课堂进一步深入研究。通过探索不同学科、课型基于思维型教学理论的教学策略，为广大教师提供思维课堂可操作的教学方法和实例，提高课堂教学实效；通过教学课例研究和评价研究，完善学校思维课堂教学模式，形成体现理念与行动、统一与差异、共性与个性有机融合的学校教学范式；通过实践探索促进教师专业成长，提升学生思维品质和学习能力。

课题以中学数学、物理、生物、地理 4 个学科为重点，通过分学科大单元教学实践，进行动机激发、认知冲突、自主建构、自我监控和应用迁移五个要素的教学策略研究。以教学任务作为课的分类基点，开展思维型教学理论引领下的新授课（概念教学）课例研究、练习课教学课例研究、复习课教学课例研究、讲评课教学课例研究和实验课教学课例研究。同时在已有课堂评价基础上开发适应思维课堂教学开展的评价方案，通过实践完善学校思维课堂教学模式，形成体现理念与行动、统一与差异、共性与个性有机融合的学校教学范式。

学校"思维课堂"研究引起思维型教学理论提出者胡卫平教授关注，基于课题研究学校与教育部现代教育技术国家重点实验室启动教育战略合作，基于思维型教学理论推进课程与教学改革。胡卫平教授作带领团队深入了解学校发展需求和研究愿景，全方位指导和支持学校思维型教学研究和实践。

2020 年 10 月，学校承办第三届全国思维型教学大会暨思维型教学优质课展示活动，并成为思维型教学基地校。思维型教学专家团队以我校实践研究需求为线索编写了图书《叩响教育灵魂——基于核心素养的思维型教学》第一辑和第二辑，供全国实验校使用。

四、思维型教学理论引领下课程与教学改革整体实施

2022 年 4 月，义务教育课程方案及各学科课程标准（2022 年版）颁布，标志着国家课程改革进入新阶段。本次课改以"素养立意"、"加强综合"、"深度思考"、"突出实践"为核心价值取向，立足于培养全面发展的人，立足于发展学生的学科核心素养，各学科课程目标均明确制定了对学生学科思维素养发展的进阶要求。

目前，学校"551"思维课堂教学实践已跨越到第三个阶段，即思维型教学理论引领下课程与教学改革整体实施。学校以小初高一体化课程教学改革为抓手，基于思维型教学理论深度推进课程与教学改革。

未来五年，学校将在思维型教学团队助力下在两个领域进行重点突破：内部机制要实现系统性，以"教学研评思"一体化为理念，系统架构思维型教学理论引领下的课程设计、课堂教学、教师研训、教学评价；外部实施要实现操作性，即将内部的机制外显化为一系列的教、学、研、评操作工具，以实现减负提质、全面育人。（见图 2）

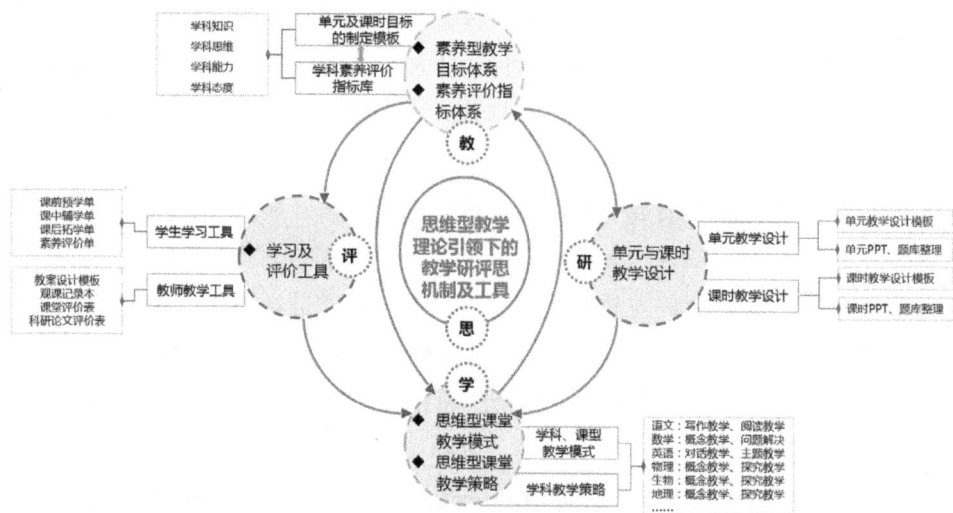

图 2　思维型教学理论引领下的课程与教学改革顶层设计

未来五年，学校将立足新课程改革背景，小初高一体化系统架构学校"教—学—研—评—思"管理。拆解核心任务，与学校思维型教学核心团队，

通过常态课堂和每月研修，整体推进、分步实施以下四大任务：构建学科素养目标体系，实施思维型单元整体教学设计，开发师生教学研评工具，积淀思维型教学模式策略。在此基础上物化出题库、课例、论文、专著、评价工具等系列成果，并借助评价平台实现学生学习的个性化精准推送，最终推动学校整体教学样态走向卓越。

基于学校"十四五"规划愿景，在思维型教学理论引领下"教学研评思"一体化的规划实施方案，将整体推进、分步实施。

第一，深度研读新课标，聚焦学科知识、学科思维、学科能力、学科态度四个维度制定进阶型单元及课时素养目标体系，全面梳理各学科的素养点，建构学科素养评价指标库。

第二，基于学科素养目标体系及学科素养点，实施核心概念统领下的思维型单元及课时教学设计，引领教师用整体、系统和跨学科的眼光来看待教学，形成各学科不同样态的单元及课时教学设计模板（大概念教学、大主题教学等）；在此基础上，每门学科每学期至少形成一个成熟的单元及课时教学案例。

第三，在进行单元及课时教学设计的同时，构建并优化指向学科素养的学生学习工具及教师教学工具：学生学习工具包括课前预学单、课中辅学单、课后拓学单、素养评价单；教师教学工具包括教案设计模板、观课记录本、课堂评价表、科研论文评价表等。其中，将素养评价单（作业及试题）分批次导入评价平台，建立学科素养题库。在五年时间内初步实现个性化精准推送。

第四，在单元教学设计实施成熟及各类教学与学习工具建构完善的基础上，丰富优化形成各学科（语文、数学、英语、物理、生物、地理）各课型（语文阅读教学、习作教学；数学概念教学、问题解决教学；科学探究教学；英语对话教学、角色扮演教学等）的"551"思维课堂教学模式。

借助"协同创新"项目开展英语学科校本教研

李斯莲

教研组是一个学习共同体,是学校开展学科学习、提高学科教学质量和推进教师专业发展的基本单位,是全面开展校本教研、落实课程改革目标的保证,是学科教师专业成长的摇篮。

根据伯顿的教师教学生涯发展理论,教师发展分为求生、调整、成熟三个阶段。根据这个划分,我校英语组 16 名教师,除 1 人处于调整阶段,其余 15 人均处于成熟阶段。成熟教师的特点和优势是"能更好地控制教学活动和教学环境,充满自信和安全感;已经有了自己的专业见解,能够处理可能出现的新问题,乐于尝试新的教学方法",但现实中成熟教师常常上有老、下有小,家庭负担较其他年龄段教师重,部分教师进入事业发展瓶颈,出现不同程度的职业倦怠。

如何构建一个良好的学习共同体,促进教师个体和集体发展,促进青年教师的发展的同时,促进成熟教师由经验型向科研型、专家型教师转型?应该开展怎样的校本教研活动,才能让老师们感受到职业成就感与幸福感?

2015 年底在教研组工作陷入困顿之时,北京教育学院外语学院开展协同创新项目,正在寻找合作项目校。通过深入沟通了解,2016 年达成合作意向,英语组开启了真正意义上的校本教研。

理想的校本教研,是以校为本的教研,是以学校教学研究为重心,以教学实践中教师所面对的各种具体问题为研究对象,以教师为主体,理论和专业人员共同参与的教研;是强调理论指导下的实践性研究,既注重解决实际问题、总结经验规律,又注重理论提升、规律探索和教师专业发展,是保证新课程改革向纵深发展的有效推进策略。

　　三年来，专家立足教师们的教学实践，帮助教师在教学实践中发现问题、分析问题，在"实践—反思—再实践—再反思"的过程中深化对于英语教学本质的认识，内化外语教育教学理论，从而提高专业素养，实现自身的发展。英语组在项目专家陪伴下，在课堂教学中学会教学，校本教研初见成效。

一、借助项目有序推进校本教研

（一）教研活动常规化

　　我们将每周三下午定为教研组活动时间并写进课表。建立考勤制度，根据参加活动情况获得项目培训学分与证书。重大教研活动邀请校长、主管教学的主任出席，增加教研活动的仪式感。

（二）教研活动系列化

　　专家团队本着"需求调研、理论学习、理论指导课堂、阶段总结分享、成果梳理"流程，根据教研组教师的需求设计理论学习内容，跟随指导课堂实践和经验规律总结，组织开展小课题研究、课题进展交流，促进课堂教学再实践、再反思及成果梳理。

（三）教研活动多样化

　　借助"协同创新"项目，我们校本研修组织了各种教研活动，如专家理论培训、专家示范课、同行经验分享、外教工作坊、外教中教同课异构、组内同课重构、听评课、课题进展评估会、外校外地学习等。

二、在专家陪伴下教研组实现专业发展

　　2016 年以来，伴随中国学生发展核心素养出台、英语学科核心素养发布，以及中高考听说改革、学校思维课堂深入推进，如何理解、如何落实，这些都给教师带来挑战。结合教师教学需求，专家给予理论指导，并深入课堂进行针对性指导。

　　在专家指导陪伴下，教研组结合英语核心素养开展思维品质研究。专家为我们请来樱花园中学的孙老师做阅读思维导图实践研究分享；朝阳英语教研员张老师做了发展高阶思维能力的实践研究交流；提供有关思维导图原版文献供老师们学习，并鼓励老师们进行课堂实践、阶段成果交流分享。

教师们在专家指导下不断开展实践研究。如杨建文老师的听说课，教师通过课前学生调查问卷准确了解学情，精心设计教学活动，力图达到：创设真实情境，即引入校园活动或事件，激发学习兴趣，为思维的开放性奠基；渗透听说策略，如听前看图预测、听前排序预测等，提高思维的准确性；活动中内化语言：教师创设出具体情境——学生跟体育老师转述 Kate 没有来观赛的原因；以及看图续写故事等，发展学生思维的创造性和灵活性；课后话题延展，让学生叙述生活中难忘或出人意料的事，发展思维的深刻性。

再如卿渊源老师的完形复习课，教师通过数据分析，学生问卷访谈，锁定学生完形的最大问题是语境理解。教师通过精心设计教学活动，力图达成：学生问题引入，激发学习兴趣，激活思维；渗透阅读策略，即抓住故事的情节线和情感线；文章的开头、结尾、标题、以及插图，把握文章发展脉络；提高思维的准确性；活动中内化策略，例如盲填、小组分享等，发展学生思维的创造性和灵活性；

高阶问题引领，即教师围绕主题、写作目的、语言赏析等方面进行问题引领，发展思维的批判性；课后换位思考：让学生以命题人的角度，挖空设空，更深刻理解文本，发展思维的深刻性。

专家指导同时，我们教研组还展开了文化品格与学习能力、听说能力培养等专题研究，也取得一定成绩。

三年来英语组教师完成各类研究课 50 余节，连续 3 年承办国培研究课 6节，市区级研究课 16 节；教学设计获部优 1 个、市优 2 个，市一等奖 2 个、二等奖 2 个、三等奖 2 个；教学论文获奖 50 余项，其中市级一等奖 8 篇、二等奖 8 篇，并发表论文 4 篇；首届首师大协作共同体课例 10 名教师获奖；教研组整体参与的教学专著《英语听说教学指导 教学设计与精品课例》出版。

项目结束评估会上，专家从教师专业发展的六个方面对我校英语组做出高度评价：教学理念——努力做到以学生为主体，激活学生的有效参与，坚持理论和实践相结合；教学行为——努力增加教学的趣味性、真实性、开放性和选择性；学生研究——进行学生研究实践和个案指导，站在学生的角度思考教学；课题研究——研究是为了解决教学问题，研究促进教学行为的改变，访谈、问卷、成绩、用数据说话；论文写作——有充足的素材和强烈的写作愿望；专业情意——积极主动改变教学现状。最后我校被评为北京教育学院"协同创新"项目示范校。

专家指导下的校本教研为教师发展提供支架、搭建平台，营造适合教师发展的良好的外部环境，使教师能够真正做到在做中学，在学中做！也让我重新认识到教研组长的价值与意义。

三、学习做一名给力的教研组长

教研组长是教研组建设的核心人物，是教师学习理论的示范者，是提高教学质量的中坚力量，是开展教学研究的领头羊，还是教师培养计划的执行者。

三年来，在专家陪伴下我不断提高对教研组长的认识，并在践行中努力锻炼自己的能力。要成为一名给力的教研组长，我认为做到以下几点很重要。

首先，有效的交流与沟通是校本教研有效推进的基础，每学期制订教研计划时，我都需要与教师们交流，跟专家反馈老师们的需求，结合校情提出建设性建议。如专家问及是否需要外教加盟，以及如何用好外教资源，我大胆提出希望外教使用学校教材，给老师们上示范课，与中教同课异构，相关建议经过交流协商得到肯定并执行。

其次，教研组长时时处处要走在前面引领大家，不断发挥示范引领作用，尤其是校本教研走到一个拐点处或者瓶颈时。2017年10月面对首次中考听说机考，专家提出要进行听说中考研究，面对全新的考试形式和研究任务，大家一时没有头绪，我以身作则领下任务，积极开展课题研究，研究取得一定突破，激励了团队继续努力前行。

最后，学习反思能力和组织协调能力是教研组长必备能力。比如英语核心素养出台，教研组长就需要有能力结合自己的学习进行核心素养解读，日常教学中需要有能力协助教师精研课程内容、听评教学试讲、打磨教学设计。组织研究展示课，课前要统筹沟通、协调、安排活动各项事宜，比如国培项目在我校召开3次研究课，来自全国各地的教师光临我校听课交流，就需要活动前了解需求，跟学校相关部门沟通……

三年来，英语教研组创建出具有特色的研修文化，成为一个充满文化气息的学习共同体，这个学习共同体成为每一位教师获得专业发展不竭动力的源头。"协同创新"项目虽然告一段落，但我们的校本教研并没有止步。

苏霍姆林斯基曾说过，教师从事研究能从根本上改变自己对工作的看法，不会再把教育工作看成是每天重复着同样的事情。

构建学习共同体，幸福教研在路上！

基于生物科学素养培养的高中生物研究型实验探究^①

杜　静

一、研究背景与目标

生物学作为一门实验性很强的学科，教学中概念的获得和规律的发现都需要以实验为基础。

为了适应新课改的要求和学生"科学探究"素养提升的需要，改变目前生物实验主要集中在观察、鉴别和验证性实验，很少涉及探究性实验的现状，高中生物实验教学模式须不断改革调整，并加强课程内容与学生生活以及现代社会和科技发展的联系。

本研究将"在实验教学中培养高中生的科学素养能力"作为核心目标，通过优化整合课本实验，设计综合的研究型实验，让学生亲历提出问题、获取信息、寻找证据、检验假设和发现规律等过程，在研究型实验过程中，不仅获得生物学基础知识，还能习得生物学家在研究过程中解决问题的思路和方法，养成理性思维的习惯，形成积极的科学态度，发展终身学习的能力和创新能力。

课题试图实现以下目标：（1）学生亲历科学实验全过程，实验探究能力获得提高；（2）学生关注信息获取方式及思维形成过程，逐步养成创新思维的习惯，具备创新思维能力；（3）开发出传统微生物发酵食品与现代分子生物学技术的融合创新课程；（4）能够定量分析学生科学思维能力的发展情况。

---

① 本文节选自作者主持的北京市教育科学规划 2017 年度一般课题结题报告。

二、研究内容与过程

（一）建立分层次的实验教学体系

1. 基础型实验

基础型实验聚焦课本实验，重在基本技能培养和提高，如制作临时装片和徒手切片、使用显微镜、绘制生物简图、采集并制作植物标本、粗提 DNA、培养微生物等。基础型实验通过改进教学方法（实验探究与实验技能相结合）、改进实验方法（定性实验与定量实验相结合）、改进活动形式（独立操作与小组合作相兼顾），将知识传授与实验探索相结合，激发学生求知欲和创造性。

2. 课外科技实验

课外科技实验精选生命科学热点问题，如认识新型冠状病毒肺炎、溶藻微生物的分离和鉴定、药物研发过程、认识农产品的营养价值、基因编辑如何改变生命、科学家如何研究科学问题等，通过项目式学习探究，引导学生以科学家的视角认识生命科学，拓宽生命科学视界，了解生命科学研究的特点、规律。

3. 综合研究型实验

综合研究型实验以激发兴趣（专业志向）、树立观念（人与自然和谐）、培养精神（团队合作）、提高能力（实践创新）为目标，以课题研究为主要形式，通过百年老酒窖池中优势酵母菌的筛选、鉴定、优化培养和应用，将微生物实验、分子生物学实验和传统发酵技术综合运用，促进知识、能力、素质协调发展，培养学生综合分析与解决问题的能力，培育探究精神与创新精神。

（二）架构有助于培养科学素养的"研究型实验课程"

课题组认真分析生物学科课程标准和教材中涉及的实验内容，结合学生问卷调查和访谈，选择学生感兴趣的微生物及基因工程方向，设计传统微生物发酵食品与现代分子生物学技术融合系列实验项目。

实验项目主要包括：筛选得到酵母菌（酵母菌从酒厂窖池底泥中获得，筛选采用稀释涂平板法，形态观察与计数采用普通光学显微镜和血球计数板），对酵母菌进行分子鉴定（采用 18SrDNA 进行序列比对）、提取 DNA（采用 CTAB 法），进行 DNA 扩增（使用 PCR 仪）、分离纯化（使用电泳仪）和 DNA 的测序（送公司进行），研究酵母菌的优化培养控制条件 [选取不同碳源

（葡萄糖、蔗糖、淀粉）、氮源（酵母膏、牛肉膏、尿素、氯化铵）、培养温度（25℃、30℃、35℃、40℃）]，进行葡萄酒的手工酿造等。

（三）形成《研究型实验课程手册》

选定实验任务后，教师讲解实际项目中相关理论知识和经验，推荐实验指导用书，学生检索、查阅大量文献资料与工具书，在规定时间内按要求拟定实验方案和阶段性进度计划。

实验过程中，教师引导学生提出问题、作出假设，根据实验目的确定自变量和因变量，思考如何控制自变量、检测因变量；引导学生亲历科学探究的过程，基于定性与定量相结合的实验思想，对实验进行改进；关注学生操作技能的培养，实验数据的收集、处理和分析；鼓励学生对不解的问题提出质疑，通过比较分析、归纳概括、演绎推理等，对实验结果或现象进行解释。

学生在实验探究基础上逐步完善实验报告，形成《研究型实验课程手册》。

三、研究成效与反思

（一）研究成效

课题组编制基于科学思维的测试卷，于研究型实验教学实践前后分别进行测试和数据整理，利用 Excel 进行数据分析，比较两次测试的学生成绩和科学思维能力中归纳和概括、演绎和推理、模型和建模、批判性思维及创造性思维等方面的变化情况。

1. 实验教学对学生成绩的影响

实验教学前后学生测试成绩比较如表 1 所示。

表 1　前后成绩比较

成绩	均分	标准差	P-value
前测	17.47	4.62	<0.01
后测	21.52	5.46	

表 1 数据表明，前后测平均成绩相差为 4.05 分，P-value<0.01，表明前后测成绩差异极显著。

2. 实验教学对学生科学探究能力的影响

实验教学前后学生科学探索能力的测试成绩比较如表 2 所示。

表2 科学思维各项能力的前后测试成绩比较

类型	组别	平均成绩	标准差	P-value
归纳与概括	前测 后测	2.7 4.2	1.125	<0.01
模型与建模	前测 后测	1.52 1.82	0.405	<0.05
演绎与推理	前测 后测	4.56 5.46	0.405	<0.01
批判性思维	前测 后测	2.97 3.6	0.20	<0.01
创造性思维	前测 后测	4.35 5.64	0.83	<0.01

表2数据表明，科学思维能力各方面的后测成绩均显著高于前测成绩。

（二）研究反思

1.学生的科学素养有待提高

在课题开展过程中，大部分学生的实验取得了较理想的结果，但也存在部分学生的思维比较局限，不善于发现问题，需要加强引导；实验开始阶段，由于文献查阅不全面，导致实验方案制订考虑不周到，影响了后续的实验进程；前期训练较少，部分学生存在实验基本操作技能不过关，实验记录不及时，实验分析不到位，实验报告撰写不规范等问题，这些都对生物教师在后续开展生物教学提出了明确的要求，为后续生物学科教研指出了方向。

2.应用实验教学在更多的生物课堂之中

实验教学类型按学生参与程度分为基础型（演示实验、模拟实验、操作性实验、验证性实验、探究性实验）、综合型（自主实验、研究型实验）、兴趣探索型（创新实验）。

生物实验教学方式应多样化，教师要因材施教。例如在"减数分裂过程中染色体变化的模拟"实验中，教师可用替代材料或手段模拟穿插在理论课中开展，这样不仅使学生亲身感受实验过程，而且更透彻地理解理论知识；而"发酵工程—啤酒的工业化生产流程"、"动物细胞培养"、"蛋白质的提取和分离"等这类实验室条件根本无法达到的实验，可借助网络资源，利用多媒体展示实验过程和实验现象，还可利用校外资源开展，如到农大、农科院、中科院等科研机构让学生参观学习。

3.应进一步完善实验教学

生物教师要进一步加强和完善生物学实验教学的类型和设计；积极创设

情境帮助学生理解生物知识学习，创设情境培养学生的问题意识，教师要创设民主、和谐、宽松的氛围，鼓励学生敢疑、善疑、会疑和释疑，从而培养学生的科学探究能力；在保证实验效果的前提下，引导学生就地取材，发现方便易得、价格低廉、可循环利用的材料进行替代实验，改进实验材料；尝试综合研究型实验教学模式和教学内容，结合课本和实际的生产生活开设一些小专题研究，如三七功能酵素的开发与利用、校园中植物的亲缘关系鉴定、校园食堂的餐厨垃圾资源化处理等。

4.研究型实验课程要考虑实际可操作性

与以往形式单一、简单重现的传统教学实验相比，研究型实验课程以"依托教材—知识拓展—实践探究—生成新知—能力提升"的方式有步骤地实施。教师对生物实验教学内容、方法做出优化，强调学科内知识整合渗透，知识学习与实践运用有机结合，加强课程内容与学生生活以及现代社会和科技发展的联系，创设类似于科学研究的情境和途径，学生从兴趣出发并在教师的指导下，选择和确定课题进行研究，在研究过程中主动地获取知识、应用知识并解决问题。研究型实验课程可以让学生体验项目策划和实施的具体过程，从而培养其实践操作能力、科学研究的兴趣和创新意识、科学研究的思维习惯和思维方式，以及团结协作的团队精神和一定的社会活动能力，尤其注重发展学生的创新思维能力和实践能力。

设计研究型实验课程一般在选修课完成，进行实验教学时，要充分考虑到学校对生物实验的重视程度，以及实验条件的配备情况、学生的动手能力合理地开展实验教学。

深度学习视域下中学时政教学效度研究

张 雯

认同教育是中学思想政治课程的关键，与深度学习理论由浅层知识学习进入深层价值形塑的追求相契合。时政教学作为中小学思想政治课普遍开展的活动，具有衔接课本知识与实际生活，统筹学生展示与教师引导，贯通知识输入与观点输出的特点，是深化思想政治课程教学的有效形式。

一、深度学习：落实认同教育的重要途径

思政学科的核心素养包含四部分，分别是政治认同、科学精神、法治意识、公共参与。其中，政治认同处于根本地位，是其他三个核心素养的基础，"关乎学生的成长方向和理想信念"，关乎着我们培育的学生是否能成为中国特色社会主义事业的接班人。所以，从核心素养来看，思政学科的核心在于认同教育，而认知教育是实现认同教育的路径，这是政治学科区别于其他学科的关键所在。而认同本身蕴含着三个主要的维度：认知认同、情感认同和行为认同，它们是层层递进、由浅入深的实现过程。

首先，认知认同是指公民对我国政治体制、政治理念的内涵和要义的理解与把握，是实现政治认同的基础。

其次，情感认同是公民对我国政治体制、政治理念的肯定，是从内心产生的赞成、认可和崇敬等态度，是实现政治认同的关键。"情感认同一经形成，积极的情感可产生对信仰客体进一步探索的兴趣，并进一步强化和巩固认知结果，从而催生信仰意志的产生。"（林春玲等，2017）

再次，行为认同指的是公民自觉维护我国的政治制度，坚定对中国特色社

会主义道路、制度、理念和文化的自信，并以之作为行动指南。行为认同是政治认同的落脚点，同时也是对认知认同和情感认同的强化，三者步步深入，相互促进。

传统的教学方式注重知识的获得，往往停留于认知层面，难以触及心灵。学生易于掌握教材内容，却无法有效地将知识与生活有机结合，进而将其作为认识现实世界的工具。深度学习即是在反思传统教学的基础上，以解决浅层教育局限而提出的教育理念。它以立德树人为根本目标，追求发展学生的核心素养，引导学生从知识的简单获取转向以知识学习为桥梁来建构学生个体的意义世界。因此，这一理论强调发挥学生的主动性，完整、深刻地处理知识，增强学生学习的意义感、自我感和获得感，由认知教育深入到认同教育。

作为一种"触及学生心灵"的教学，深度学习的五个特征亦包含了认知、情感和实践三个层面，同思想政治课程的认同教育目标有着内在一致性。通过多个维度、多种形式的深度学习，学生能够从个体经验出发，对我国政治制度与政治理念的内涵形成由浅入深的理解；在此基础上，激发学习的主动性，亲身参与学习活动，同时教师在与学生交流的过程中积极引导学生，鼓励学生用科学的世界观进行思考，用法治来规范自己的行动，以此形塑学生的意义世界；最后，通过模拟社会实践，让学生树立未来社会主人翁的意识，探索如何将所学知识应用于实践能力的加强，自觉以正确的方式参与政治生活，达到对政治理念的实践认同。因此，深度学习的理念为培育思想政治学科的核心素养提供了方向，而能够强力联结课堂与生活的时政教学活动，是加强认同教育的有效路径。

二、时政教学：促进思想政治课程深度学习的有效路径

（一）基于课程核心素养和深度学习理念的时政教学

时政教学是以当下发生的热点时事为探讨对象，以课程知识为视角对热点进行正确的理解和述评的活动型课堂教学方式。它通常由教师组织学生围绕一个核心实践展开多角度、多个话题的深入讨论，鼓励学生用自己的话来述评时政，用"两次倒转"的教学机制，使得书本知识与现实生活紧密联系，帮助学生从理解知识转为理解生活，又能因理解生活而更加深入地理解知识。同时，知识的生产根植于特定历史语境，而活生生的历史现实是有温度的，让学生浸

染于现实生活，有助于实现情感层面的认同；而认知和情感的认同又会促进学生将其作为自己的思想和行动指南，在社会实践中自觉转化为行动，有助于将课程所学转化为行为认同，同时行为的落实也会相应地强化认知认同和情感认同。

因此，基于深度学习理念的时政教学，可以帮助我们转变教学思路，为学生创设展示与激辩的平台，在体验式、辨析式、反思式教学中引导学生树立正确的价值观，强化政治认同，提升参与公共事务的能力，落实思想政治学科的核心素养。

（二）时政教学的有效开展形式

目前，中学时政教学开展的形式主要以课前时政述评为主。课前时政述评往往具备三个环节：确定主题、课堂展示、评议讨论。笔者结合教学实际，以深度学习的视角，从以上三个阶段对现行的课前时政述评活动所存在的问题进行反思，并尝试提出有效的解决方法。

1. 时事热点的选择与课堂主题无法有机联结

时事内容直接决定了时政述评的内容。学生收集的时政新闻通常为两类：若时政案例与本堂课所讲主题直接相关，则可由所讲的新闻引出新课内容，形式上表现为"引入式"；若案例主题与当堂课所讲内容没有直接联系，教师一般会引导学生将新闻链接到已学的知识中，形式上呈现为"回顾式"。前者能够通过学生对热点事件的直观认识逐步深入到课堂内容，但需要在课前要求学生寻找与所讲内容相联系的时事，学生在没有经过知识学习的情况下，尚无法对课堂主题有精准的把握。而"回顾式"通常可以将学生收集的实事与已学过的知识联系起来，学生能够运用知识来进行深入讨论，但在有限的课堂时间里，不利于新课的导入。

针对这一问题，我认为时政述评的新闻可以将主题限定在某一单元已经学习过的内容中，且只要能够围绕这一单元，学生可自主选择案例。这样便可以将旧知识的复习与新课的导入结合起来，巩固旧知识的同时引入新课程，这样的活动形式可称为"承上启下式"。

"承上启下式"的时政述评所依据的是教材每一章节之间具有的内在连续性。单元之间的知识同处于一个结构体系当中，必然能够前后衔接。所以，在新课堂的开头部分进行以单元为主题的时政述评活动，在知识上既可以加强学生对所学知识的掌握，还可以通过时政案例的讨论，拓展学生的思路，进一步将知识内化于学生心中。同时，利用教材章节之间的内在联系，可以用旧有的知识引入新课，保持学生思路的连续性与能力的进阶性。另外，在时政述评过程中的深度讨论，也会在无形中强化对新课的深度理解。

2. 学生参与度低，影响活动效度

课堂展示环节通常以小组为单位进行。但在述评阶段则通常由一人主讲，其他人仅聆听，参与度很低，这就会造成两个问题：第一，述评结束后，学生很难留下深刻印象；第二，述评人的语言表达能力会直接导致学生对时政内容的接受度，如果播报人思维不够清晰，表达较为混乱，则会严重影响时政述评活动的效度，学生难以有深刻的印象，更不会有深层次的理解。

针对这个问题，教师可尝试让全班同学都进行参与的方法：记录要点。在主讲人进行播报时，选择其中一位小组成员将播报的内容要点记录在黑板上，其他同学同样需要在自己的记录本上记录要点，同时将自己的所思所想写下来，在播报结束后进行评议和讨论。

组员在黑板上记录要点的作用在于将主讲人的汇报内容予以可视化呈现，使口头形式与书面形式相互补充，将思路清晰明白地展现出来。其他学生的记录过程则是对播报内容的理解过程，行诸笔头的活动要比眼看耳闻更加印象深刻。通过将述评内容文本化，一方面可以帮助学生理清思路，另一方面能够为之后的评论阶段提供参照。评议的学生能够直接参考文本进行论述，教师则可以进一步整合大家的意见，并引导学生对问题进行深化，将大家的讨论的过程展现在黑板的另一侧，与原有思路形成直接对照，甚至可以以之为基础来设计新课的板书。两块黑板、两种思路的对照，用大家集思广益的成果来为述评人修改思路，能够让学生在对比中学习如何进行改进，有助于使学生对知识获得更系统、更深刻的把握。

3. 评议的深度不够

目前开展的时政述评活动对学生的能力训练多限于两个方面：对主讲人而言，体现为将课本知识链接到时政资料的能力；对评论者，则体现为从时事中提炼教材知识的能力，二者又有一个共性：都是在知识先行的前提下展开的，即把教材知识预设为正确的思考和行动范式，而后学生在教材内容的框架下收集、分析时事。这样易于造成部分学生以完成任务的心态机械地按照教师的要求参与活动，甚至不排除有少部分学生在并不认同课本观点的情况下违心地按照所学知识的立场进行时政述评活动，形同表演。如此一来，时政述评就会流于形式，以认同教育为核心的思政课教学目标也就难以落实到位。

深度学习的一个重要特征，就是反思性、批判性学习。经历了否定之否定和大胆质疑之后，知识才能进一步内化，在潜移默化中参与构建学生自身的价值观，而这正是当前普遍开展的时政述评所欠缺的。为避免时政述评简单地流于形式，应增强活动的批判性。在活动前、活动中和活动后，教师应当鼓励学生大胆质疑，提出批判性的观点，尤其鼓励学生勇于提出新观点，而不是使学生为了迎合教材内容而将自己真实的想法深藏于内心，怯于交流，这样的结果不仅减损了时政述评活动的效能，而且削弱了学生对知识的理解深度与认同效度。

批判性的时政教学对教师的要求较高。面对学生的尖锐提问，教师首先要有坚定的政治认同，能够自觉用正确的立场看待世界，只有具备这种素质，才有资格在思想政治课堂上引导学生正确理解时事。其次，教师要广泛地关注时事新闻，对党和政府的各项方针政策烂熟于心，对社会上发生的重大事件做到心中有数，在应对学生的质疑时才能游刃有余地进行引导。再次，教师要善于组织课堂，鼓励学生大胆发表见解，打消学生的疑虑，营造轻松的课堂氛围，使学生敢于提出具有批判性的观点。

思想政治课程的要求与深度学习理论的追求具有目的一致性。时政教学的开展能够促使学生将课本知识与现实生活联结起来，在培养公共参与意识的同时，积极运用教材知识认识实际生活，使学生在知识输入与输出的过程中不断将其内化于心。所以，开展时政述评活动是实践思想政治课程深度学习的有效途径。

针对时政教学效度的三个方面的问题：时政主题的选择与课堂内容不相衔接、时政述评的效能低下、对学生思维深度的训练不足，我们可以采用三个相应的应对措施：巧用教材设置时政主题、动员全体学生共同参与、鼓励学生批判思考。这三条措施的目的在于增强时政述评活动与课堂内容的有机融合性，保持学习内容的连贯性；在于保证时政述评活动的效力，将学生在有限的时间内的收获最大化；引导学生进行深度思考，勇于从时政案例中提出自己对教材观点的"不认同"，经过教师的积极引导，最终达到认同。

基于课堂观察数据的有效性提问分析与反思

——以初中地理"因地制宜发展农业"第二课时为例

高咏晴

　　教学的一切都可以说成是问题的衍生物，学生学习能力的形成就在于问题解决能力的形成。因此，教师的提问有助于学生思考能力和学习能力的培养，教师可以通过对问题有效性的分析反思自己的教学问题。

　　2019年我校加入区教师素养提升课堂大数据分析项目。研修过程中，我认识到——通过对教师课堂行为进行系统观察与数据分析，可以诊断和分析课堂教学问题，提出针对性改进措施，促进课堂教学行为改进，提高课堂教学有效性。

　　现利用在靠谱COP项目中所学的S–T分析方法和记号体系分析方法，对初中地理"因地制宜发展农业"第二课时进行基于课堂教学行为大数据的观察、分析和反思。

一、教学目标和教学过程

（一）教学目标

　　教学目标为：（1）通过对大兴区西瓜种植条件的分析，掌握分析区域因地制宜发展农业的一般方法。（2）通过对"大兴区西瓜种植应用科学技术获得更好的发展"以及"沙特阿拉伯应用科学技术谋求农业发展新出路"两个案例的分析，理解科学技术在发展农业中的重要性。

（二）教学过程

1. 环节一：创设复习情境，导入新课

这一环节的任务为：分析四种农业生产部门及其分布情况，并根据因地制宜的原则推测北京相应的农产品可能分布在哪里？

2. 环节二："以瓜为媒"促发展——大兴

这一环节的任务为：（1）阅读材料说出大兴区西瓜种植的影响因素，以及这些影响因素之间的联系。（2）梳理大兴区西瓜种植与地理环境之间的关系，完成思维导图。（3）分析大兴区长期践行"以瓜为媒"促发展的策略。

3. 环节三："科技强农"谋出路——沙特阿拉伯

这一环节的任务为：（1）阅读材料，概括限制沙特阿拉伯农业生产的不利条件。（2）沙特阿拉伯是靠什么谋求农业生产出路的？

4. 环节四：迁移应用，提出问题

这一环节的任务为：请结合北京的优势条件，为其农业更好地发展建言献策。

二、课堂观察数据及获取方法

编码体系 S-T 分析方法是一种能够直观表现教学模式的教学观察与分析的方法，基本思想是：通过对教学过程中教师行为（称为 T 行为）和学生行为（称为 S 行为）进行采样与编码，描述、分析课堂基本结构、课堂教学特征。

Rt 和 Ch 是 S-T 分析法中两个重要的参数，分别表示教师行为占有率和行为转换率。Rt 值越高，表明课堂中教师活动越多；Ch 值越高，说明课堂中师生的对话与互动就越多。根据 Rt 和 Ch 值分析教学过程，通常分为练习型、讲授型、对话型和混合型。

利用 S-T 分析方法对本节课进行了数据采集，采集时长共 48 分钟、间隔为 30 秒，共采集到 T 行为和 S 行为各 48 个，S-T 曲线如图 1 所示。

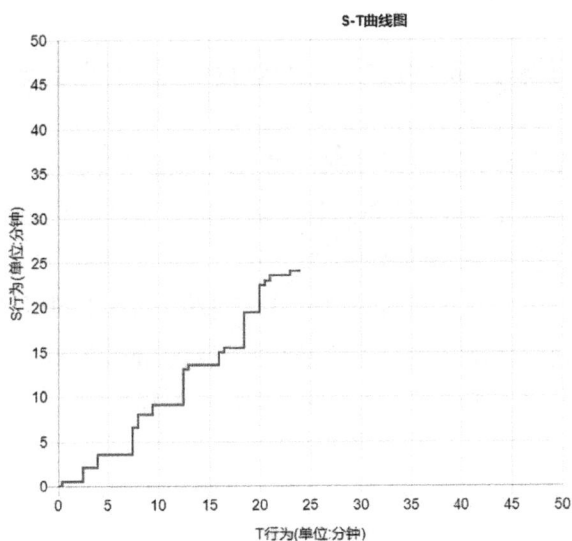

图1 S-T曲线

本节课根据 Rt、Rs 和 Ch 值判断属于"混合型",对比学科学段全国参考常模数据,发现本节课教师行为占有率 Rt 略高于全国常模数据(见图2)。说明课堂中教师主导作用发挥较为充分,应进一步调动学生的积极性。如可以给予更多时间和空间让学生思考和讨论。

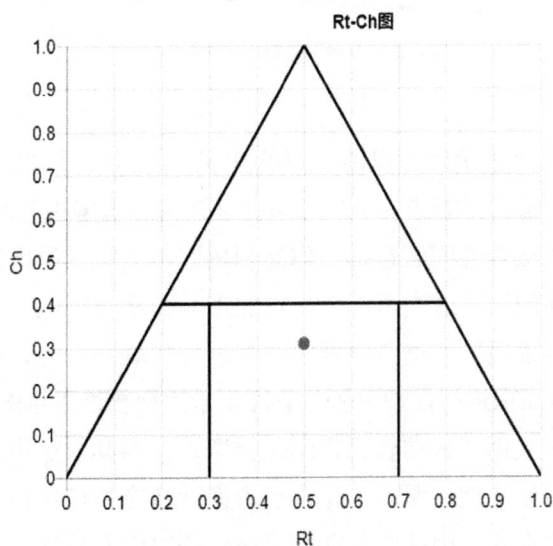

图2 Rt-Ch 图

三、基于课堂观察数据的教师有效性提问分析与反思

利用记号体系分析方法进行数据采集，从问题类型、挑选回答方式、学生回答方式和学生回答类型等多维度对比全国常模数据进行问题分析。

（一）问题类型分析与反思

由图3可以看出，本节课的常规管理性问题为零，说明本节课学生学习状态较好，课堂管理方面值得肯定。记忆性问题低于常模数据，推理性问题远高于全国常模数据，创造性问题和批判性问题低于常模数据。

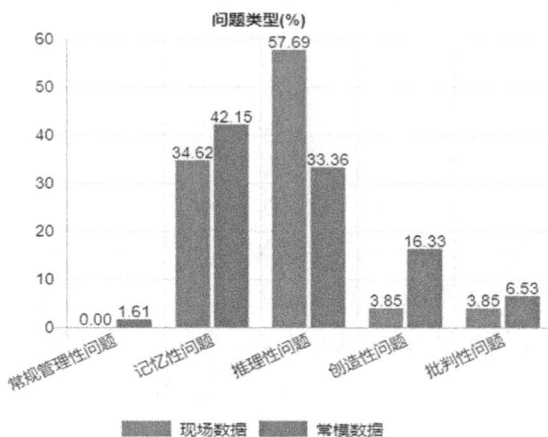

图3 问题类型

记忆性问题是促进学生将以前学习的知识转化成元认知知识的关键环节，本节课记忆性问题偏低可能造成学生应用已学知识分析解决问题时出现障碍。

本节课典型的推理性问题包括"你能利用因地制宜的原则推测北京可能有哪几种农业生产部门"、"它们可能分布在北京的什么地方"、"影响北京大兴西瓜种植的因素都有哪些"、"这些因素之间有怎样的联系"等，这些推理性问题引导学生调用所学知识进行推理分析，有助于学生聚合性思维的培养。

本节课的迁移应用"请结合北京的优势条件，为其农业更好地发展建言献策"是一个典型的创造性问题，但是由于未设计相应的记忆性问题帮助学生了解北京发展农业的现状，因此学生在完成该任务时没有思路，使得开放性的任务不能按照预期顺利完成。但是本节课重点介绍了大兴区西瓜种植的现状，如果把这个创造性问题修改为"请结合大兴区的优势条件，为其农业更好地发展

建言献策"，可能学生解决的效果会更好。

本节课的批判性问题只有一个"从材料中的哪些地方看出来还有市场的？其他同学同意吗？"，这是针对学生回答大兴西瓜种植的影响因素时进行的追问，而非提前设计。因此，在今后的教学中应多设计一些联系实际生活、迁移拓展的创造性问题和促进学生变换角度进行深层次思考的批判性问题，这两类问题有利于学生发散性思维和批判性思维的培养，从而更好地促进学生高阶思维的发展。

（二）挑选回答方式分析与反思

由图4可以看出，本节课叫举手者答和叫未举手者答的比例均高于常模数据，反映出重视学生个体观点的表达，且能关注到课堂中不同类型学生的参与。但是本节课未采集到鼓励学生提出问题的数据，反映出本节课在充分发挥学生的主体性、促进学生的问题意识等方面还有进一步提升的空间。日后应注重对学生思维过程和创新能力的培养，启迪学生发现问题、分析问题、解决问题。

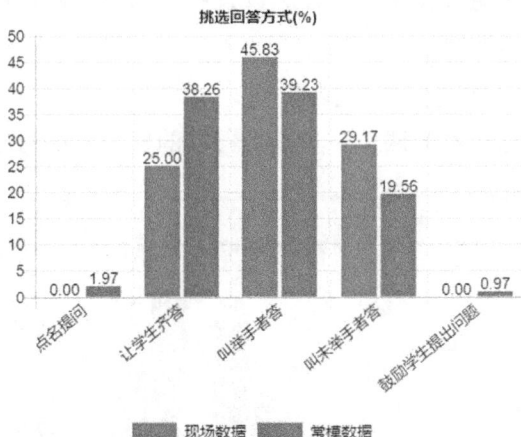

图 4　挑选回答方式

（三）学生回答方式分析与反思

由图5可以看出，本节课集体齐答的比例略低于全国常模数据，结合前面相关分析，当学生参与热情不高或者参与信心不足时，可适时提出一些记忆性问题帮助学生跨越思维障碍。如完成任务一"根据因地制宜的原则推测北京相应的农产品可能分布在哪里"之前，可以先问问"北京的气候和地形特征是怎样的"、"你品尝过哪些北京郊区的农副产品"等。

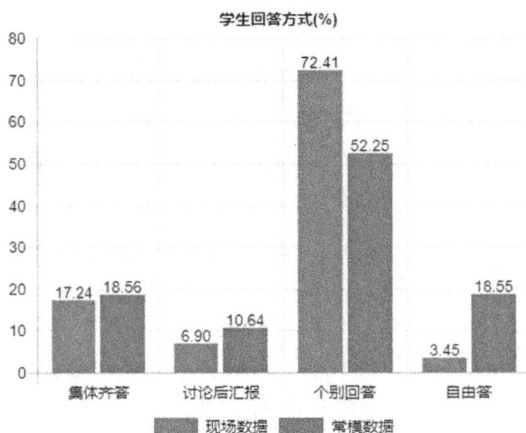

图 5　学生回答方式

　　本节课在任务一和任务二的完成时都设计了小组讨论环节，但学生"讨论后汇报"的比例低于全国常模数据，反映出课堂活动组织还有需要改进的地方。需要努力提升小组合作学习的任务设置和组织协作的技巧，进一步提升生生互动、协作交流的质量。

（四）学生回答类型分析与反思

　　由图 6 可以看出，本节课未采集到无回答的数据，说明教师基于学情精心设计的问题是有效的。

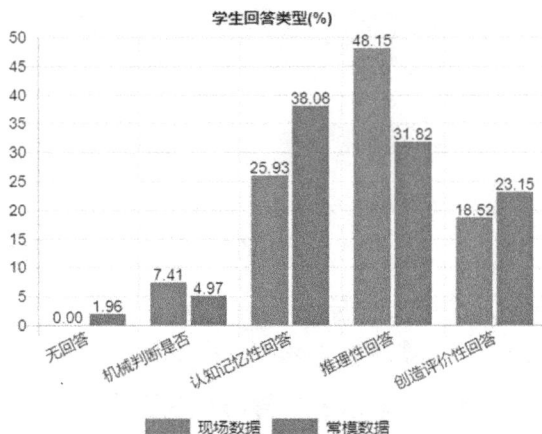

图 6　学生回答类型

　　"机械判断是否"比例略高于全国常模数据，提醒课堂中尽量减少让学生进行简单判断的问题。

"认知记忆性回答"比例低于全国常模数据，此类回答的价值是支持学生将已掌握的知识转化成元认知知识的良好机遇，需要特别关注。

本节课推理性问题占57.69%，而学生的"推理性回答"只占48.15%，可以诊断出学生不擅长或不习惯于进行逻辑化表达，因此教师要有意识地在课堂中培养学生这方面的能力。如可以在学生回答问题后及时追问"说说原因或说说你的理由"，帮助学生深度思考。

"创造评价性回答"比重偏低，因此要在平时鼓励学生表达观点，即使学生观点较为幼稚、偏颇，教师也不要轻易否定或压制。

四、课堂问题的改进方向及策略

结合本节课基于课堂教学行为大数据的分析及教学实践中的反思体会，我明确了以下两个课堂教学改进的方向。

（一）优化问题系统，促进学生综合思维发展

系统的问题设置对学生综合思维的发展具有重要意义。学生思考并回答创造性问题时，不仅要具有产生新思想的能力，而且要将创造性智力、分析性智力和实践性智力相互平衡才能很好地解决问题。学生在解决批判性问题时需要判断证据的准确性和可靠性，并多种角度考察合理性。因此在教学中应设计创造性问题让学生结合真实情境进行迁移运用。同时应注意通过追问或设计批判性问题，引导学生进行批判性思考和回答，如及时追问"你认为这位同学提出的措施合理吗？为什么"，设计"你认可材料中的观点吗？说说理由"等。

（二）加强生生互动，发展学生的问题意识

本节课"通过大兴区西瓜种植条件的分析，让学生掌握分析区域因地制宜发展农业的一般方法"是难点，应充分结合学校"551"思维课堂教学思想进行突破。思维课堂"创境启思—自探静思—合作辨思—训练反思—回归拓思"这一教学思路有助于提升学生的课堂参与度、活跃课堂氛围。在此过程中可鼓励学生提出问题，并适当采用讨论后汇报的回答方式，可以有效加强生生互动，发展学生的问题意识。

总之，好的问题能够激发思维，引起质询，会引发更多的问题。一个好问题，不仅仅是一个能够"做"的问题，而且还是一个能够促进思考"为什么"和"如何做"的问题。

用函数方法刻画世界

——数学学科小初高一体化教学实践探索

何成霞 赵立伟 王竹婷

2021 年 3 月，我校承办北京市贯通课程实践研讨会，数学教研组在此过程中进行了小初高一体化教学的积极探索。

一、一体化教学主题的确定

数学课程的价值在于培养学生的数学思想，帮助学生用数学眼光去看待大千世界。数学思想的感悟和经验的积累是一种隐性的东西，仅靠老师讲授是远远不够的，需要具有系列性的教育行为去引导学生深度参与。可见，数学课程实践需要整体设计出能让学生参与其中、独立思考的具有内容衔接、思维进阶的学习活动，将教的过程转变为学的过程。

数学教研组选择"数与代数"中函数部分作为本次一体化研究的主要内容。为了让学生在不同的认知水平下经历思维水平不同的函数建模过程，本次研究内容为不同学段的"两个变量之间的正比例关系"，小学段内容为"正比例"，初中段内容为"正比例函数图像和性质"，高中段内容为"直线的倾斜角与斜率"。

二、一体化教学设计的思路

函数是运用运动和变化的观点、集合和对应的思想去分析问题的数量关系，函数作为研究现实世界变量关系的一个重要模型，可以使学生感受到现实世界是在不断变化的，却处处关联并有规律可循的。

（一）知识点的关联

小学阶段将对变量关系的探索、描述渗透在代数教学中，比如六年级下册初步认识成正比例的量和正比例关系。初中阶段在学习一次函数之前，先安排了正比例函数的内容，讨论这种函数的定义、图像和性质等，然后在此基础上学习一次函数的定义、图像和性质。高中阶段，这部分放在了解析几何中，要求学生能够利用代数方法进一步研究几何图形，正比例函数中的 k，对于直线来说，可以为正、为负，也可以为 0。

（二）教学目标的衔接

1. 核心目标的衔接

小学的核心目标旨在经历比较、分析、归纳等数学活动中初步体会函数思想；初中的核心目标旨在探究一般正比例函数图像特征和性质的活动中体会从特殊到一般的建模思想；高中的核心目标旨在建立概念和数学模型的活动中将实际问题转化为数学问题。可见，一体化数学课程将培养学生数学建模能力作为本次研究的核心目标。

2. 思维目标的衔接

小学阶段的思维目标是在观察、分析、比较数据图表的基础上提高归纳概括的能力；初中阶段的思维目标是在渗透数形结合思想的基础上发展数学直观、数学感知能力和逻辑推理能力；高中阶段的思维目标是在经历代数方法刻画直线斜率的过程中提升直观想象和逻辑推理能力。可见，一体化数学课程将提升学生的归纳概括、逻辑推理和直观想象等能力作为思维目标。

（三）教学内容的衔接

小学正比例从观察图表入手，初中阶段引入了函数的概念，高中阶段将两个变量视为未知数从方程的角度研究直线。小学在对正比例关系的表述中渗透了变量的含义和函数关系，为初中阶段学习正比例函数提供了必要的基础，但小学不涉及负数。初中涉及负数，在研究方法上除了观察还要求画函数图像，明确函数的性质。高中阶段注重引导学生建立与初中知识的联系，明确斜率定义与正比例函数中系数 k 的几何意义上的一致性和取值范围的区别。同一个主题，学生在不同学段的学习内容和方式不同，侧重点不同，以内容的螺旋上升体现小初高一体化。

三、一体化教学设计内容

数学教研组结合育新学校"551"思维课堂的研究，不仅在教学设计中体现了思维引领整个课堂的理念，而且教学环节根据"五思"的提示进行设计，教学过程中也体现了"五有"的教学方向。小学、初中、高中的教学设计举例分别如表1、表2、表3所示。

表1　小学:《正比例》的教学设计

教学环节	教师活动	学生活动	设计意图
创境启思	对比不同统计表中数据，发现路程和时间之间相同点和不同点（表1匀速和表2不是匀速）。	学生仔细观察、对比、分析后，汇报想法。	启发学生思考，吸引兴趣。
自探静思	独立完成：表中变化的量是（ ）和（ ），说说你发现了什么？	独立思考后完成，再汇报。	通过让学生完成学习单上的问题，培养学生独立思考的能力。
合作辨思	1.出示表3：正方形周长和边长数据统计表。引导学生观察周长和边长变化规律。2.对三个表格中的数据，发现规律，引出正比例，引导学生说出生活中正比例的例子。3.引导学生观察正比例图像的特征。	学生观察图表，填入数据。汇报自己的想法。学生概括出正比例关系的意义，举例说明。初步感受正比例图像是一条直线。	通过组内讨论、沟通，明确正比例的判断标准是比值一定。通过全班汇报、质疑等活动，促进学生合作沟通、逻辑推理等能力的发展。
训练反思	引导学生思考，宽一定，长方形的周长和长成正比例吗？	学生分析不成正比例的原因，列举数据来证明。	巩固了学生对新知的掌握，又培养了学生思辨、分析、证明等能力。
回归拓思	引导学生谈一谈自己的收获。	回顾自己的收获。	回顾学习内容，培养学生语言概括能力。

表2　初中:《正比例函数的图像与性质》的教学设计

教学环节	教师活动	学生活动	设计意图
创境启思	引导学生说出正比例关系的概念。成正比例的两个量变化有什么规律？	回顾正比例关系的概念，比较与正比例函数的异同。	创设问题情境引发学生思考，让学生体会数学知识顺应与发展，体会数学知识进阶。
自探静思	引导学生动手画出正比例函数的图像，验证我们猜想的正比例函数的性质是不是正确的。	画函数 $y=x$ 的图像（确定自变量取值范围、列表、描点、连线）。	引导学生思考，将系数特殊化画出函数图像。

教学环节	教师活动	学生活动	设计意图
合作辨思	引导学生研究特殊的正比例函数。	探究总结函数图像特征及正比例函数性质。	鼓励小组合作交流共同探讨归纳出正比例函数的图像和性质，然后通过一组练习进行训练。
训练反思	练习1.结合函数解析式说性质。 练习2.结合函数图像说性质。	完成练习巩固所学知识。	使学生反思自己本节课所得，最后回归到系数 k。
回归拓思	回归问题，比较小学"两个量成正比例"的变化规律与正比例函数的两个变量的变化规律的异同。(根据学生的回答设计不同的追问)	结合不同函数图像探究 $|k|$ 对图像的影响。	引导学生思考探究 k 的绝对值大小与直线的关系，拓展学生的思维，同时为后续高中研究斜率做好铺垫。

表3 高中:《直线的倾斜角与斜率》的教学设计

教学环节	教师活动	学生活动	设计意图
创境启思	展示北京军都山滑雪场的其中4条雪道，你会选择哪条雪道?你觉得哪条雪道更刺激?为什么?	如何判断红色雪道最"陡"的?能从数学上，解释"陡"吗?	激发兴趣，引导学生将实际问题转化为数学问题。
自探静思	思考:假设雪道的陡峭程度是均匀的，雪道可近似为过原点的直线，可以用正比例函数来表示吗?	学生思考后，汇报想法。	渗透数形结合，提升直观想象和逻辑推理素养。
合作辨思	1.比例系数 k 与直线和 x 轴所成角有什么关系?对于一般的一次函数 $y=kx+b(k≠0)$，系数 k 是否具有相同的意义? 2.演示不同的直线，讨论如何定义倾斜角?对应范围又是什么呢? 3.斜率与一次函数中系数 k 有什么联系和区别? 4.在直角坐标系下已知两点的坐标，如何确定直线的斜率?	在学生自主探究的基础上，进行合作交流，得出猜想:系数 k 和直线与 x 轴所成某个角的正切值有关，可以反映直线的倾斜程度，要定义 k，需要定义直线的"倾斜角"。 学生给出不同的倾斜角定义方式及其范围。	学生对不同方法的讨论、辨析、反思和评价，有利于理解新定义的合理性，从而将新概念纳入到原有认知结构中经历用代数方法刻画直线斜率的过程，渗透数形结合的思想方法。
训练反思	1.基础练习，定义与公式的直接应用。 2.给出图形，思考直线在旋转过程中，直线 l 的倾斜角和斜率是如何变化的?		学生运用所学解决两个例题，巩固学习成果。
回归拓思	给出引例中的一些具体信息。	求直线的轨迹方程。	回归实际情境，经历完整的数学建模过程。

四、一体化数学课程设计的亮点

一体化数学课程以落实核心素养为目标，并在教学中渗透人文特色，注重学生辩证思维的培养和对数学简洁美的感受。

（一）一体化数学课程中落实的核心素养

数学抽象、推理能力和建模思想是数学核心素养的重要内容，育新数学教研组将推理能力和建模思想作为研究函数专题课程要重点落实的核心素养。

1. 重视逻辑推理能力的培养

学生推理能力的发展贯穿于整个学习过程中，教师设计了多样化的教学活动，在课堂教学中开拓有效的学生活动途径，将培养学生推理能力作为学生活动的重要目标。例如在小学段"正比例"的教学设计中，学生预测条形统计图中 7 时、8 时的条形高度都在一条直线上，可以是通过演绎推理的方式精确计算出数据，也可是"凭直觉"，即合情推理。

2. 重视数学建模能力的培养

数学建模是应用数学解决实际问题的基本手段，也是推动数学发展的动力。函数研究的是现实世界的数量关系和变化规律，是用字母、数字以及其他数学符号建立起来的一种重要的数学模型，它可以帮助人们从数量关系的角度更准确、清晰地认识、描述和把握现实世界。学生对函数的探究过程正是他们用函数方法刻画现实世界的过程。

（二）一体化数学课程中渗透的人文特色

教师建立科学的"人文教学观"、注重培养学生的辩证思维和引导学生体会数学的简洁美是一体化课程的主要人文特色。

1. 人文特色体现在注重培养学生的辩证思维

教师在教学中注重引导学生对现实情境中数学信息的矛盾、运动发展和变化等观点的观察、归纳和概括，帮助学生在学习过程中潜移默化地形成辩证的认识观和方法论，让学生更全面地看待事物，培养学生辩证思维。学生通过在学习活动中发现函数中变量的关系和规律，总结相关概念，将所学的知识迁移到其他领域再进一步研究，感受数学的辩证统一。

2. 人文特色体现在引导学生体会数学的简洁美

数学的美在于它的简洁。数学的简洁美体现在纷繁多样、杂乱无章的客观现象中，学生能用简单、清晰的函数这一数学模型来高度概括现实世界客观变量之间的关系和结构，并反过来应用函数的知识去解释世界的变化，处理更多的客观事物和现象，这就是数学的简洁美。

以任务设计为核心促单元整体教学有效实施
——以统编教材二年级上册第四单元教学为例

甘　露

统编版语文教材与旧版本的语文教材相比，其特点是突出单元整体性。这就要求教师必须从传统意义上的独立的单篇课时教学走向单元整体教学。如何实现转变是众多老师的困惑点。经过教学实践的不断摸索，本文从整合单元目标、设置真实情境、分解学习任务这三个方面阐述以任务设计为核心促进单元整体教学的实践路径。

一、明确核心，整合单元目标

见过很多热闹的课堂，但老师们常会有"迷迷糊糊地来，热热闹闹地做，糊里糊涂地走"的感觉。其背后的根本原因是活动的设计仅仅是"为了活动而活动"，而不明白"为什么活动"。因此，明确单元核心任务设计的目标十分重要。

以统编版二年级上册第四单元为例，通过研读教参，立足单元整体，明确本单元的人文主题是"家乡"，围绕这一主题编排了《古诗二首》、《黄山奇石》、《日月潭》、《葡萄沟》和语文园地。语文要素是"联系上下文和生活经验，了解词句的意思"，"学习课文的语言表达，积累语言"和"写话"。在分析本单元主题和语文要素时，通过查阅教材，发现了与"家乡、祖国"相关的人文主题贯穿小学语文教材始终，所以，在这一单元中，学生能通过本单元的学习激发认识家乡的渴望和赞美家乡的情感。而"联系上下文和生活经验，了解词句的意思"，"学习课文的语言表达，积累语言"也在一年级中有其能力的铺垫，是体现能力进阶的语文要素。

所以，综上分析，笔者明确了本单元任务设计的目标是学生能通过阅读课文了解和表达其他地域的风景与人文风情特点；学生能运用课文中积累的词句去赞美家乡，表达对家乡的热爱。

二、基于学情，创设真实情境

创设真实的任务情境，将抽象的知识与真实的情境相结合，是单元整体教学的第二步。如何使任务设计行之有效，又能实现语文素养的培养，实现育人目标，是我们在单元整体教学备课中很多老师的困惑与难点。通过对《日月潭》这一单元的整体备课，笔者逐渐打开了对任务设计的思路，认为其核心就是要在基于学情的基础上，找到本单元任务设计的目标与学生真实生活的链接的通道。

以统编版二年级上册第四单元为例，在备课过程中我在思考，二年级学生年龄很小，他们对"家乡"的认知是什么样的程度？于是，笔者通过访谈发现学生对于"家乡"的概念其实很模糊，"家乡"对他们来说有些许陌生和新鲜感。因此，笔者抓住学生对于"家乡"的兴趣，在本单元学习之前布置了让学生回家后去访谈父母，了解自己"家乡"的任务。让我意想不到的是，在课堂上的交流中，学生们都异常兴奋，争先恐后地分享从父母那里得知的对家乡的了解，还有的孩子曾和母亲回过家乡，兴奋地用照片和简短的话语组成了一篇"家乡游记"交给我。

通过课前这一调查和反馈，引发了笔者的触动和思考，"家乡"本身对于学生就是真实的情境，虽然二年级学生年龄小，但因为远离家乡，他们有着对了解自己真正"家乡"的深切渴望。所以，笔者设计的任务情境要能够帮助学生去了解自己的家乡，赞美自己的家乡，还能和他人分享自己的家乡。

杜威认为，儿童有四种兴趣，即谈话和交际方面的兴趣、制作和建造方面的兴趣、艺术和表现方面的兴趣、探索和发现方面的兴趣。学生的兴趣本能是他们获得经验和能力的基础，因此，笔者从学生的兴趣冲动出发，设计了"小脚丫，游中国；明信片，话家乡"的任务。"小脚丫，游中国"体现了本单元四篇课文涵盖了祖国不同地域的美景和人文风情，需要学生通过阅读文本去游历和了解他人的家乡；采用"明信片"这种图文并茂的载体可以激发学生艺术表现和制作的兴趣，而以"制作明信片"这一任务为驱动，侧重表达与运用，引导学生在阅读中"学习表达，积累词句"才能把家乡的美景和人文风情"话"出来，给予学生学习的内驱力。

通过这一单元的任务设计在我教学实践中的实施，在单元起始课时充分调动起了学生的学习兴趣，学生们都对自己制作家乡风景明信片的结果充满期待，而对学习的过程充满迫不及待的冲动和激情，有效地调动了学生的学习内驱力。

三、明确路径，分解层级任务

任务情境的创设源于真实生活，使其转化为学生可见的大楼的结构，大任务之下还需要教师搭好学生去选择"水泥、门、窗"的"脚手架"，这些内容是教师给予学生能做、敢做的信心，而这些"脚手架"就是子任务。所有的任务情境都不能离开学科核心素养，所以，结合学科核心素养，笔者以本单元为例，围绕核心任务设计了如下的子任务，如图1所示。

图1 围绕核心任务的子任务

首先，学生通过对本单元课文的学习来了解他人家乡的风景有哪些特点，培养学生审美的鉴赏和创造能力，而要了解风景特点，就需要通过阅读文本，运用一些方法了解词句的意思，来了解课文中那些不同地域的风景和人文特点，这就在无形中落实了本单元"联系上下文和生活经验，了解词句的意思"这一语文要素。第二个子任务是用几个词语说出家乡风景的特点，这就需要学生主动地去学习、积累一些词语，而课文中的很多好的四字词语就是学生积累词语的范本，推动学生有意识地积累，是培养学生语言的建构的过程。第三个子任务是用一些丰富的句式表达家乡景物特点，本单元中着重训练了"……像……"和"有……"的句式仿写，学生在学习课文的过程中，通过学习和仿写这样的句式，能够运用到制作自己家乡风景明信片中的表达，使明信片这一任务成果更加的生动饱满，在表达中发展和提升思维。在跟随课文游览了祖国的壮美山河，激发了学生赞美家乡、热爱家乡的情感后，以前三个子任务为铺垫和准备，顺其自然地使学生制作自己家乡明信片时"有话可说"，体现了综合的运用，学生用教师为学生搭建的"脚手架"和准备的"工具"，实现了自己完成"建造大楼"的结果。

四、情境贯穿，实现目标达成

在我的教学实践中，每一次导入环节，都是围绕本单元主题的任务情境展开，使其贯穿整个学习单元，以解决问题为中心的整体单元学习，是为学生打开了一条学习的通道，顺着梯子，让学生逐渐看到整片森林。

在本单元学习的最后一课时，以语文园地中的"我爱阅读"——《画家乡》这篇阅读课文作为单元整体活动的压轴出场，在读完看到其他同学们美丽的家乡之后，营造出描绘家乡美景的热烈气氛，感受分享家乡美景的快乐，从而引出本单元主题的中心任务——话家乡。当堂用学生准备好的家乡素材，进行写一写、说一说的活动，将以任务设计推动的单元整体教学达到高潮。学生们兴趣盎然，表达欲望强烈，大部分学生都能够运用到本单元积累的词语，比如"风景秀丽、树木茂盛"，还能通过自己的拓展积累词语，写出"翠柏苍松"这样的词语。从句式表达中，班中90%左右的学生都能够用"……像……"写出赞美家乡风景的句子，大部分都运用得非常恰当生动，充满趣味。最后，我将学生们的作品以"话家乡"为主题，展示在班中，使学生获得学习的成就感。同时，让同学们通过这一图文并茂的"明信片"的形式，去了解同学们的家乡，感受祖国的辽阔与壮美的山河。图2为学生的作业展示。

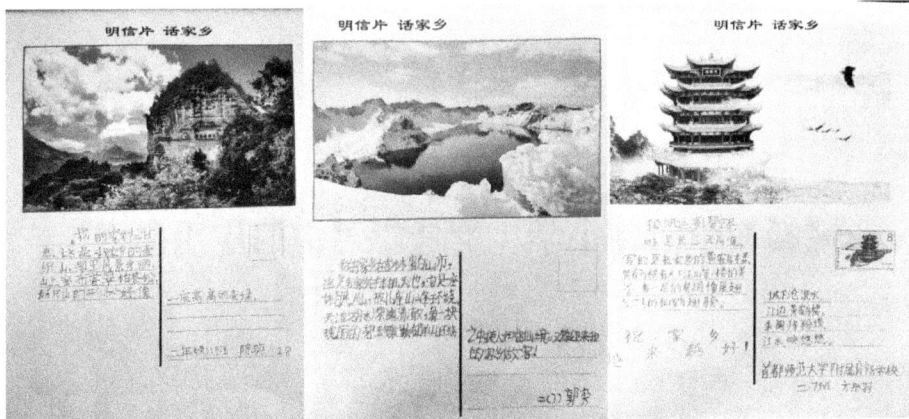

图 2　学生作业

　　单元整体教学中，核心任务的确立要基于学科核心素养的培养，注重学生综合能力的提升，这是教学的圆心；而任务情境一定要建立在充分了解学生学情的基础上，去设计立足于学生生活的真实的任务情境，才能激发学生学习的内驱力，使学生体验真实的学习过程；第三步是需要教师为学生搭起实现中心任务、解决问题的梯子和工具，将语文要素和育人目标整合在子任务中，打破课时界限；最后，将任务情境落实到每节课的导入中，让真实情境中的问题引领学生前进的脚步，让任务设计的结果有所体现，使学生一步步获得学习的成就感。

　　崔允漷教授说，一个学科的核心素养就像一座大楼，我们原来都是按照知识点来教，这教"一扇门"，那教"一扇窗"，"水泥"教一下，"钢筋"教一下，却没有教给学生如何去先搭建一座楼的整体构架。而围绕着单元整体教学的任务设计就是将大楼的结构给学生搭建好，激发学生在学习中寻找、选取我需要怎样的"水泥、门、窗"，有了内驱力，学生的获得就不再是被动灌输的，而是自发的、有趣的、生动的。

视频教学法在小学生网球学习中的应用研究

李子轩

在体育教学中，学生想要习得动作要领需要注重教师的示范作用，强化视觉信息的刺激，能够帮助学生更好地习得能力。在体育教学实践中，我发现如果直接向学生讲解动作要领，因为太过抽象，学生掌握情况并不理想；而当老师通过动作示范时，能有利于学生从直观上、整体上学习动作，从而更好地掌握动作。基于教学实践的思考，我发现学生通过视觉获得的信息往往比听觉获得的信息更加有利于动作的学习和掌握。因此，在日常的网球教学中，引进著名球星的击球动作以及视频讲解让学生更加直观地模仿动作，课后再要求学生录制自己的动作视频，老师再点评的办法，促进学生更好地掌握击球动作。

一、网球课视频教学的运用

在网球正手击球效果的评价中，我们主要从击球的深度、角度和力度三个维度去评价击球效果的好坏。击球深度越深，离底线越近则这个击球效果越好；击球的角度越大越精确，则这个击球对对手的威胁更大，该击球则效果越好；击球的力度越大，则给对方"球重"的感觉，使对手回球的难度加大，球弹起时离底线更远，也加大了回球的难度。好的正手技术打出来的球理想状态下应该同时具备这三个效果，球越深、角度越大越精确、球越重，则这就是一个好的正反手技术。因此，我们从深度、角度、力度三个维度去评价正反手的技术好坏。根据二年级学生的身体素质特点，只从深度和角度两个维度去评价正手击球的效果，同时给动作的整体性进行打分评价。

二、研究对象与方法

（一）研究对象

小学二年级的两个自然班，甲班 30 人，乙班 30 人。两个班学生的网球基础没有显著性差异，均没有长期接受网球训练的学生。

（二）研究方法

文献资料法。通过文献检索、网络检索等方式查阅了大量有关本体感觉研究、本体感觉训练研究、网球研究、网球正反手研究及其研究方法等文献资料。

实验研究法。实验前测试甲班和乙班的身体素质，分别测米字跑、立定跳远和双手前抛实心球，根据所测结果发现甲班和乙班学生身体素质没有显著性差异，每个班都为 30 人，甲班为实验组，乙班为对照组。实验组和对照组基本上都是相同的上课内容，区别在于实验组每节课都要进行 10 分钟的视频学习，视频的主要内容是球星正手击球的慢动作回放、球星正手击球的得分集锦，正手击球的视频讲解，其中球星主要是费德勒、纳达尔、德约科维奇、穆雷。每节课结束后晚上学生上传 30 秒的挥拍动作，老师实时点评。对照组则是按照传统的上课模式上课。实验周期为 16 周，每周一次网球课。

数据分析法。实验结束后对所得的数据用 Excel 2007 进行数据分析。

三、视频研究法的实践检验结果与分析

（一）挥拍完整性和挥拍流畅性结果检验

第 16 周甲班和乙班正手挥拍效果对比情况如表 1 所示。

表 1　第 16 周甲班和乙班正手挥拍效果对比情况

	挥拍完整性	挥拍流畅性
甲班	90.56 ± 6.03	88.75 ± 5.61
乙班	79.88 ± 7.35	78.56 ± 6.42
T 检验 P 值	0.016	0.027

从表 1 可以看出，在经过 16 周的课程练习后，实验组和对照组的挥拍完整性和挥拍流畅性有差异。在挥拍完整性上甲、乙班的 P 值为 0.016，小于

0.05，说明在经过视频教学法练习后，实验组的挥拍完整性明显好于对照组；在挥拍流畅性上甲、乙班的 P 值为 0.027，小于 0.05，说明在经过视频教学法练习后，实验组的挥拍流畅性明显好于对照组。从这组数据来看，经过视频练习法教学后，挥拍的完整性和流畅性均有明显提高，说明这种教学方法有利于学生更好地掌握正手击球动作。

视频动作能从视觉上直接刺激学生，引起学生在脑海里形成动作表象，进而指挥肢体按照脑海里的表象模仿相关动作，长时间模仿后就形成了相关的肌肉记忆，就能够顺利地、流畅地完成动作。而对照组的学生按照传统的老师讲解示范，最后动作的完整性和流畅性都没有实验组好，传统的方法并没有对绝大多数的学生产生足够的刺激，让他们形成完整的正确的动作表象，所以最后表现没有实验组好，说明视觉刺激对于网球学习者来说至关重要。

（二）正手击球效果检验

第 16 周甲班和乙班正手击球效果对比情况如表 2 所示。

表 2　第 16 周甲班和乙班正手击球效果对比情况

	正手深度	正手准确度
甲班	15.34 ± 2.18	13.65 ± 1.13
乙班	9.12 ± 5.12	8.37 ± 3.12
T 检验 P 值	0.025	0.034

从表 2 可以看出，在经过 16 周的课程练习后，实验组和对照组的击球效果有差异。在正手深度上甲、乙班的 P 值为 0.025，小于 0.05，说明在经过视频教学法练习后，实验组的正手深度明显好于对照组；在正手准确度上甲、乙班的 P 值为 0.034，小于 0.05，说明在经过视频教学法练习后，实验组的正手准确度明显好于对照组。从这组数据来看，经过视频练习法教学后，正手的深度和准确度均有明显提高，说明这种教学方法有利于学生更好地学习正手击球。

得益于动作的完整性和流畅性，实验组的学生击球效果也明显好于对照组。网球的击球动作对于击球效果影响很大，动作越流畅动力链就越合理，这样击出的球就更加合理，就能够将球击打到自己想要的位置，深度和准确度自然就比对照组好。视频的视觉刺激再加上课后的挥拍视频上传和点评也能够让学生加深正确的动作记忆和改善不正确的部分，这样动作就越来越合理，所以击球的效果就更好了。

（三）学生对网球课态度的检验

第 16 周甲班和乙班对网球课态度对比情况如表 3 所示。

表 3　第 16 周甲班和乙班对网球课态度对比情况

	对网球课感兴趣	感觉一般	网球课并不好玩
甲班	27	2	1
乙班	20	5	5

从表 3 可以看出，实验组的学生对网球课感兴趣的比对照组 7 多人，感觉一般的人甲班比乙班少 3 人，觉得网球课并不好玩的学生甲班比乙班少 4 人。说明视频教学法能够提高学生对网球课感兴趣的人数，能够激发学生的学习兴趣。

视频内容丰富多彩再加上有的视频配上了精彩激励的音乐，更能够从内心焕发学生的学习兴趣，再加上课后的视频上传和点评，形成更好的师生互动，学生能够从这些内容里感受到成功，被需要，主动学习的重要性，从而促进了自己的学习兴趣和主动性，而对照组的学生如果不是特别感兴趣的学生，没有一定的办法很难将没有感觉的学生和不感兴趣的学生转化为感兴趣的学生，而实验组的视频方法是转化的途径之一。

四、结论与建议

通过教学实践，我发现视频教学法能够激发和提高学生学习网球的兴趣，能够促进学生的学习主动性。同时，对于正手击球动作完整性和流畅性有显著增强作用；对正手击球的深度和准确度有显著增强作用。这一教学法的应用能够帮助教师在教学实践中优化学生的学习效果。视频教学法的可操作性，在日常教学中，遇到无法室外上课的情况，可在室内进行视频学习，室内室外结合更能够提高学习效率。在本次研究中，由于现实条件制约，实验所选取的样本数量较少，数据支撑性不够，在未来的教学实践中我将继续不断地研究和探索。

小初衔接教育课程一体化研究

王翠红

育新学校作为一所 12 年制的学校，一直非常重视小初衔接教育。针对几年来育新学校六年级学生以及往届毕业生调研、访谈所发现的问题，我们提出假设：小初衔接一体化课程可以在五育并举中提升学生的核心素养，能通过榜样教育、项目学习、社会情绪能力学习等课程提高小初衔接适应性，更好地融入中学学习生活。

一、小初衔接一体化课程的总体布局

（一）以大教育观为引领

小初衔接一体化课程是一种大课程观下的衔接教育，与培养目标契合，在学校课程体系中，弥散存在，填补空缺，以"最高年级最好榜样"为教育主题，以项目学习为实践学习载体，以校园参观、考察和体验为活动形式。中学教师及中学生进入小学课堂，设置大小课、长短课。同时开展心理讲座（包括社会情绪能力学习、青春期生理和心理教育等），深入实施体现衔接性的阶梯课程，通过课程体系和实施方式的制度化设计，让学生顺利适应小学到中学的学习进阶。小初衔接一体化课程要素和设置如图 1 所示。

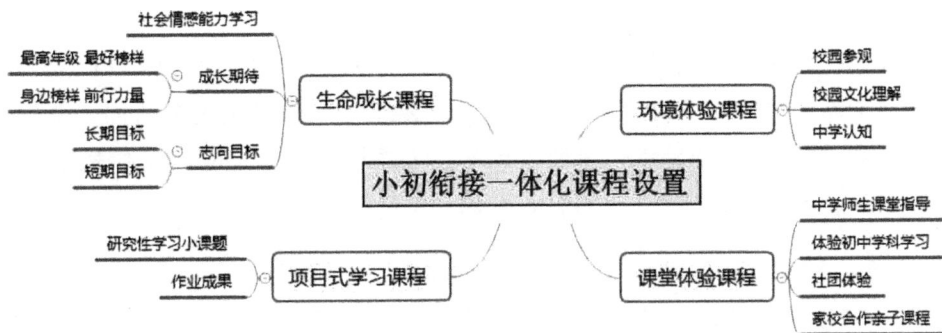

图 1　课程设置

（二）充分体现学校教育哲学

育新学校秉承"先成人后成才，既成人又成才"的办学理念，六年级以"最高年级最好榜样"为主题教育，深入进行"五育"并举的榜样教育。用身边榜样激发前行力量，通过同伴教育，在小初衔接过程中互相激励、互相学习，做最好的自己。经过几年的尝试，六年级在"小初衔接"学生适应性学习模式上做了很多探索，并在不断实践和改革中，慢慢摸索出自己具有特色的综合实践活动课程。

六年级学生面临升入中学后校园环境变化、人际交互范围变化、学习方式转变、评价体系改变和身心发育变化，适应了小学生活的学生在初入中学的一段时期内，可能会出现诸多不适应的现象。我们通过每年对初一学生进行调查的问卷，发现了一些不适应情况，如学习科目增多、作业量加大、作业时间变长、课外班增加、睡眠时间减少等。如何在小学六年级就开始实施"小初衔接一体化课程"，给学生提供初中入学前系统化的适应性教育，提前了解中学学习生活，帮助学生做好融入初中学习和生活的各项准备，缩短学生升入中学后的适应期，对学生的健康成长有着事半功倍的作用。

二、小初衔接一体化课程的目标与内容

（一）课程目标

小学是启蒙期，培养兴趣期，以学习知识和参与活动为载体。通过六年的学习，学生在学会学习、健康生活、责任担当、实践创新、人文底蕴和科学精神方面，逐年积累，初步养成了自己的学习习惯、学习方法。

在小初衔接一体化课程实施过程中，以自主发展、社会参与和文化基础三大方面素养为视野，帮助学生弥合成长的"裂缝"，缓解学习等各方面"跨度"所带来的"阵痛"，激发学生自我反思和自主成长意识，缩短升入中学之后的适应期，成为合格的初中生。具体目标如表1所示。

表1 课程目标

自主发展	学会学习	学会倾听、学会思考、学会表达、学会写字
	健康生活	认识自我、敬畏生命、发展身心、自我管理、规划人生
社会参与	责任担当	个人责任、班级责任、学校责任、家庭责任、社会责任
	实践创新	劳动态度、实践技能、问题解决、创新思维、创造意识
文化基础	人文底蕴	人文积淀：认识人类、实践文化 人文关怀：尊重个人、关切人类 审美情趣：艺术美、自然美、社会美、知识美
	科学精神	开拓创新、求真务实、论证表达、科学探究、创造性思维

（二）课程内容

1.以"最高年级最好榜样"为教育主题

所谓榜样教育，就是以先进的典型人物为榜样，宣传他们的先进思想和行为，使学生从他们的先进事迹中受到启迪和鼓舞的一种教育活动。榜样在小学生习惯养成中具有两大作用：一是示范作用；二是激励作用。小学是榜样教育的最佳时机。因此，学校通过开展"最高年级最好榜样"主题教育、主题班会以及教育宣传等多种形式落实小初衔接课程，包括学习古今中外榜样人物的优秀事迹、学生身边的榜样等。同时，通过多样化的形式如创作诗歌、小品、相声等作品，为学生表达自己对"最好榜样"的理解提供平台，从而为课程的实施提供隐性支撑。

2.以项目学习为实践载体

项目学习是中小学两个学部小初衔接一体化课程中的重要内容，是针对小学与中学教育内容相对脱节，六年级同学面对小初转变时被动盲目、发展目标不清晰、发展动力不足的问题研发设置的课程，是育新学校基于学生核心素养，落实"五育"并举，为处于特殊转折期的六年级学生设计、构建、实施的一项重要工作。

项目学习主要是以学生小学六年学习经验、成长需求为基础导向，引导学生体验经历科学研究过程，体验中、小学学习生活的异同，从而提升创新意识和实践能力的教育活动。项目学习每周2课时，会定期举办班级、校级的项目学习成果发布会，提供师生、生生、家校交流互动的平台，研究的过程也是每位学生六年学习综合素质评价的体现。

具体流程如下：（1）育新学校中小学两部共同选派优秀教师组成导师团队，与学生一起就项目主题开展为期两个月的体验和学习研究。研究主题由导师和学生共同选定，学生自由成组，自主完成研究任务，导师定期与学生交流并给予指导。第二学期每周二下午两节课是项目学习研究时间。（2）导师要在学生自主合作的前提下进行一定的研究方法的指导，帮助学生找到适合的探究方式。在研究过程中，适当提供学习资源、启发研究思路、确定研究方法、鼓励大胆创新，帮助学生解决研究过程中遇到的困难。指导学生写好研究记录，及时记载研究情况，真实记录个人体验，总结研究成果，写好研究报告。（见图2）

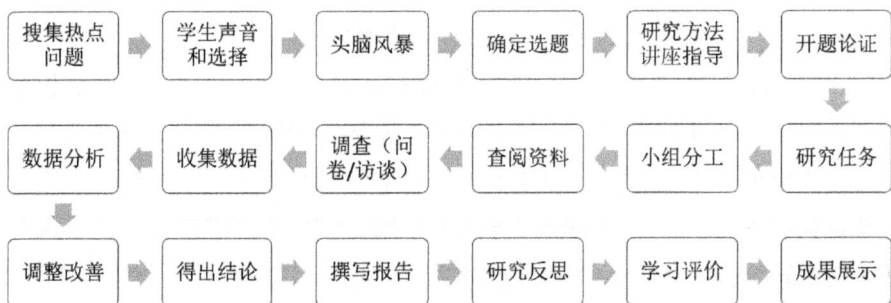

图2 实施流程

导师组织学生对研究的过程和结果进行评价。在进行评价时，重视评价的改进和鼓励功能，注重评价内容的全面性和评价主体的多元化，并将过程评价和结果评价相结合。评价的内容既有学习态度、科学态度和科学精神，又有研究与解决问题的能力，合作与交流的能力，实践能力以及研究成果。

项目式学习过程采用多主体评价、多维度评价、过程性评价、结果性评价等多种评价方式，研究成果汇集成册。

3. 以校园参观、考察和体验为活动形式

十二年一贯制使育新学校小学部的学生有更多参与中学部学习和活动的机会，针对校园环境变化，每年金秋十月六年级学生会"走进中学校园"参观体验。体会"同一个育新，不一样的精彩"。

参观活动非常丰富，包括参加升旗仪式，参观校园、各种专业实验室和专业场馆等；体验各种基础课程，包括物理、化学、生物等；观摩社团活动，包括无人机、行走打击乐、音乐剧、博物馆大剧院等，真是让学生们大开眼界，赞叹不已。老师们的各种演示和讲解，学长们的精彩表演，校长充满吸引力的讲座都让学生对即将升入的中学充满了好奇和向往。主管校长、主任、心理老师在讲座中会跟学生交流往届学生遇到的困惑和问题，跟学生分享一些成功度过适应期的学长、学姐的案例。

全部的参观活动都由初一的学生志愿者来引导和解说，聆听学长、学姐们精彩的解说，学生们羡慕极了，心中对未来的校园生活充满期待。这些讲解员大部分都是在六年级参加过体验活动的育新学子。感觉有一种传承的力量在学生中流淌，这是一种可以看得到的衔接。这种同伴教育，也是特别鲜明有效的榜样教育。孩子们热爱育新学校，满怀激情的讲解，让六年级学生对中学生活充满退想。

4. 以中学教师及中学生进入小学课堂为进阶

中学教师面向六年级学生介绍初中课程，以激发学生的学习兴趣和好奇心。在学科上进行学业引领，让学生对未来要学习的课程有一个感性认知。同时，介绍中学的学习方法，特别是语数英三个学科与小学不同的学习方法。让学生意识到学习方式的转变和学习方法的不同，做好心理准备，可以在六年级就开始尝试转变，比如，记笔记的方法等。

初中生走进小学课堂，为六年级学生讲解初中学习生活样态，需要做哪些入学准备，自己是怎样适应初中学习生活的。用榜样示范引领小伙伴共同成长。这个年龄段同伴教育的影响力逐渐增大，更有说服力，同伴之间互相学习、鼓励，可以帮助学生更快适应初中学习生活。同时，学姐、学长阐述的育新魅力，可以更好地使学校文化、学生文化得以传承。

无论是中小学教师联手打造的项目学习团队，还是中学教师和中学生走入小学课堂，无疑对小初衔接学生来讲都是宝贵的学习机会。小初衔接教育一体化课程立足从中学生学习生活、学习习惯、学习方法和身心变化等多方面帮助六年级学生分析小初衔接需要做什么、为什么这样做，以及怎样做。给学生提供有针对性的具体指导，减轻学生的顾虑和疑惑，让六年级学生更轻松地面对即将到来的挑战，在升入中学前做好各方面的准备，顺利适应中学学习生活，成为一名合格的中学生。

立足单元优化作业　聚焦素养巧学善思

——单元视角下语文作业设计思考

赵　婧

近年来，全国各地中小学按照党中央、国务院决策部署，深入开展了减轻义务教育阶段学生作业负担和校外培训负担（以下简称"双减"）工作，取得了积极成效。在落实"双减"政策的工作中，"作业管理"工作是其中一项必不可少的重要工作之一。所以广大教师需要从政治高度来认识和对待作业设计，提升设计作业的能力，从而落实立德树人根本任务，促进学生全面发展和健康成长。接下来本文将围绕单元视域下的作业从怎样认识作业及如何设计作业谈一谈。

一、作业的内涵及功能

（一）"作业"源起和发展

"作业"一词最早应该出自春秋时代《管子轻重丁》，文中有曰：行令半岁，万民闻之，舍其作业。这里的"作业"在古代表示从事的工作或者业务。到了现代，一般意义上的作业则主要指学校教师依据一定目的布置给学生并且利用非教学时间完成的学习任务。近些年来，尤其是"双减"背景下，教育工作者则越来越多地从课程、学生和学习视角重新对作业设计进行认识、梳理和反思。

（二）"作业"的功能定位

大部分教师一提起作业，想到的总是检测、巩固的作用，究其本质"作业"应该是学生内化的过程，应该由作业设计、作业完成、评改、分析、反馈几个环节组成，应该是课程体系上的重要的组成，也是教学中必不可缺的环节，最终指向学生核心素养的达成。所以教师们应该从功能角度重新认识作业，这样才能更好地设计和应用作业完成教学活动。综合学生的学习活动和教师的教学活动，作业有以下几种功能。

1. 巩固和检测学习内容及效果

作业有助于巩固和检测学生对知识的记忆、理解及对习得技能是否掌握，这一点是毋庸置疑的，现阶段大部分学校的教师会经常布置围绕课堂学习内容、知识要点要求学生独立完成的作业。

2. 发展和提升学生各项能力

学生在经历学习过程之后，通过一些项目式、实践类作业的完成，会逐渐形成应用所学知识解决问题的能力，甚至会形成更高层次的实践能力和创新能力。当然这些作业的设计需要依托于适宜情境的创设、单元任务的布置等。

3. 形成良好学习态度、行为习惯和人际关系

作业作为课堂教学的拓展延伸。学生经过一天的学习以后，独立完成作业并在这一过程中逐渐形成责任感和自信心，一些需要小组合作的项目式作业的完成则有助于培养学生形成良好的人际交往能力，从而体会自身的价值。

二、素养导向下"作业"设计的原则

从作业功能的角度出发，学生核心素养的达成需要教师作业设计的质量，所以教师们应该不断提高自身设计作业的能力。近年来国内外大量对于作业设计的研究越来越指向于对课程视域下的作业设计进行思考，实施这种作业设计的路径则需要从单元的角度进行，建立聚焦单元下的作业设计和实践需要遵循以下几点原则。

（一）基于目标原则，实现教学评改一致

教师设计作业的时候，目标意识一定要强，每一项作业都应该是对单元目标的回应和训练。所以需要教师们依据课标和学生的认知特点，恰当准确地挖掘教材中能力要素点，设计紧扣学段目标和本课学习目标的作业内容。同时力求训练的知识点准确无误，无偏义，无歧义，不含糊其词。更需要考虑学生作业的实施路径指导，作业设计还要包括做题方法的明晰提示，让学生在做作业前明确作业应达成什么样的结果是符合要求的，带着思考再次听教师的评改反

馈就更有目的性，这就做到了教学、评改的一致性，学生在完成作业、修改作业的时候也实现了思维的进阶发展。

（二）学科育人原则，实现学科立德树人

教育的根本任务在于"立德树人"，作业的设计也一样承载着育人的任务。教师应通过符合生活的情境式、浸入式的作业设计，激发学生的学习兴趣，培养学生运用学科知识解决实际问题的能力。当然这样的作业设计需要教师根据学生学习基础和可利用资源，精选设计与学生生活实际情境和学生学力相匹配的实践性活动，以接轨学生个体差异和生活认知，提升实践型作业的适配性，以期通过多重体验、训练与操作培养学生实践能力和学科素养。

（三）自主创新原则，实现作业分层设计

作业的设计还要遵循学生的认知发展规律，激发学生的主观能动性。有意识地设计多样化的作业类型，让学生结合自己的情况选择适合自己的作业。设计有一定梯度的作业，使每个学生都有体验成功的机会，这样才能充分发挥学生的主观能动性，利于引导学生积极思考探索。

还可以充分利用各种教育资源，开展综合性学习活动，拓展延伸课堂学习空间，或者创设可供学生实践的环境，引导学生与生活为伴、与自然为友、与社会对话，使学生在完成作业的过程中，感悟生活、积累语言，培养能力，融入社会。学生在完成作业的过程中形成能力，激发创新意识，这样有利于扩展学生的思路，培养学生思维的灵活性。

三、单元视角下作业设计的策略及方法

综上所述，教师应该从学生的角度出发，以学生全面发展为根本目的，通过设计符合生活情境、内容丰富有层次有梯度的作业，让学生摆脱书本课堂的桎梏，走向生活实践，在真实而充盈的体验中幸福成长。所以作业设计需要从单篇作业转向单元视角下的作业任务、从枯燥的文本形式转向个性表达与思维创造多样化、从定向布置转向梯度设置与按需选择、从对作业难度与数量的盲目追求转向促进儿童真实且完整生命发展的育人本质。接下来举一些例子谈谈单元视角下作业设计的策略和方法。

（一）创设适宜情境，设计项目式作业

学生完成教师布置的作业，不断对旧知识进行重建和感悟形成新知，有

时需要结合生活实际来完成。所以教师在设计作业时应围绕单元人文主题和能力要素，创设一些贴近生活、符合时事、传承文化等情境来帮助学生建构相关知识体系，在完成作业的时候合理运用学习的策略解决实际问题，丰富情感体验。

比如下面这个寒假作业的设计就创设了符合时事的情境，当时北京正值冬奥会，所以语文的寒假作业就设计成了三项任务：

请根据自身情况，选取下面三个项目中的一个或者多个项目参加，建议先看评价要求再完成学习。

（一）项目名称："冰墩墩、雪容融和你过大年——介绍冬奥吉祥物"

1. 参与对象：3—6年级学生

2. 活动要求：

调查"为什么北京冬奥会的吉祥物叫冰墩墩、雪容融？"

通过一系列调查研究，完成"育新娃与冬奥吉祥物"作品展示。

3. 成果展示：（小视频、手抄报、漫画、海报、摄影、泥塑、研究报告等一切你喜欢的形式。）

（二）项目名称："一起向未来——读书迎冬奥"

1. 参与对象：1—6年级

2. 活动要求：

寒假里每天坚持不少于1小时的阅读，建议至少读一本有关"冬季运动"方面的书籍，同时通过问卷、访谈等方法调查了解身边人读书情况。

3. 成果展示：

（1）读书笔记、感悟

（2）为同学推荐一本书宣传海报（手抄报）

（3）好书推荐PPT

（三）项目名称："舌尖上的冬奥——家乡美食我推荐"

1. 参与对象：1—6年级

2. 活动要求：

春节是中华民族的传统节日，冬奥更是世界人民的盛宴，在庆祝期间，每家每户都会制作传统佳肴，学生通过观察、记录、品尝家乡美食，并向远方的亲戚或者参加冬奥的外国友人推荐美食，进而激发学生的爱美食爱家乡的自豪感。

3.成果展示：

（1）美食推荐（菜谱名及制作方法）

（2）征文

（3）制作美食的短视频

从上面的项目式作业案例可以看出，教师以"冬奥会"为契机，将语文的听说读写能力训练蕴含其中，有利于激发学生兴趣和提升学生各项能力素养。

（二）厘清单元内容，设计单元基础性作业

尽管现阶段作业指向的是核心素养，但是并不代表作业设计只是一味强调活动的设计，一些识记、理解的低阶思维的训练是必需的，因为这类基础性作业是巩固学习内容、提高学业质量的主要载体。提高基础性作业的质量，是发挥作业育人价值的基本点。教师们需要依据国家课程标准，遵循学生认知规律，聚焦单元双线，清晰明确单元目标，综合应用文献研究、经验荟萃、案例分析等方法，确立不同类型基础作业的内容和题型，当然广大教师都是应试教育的高手，设计基础类作业是大家的长项，在这里不再赘述。

（三）落实"五育"并举，设计实践创新性作业

切实地落实"双减"政策在为学生减负的同时，还注重增能，实践性作业的布置是提效增能的有效手段之一。但是需要注意的是作业除了有提升智育水平的功能外，还应当突出德育实效，强化体育锻炼，增强美育熏陶，加强劳动教育，体现"五育"并举，引领学生学会认知、学会做事、学会生存和学会共同生活。

语文是实践性很强的课程，而培养这种能力的主要途径也应是语文实践，实践性作业可以根据学生年龄特点与心理规律，结合教材实际，通过新颖有趣的形式把语文课和开放的课文实践活动巧妙地联系起来，让他们在活动中增长知识，增长才干。如学习《北京的春节》时，可以布置学生以自己家过春节为背景，拍摄一段视频，并且配上文案，最后形成班级的春节习俗"纪录片"。学习汉乐府古诗《江南》时，为了更好地体会鱼戏莲叶间的乐趣，布置学生用舞蹈造型来表现这首古诗的画面。这样的作业正是学生对课文的再想象与再创造。像《田忌赛马》、《乌鸦喝水》等文章，课后可让学生做简易实验或者画思维导图来帮助学习。还有一些故事情节生动的课文可以让学生自由组合编排课本剧。这种改变传统的作业模式，为语文作业注入了新的内容和形式，激发了学生的兴趣和创造能力，实现了"五育"并举。总之，实践创新性的作业布置

会使学生在作业完成过程中，发展智能，充分展现个性，使学生的语文能力、语文素养得到提高，实现低阶思维向高阶思维发展。

综上所述，提高作业设计与实施质量，充分发挥作业的育人价值，既是我国提升教育质量的整体要求，也是优化作业应用的时代需求。如果通过我们的作业设计可以帮助学生学会"自主学习"，在做作业的过程中获得不断自我成长自我完善的能力，就是我们教育教学改革的最大价值了。

育新学校
YUXIN SCHOOL

育
人
实
践

用ERG理论试析中学生过度使用手机行为背后的需要[①]

韩 玥

　　手机最先是作为一种通信工具而存在，但随着信息技术的发展，它的强大功能已经链接到生活的方方面面，不少中学生陷入其中，不仅在课余时间频繁使用手机，甚至在课上也常常"机不离手"，形成了对手机的过度使用。很多家长和老师对学生使用手机持反对态度，甚至管理严格的学校常常没收学生手机，但是这并没有起到很好的限制作用。

　　我们知道行为只是表面现象，行为背后隐藏的是人各种各样的需求，不同的行为是在各类需求被满足的程度不一样时激发出来的。要想解决问题就必须了解问题的本质，分析问题行为背后的需求。美国耶鲁大学的克雷顿·奥尔德弗（Clayton Alderfer）在马斯洛提出的需要层次理论的基础上，进行了更接近实际经验的研究，提出了一种新的人本主义需要理论：ERG 理论。本文旨在通过 ERG 理论分析中学生过度使用手机行为背后的需求。

一、ERG 理论概述

　　ERG 理论指人的三种不同层次的核心需要，包括生存（Existence）需要、相互关系（Relatedness）需要和成长（Growth）发展需要。

（一）ERG 理论具体内容

1. 生存需要

生存的需要与人们基本的物质生存需要有关，是人类最基本的生理需求。

---

① 本文荣获北京市 2018—2019 学年度基础教育科学研究论文一等奖。

例如，人们各种形式的生理和物质欲望，以及工资报酬、工作条件、退休保险等社会保障条件，相当于马斯洛提出的生理和安全需要，是三层需要中的最低层。

2. 关系需要

关系需要是人们维持人与人之间关系的需求。人都需要与他人互动，和他人交流交往本身是一种需要，同时由于许多需要在自己一个人的时候无法被满足，只有在与他人互动的过程中才能得到满足，如被认可的需要，所以相互关系需要是一种复合型需要。这类需要相当于马斯洛人际关系方面的安全需要和归属与爱的需要，处于三层需要的中间层。

3. 成长需要

成长需要是指个人要求得到提高和发展，取得自尊自信，并充分发挥自己能力的需要。这类需要强调内在的提升，是人生来就有的向上发展的意志的体现。成长需要相当于马斯洛的尊重需要和自我实现的需要，处于三层需要的最高层次。

（二）ERG 理论的规律

第一，当较低层次需要得到满足时，注意力就会转向较高层次的需要。如人的生存需要得到了很好的满足，衣食住行样样不用担心，那么这一需要就会被忽视，使得关系需要和成长需要得到重视。只有当需要有缺失的时候，才会引起人们的注意。第二，当较高层次的需要不能得到满足时，注意力就会转到较低层次的需要。这就如同目标定得过高，不切实际而无法达到时，人们就会通过降低目标来达到目标。如成长需要无法得到满足时，人们就会将注意力集中在生存需要和关系需要上。第三,一种需要获得的满足越少，人们就越渴望这种需要得到满足，即缺失的越多越想得到补偿。当需要被满足时，人们就会忽视它，相对的，当需要没有得到很好的满足时，人们就会将注意力锁定在这一需要上。

二、需要满足不当促使中学生过度使用手机行为出现

无论人还是动植物，都与生俱来地具有一种向上发展的力量，总是想要朝着比当下更好的状态发展，这种向上的力量就是需要生长的土壤。人的需要是主体在生存和发展的过程中，由于自身精神和物质的匮乏而产生的对客体事

物的欲望和要求。人总是通过各种行为方式来满足自身的需要，如果需要通过正常途径得到了满足，那么人就会在健康状态下发展；相反的，如果需要在正常途径下不能得到满足，那么人就很可能通过非正常途径来达到目的。要想改变中学生过度使用手机的问题行为，我们就必须透过行为看到中学生的内在需求，了解哪些需求未被满足，哪些需求被过度满足，这样才能对症下药，找到制止问题行为的方法。

三、用 ERG 理论分析中学生过度使用手机的行为

中学生使用手机主要用于打电话、发短信、使用聊天工具、看小说、玩游戏等，过度使用主要体现为在理应学习和休息的时间仍然使用手机，甚至对手机产生了依赖，严重的会在不能随时使用手机时感到不安和焦虑。从手机的主要用途来看，它是中学生与他人和外界联系的通道，由于可以随身携带、随时使用，能让人感到无时无刻不同自身以外的世界存在着奇妙的关系。显然，使用手机主要是满足中学生对关系的需要。那么，是什么导致了中学生产生过度使用手机的行为呢？

（一）中学生生存需要被很好地满足，导致对满足关系需要的要求增高

当代中学生生活在物质生活水平非常高的时代，即使是贫困的孩子也可以满足基本生存需要，很少有人需要为生存发愁。此外，家长总是想要为孩子创造最优越的条件，怕孩子吃苦，哪怕自己节衣缩食也要给他们一个宽松的环境，希望他们能够在这样的环境里专心读书，开心地生活和成长。这样的状况使得大部分中学生的生存需要都被很好地满足。当较低层的需要被满足得很好时，注意力就会转移到较高层次的需要。如此一来，关系需要和成长需要就成了被重视的对象。

（二）成长需要不能得到很好的满足，使中学生转而追求关系需要的满足

中学生的主要任务是学习，除了少之又少的休息和娱乐时间外，几乎所有时间都用在了学习或者与学习相关的事上。在这样的大环境下，成长对于中学生来说最主要的就是学业成绩的提高。但是对于学业，无论家长还是老师，甚

至是学生本身，都是不容易满足的。通常，不会有人认为成绩退步的学生是在成长，对于成绩稳定的学生只有取得更好的成绩才是成长，而成绩进步的学生只有取得更大的进步才叫成长。对成绩永无止境的不满足很难让学生感受到成长。由于很少有人把目光放在学习以外的领域，即使学生在其他方面成长了，也很难受到重视。试想，一个学生从前不会为他人着想，后来通过与同学的交往磨合后这种情况得到了改善，这样的成长在校园外可能会被重视和认可，但是只要这个人还是学生，这种成长就很容易被学习成绩所掩盖。随着年级的增长，中学生的课业压力逐渐增大，学业的成长不被承认，其他方面的成长又不被重视，中学生的成长需求得到满足的状况令人担忧。这样的状况是在应试教育的大背景下产生的，学生个人没有能力改变这一现状，所以只能把注意力转移到对关系需要满足的渴求上。

（三）关系需求没有通过正常途径被满足，导致中学生通过过度使用手机来满足这一需求

首先，中学生一周里有至少五天的时间在学校度过，他们的"关系"几乎都是在校园里建立的。身为学生，他们很少有机会和同学、老师以外的人交往，建立的关系也无非是同学关系、师生关系，一部分人会有恋人关系，但也是在很大程度上基于同学关系建立的。在学校的大环境下，中学生与他人的"关系"是单一的，他们有扩展交际圈和建立多样关系的需求。其次，校园生活几乎是一成不变的，中学生每天围绕着学习的主题做着一样的事，很少有机会可以体会学习以外的"关系生活"。他们需要让"关系"的内容丰富起来，而不是仅仅处在以学习为主题的场里。尤其是习惯了网络生活的中学生需要一个更加宽阔的关系范围来证明自己的存在和意义。可见，中学生的关系需要被满足的状况并不很好，又由于前两个原因，他们对关系需要的关注又多于其他两类需要，所以中学生只能通过其他途径来满足这类需求。手机中各种聊天互动软件和强大的网络系统恰好可以实现学生的这些需求。

四、抑制学生过度使用手机行为的方法

学生的生存需要被过度满足，关系需要不能获得很好的满足，成长需要被抑制，这就需要我们针对这些原因想出解决办法。家庭和学校是中学生最重要的两个生活空间，本文将从这两个场域的角度来考虑解决过度使用手机这一行为的方法。

（一）家庭角度

首先，让孩子了解良好的生存环境是需要用付出交换的。当代中学生几乎天生生在富裕的生活环境里，没有生存压力，就算是在经济条件较差的家庭里，家长也会想尽一切办法给孩子创造一个衣食无忧的环境。这样很容易给中学生造成一种错觉，认为一切都是理所应当的。实际上，这些都是家长的努力成果，中学生只有明白这些都是要付出代价的才会懂得珍惜。不要让他们认为就算自己不去努力，好的生活条件也会摆在眼前。只有适度而不是过度满足才可以留住中学生在这一需求上的注意力，而不是把过多的注意力集中在关系需求上。

其次，肯定孩子多方面的成长。人的成长是体现在很多方面的，学习只是学生生活中的一部分，并不是全部。家长不应该把所有注意力都集中在孩子的学习成绩上，认为只有和学业有关的进步才是成长，而忽视学业以外的方面。学生需要通过被他人肯定来体会自身的成长，学业只是一方面，家长对其其他方面的肯定也是会同样满足他们的成长需要的。

最后，创造良好的家庭关系氛围。家庭关系是人出生以后加入的最早的关系，良好的家庭关系对于人的成长和发展是至关重要的。家庭关系是以血缘关系为基础的，有着得天独厚的优势，可以带给孩子其他关系无法给予的安全、归属与爱的感觉。如果这一关系足够牢靠，孩子就会满足其中，不需要通过其他非正常途径来满足自己对关系的需要。

（二）学校角度

首先，开设多样的兴趣课程或校本课程，给中学生创造宽松的成长环境。成长不仅限于学习，学校对学生的教育应该体现在多方面。兴趣课程或校本课程可以培养学生多方面的能力或兴趣，让他们有机会发展学业以外的方面。毕竟不是所有学生都适合学习的，如果他们选择了一条学习以外的适合自己的发展道路，可能会走得更远。

其次，举办丰富多彩的校园活动，让学生有机会扩大交往范围。学生在学校的交往空间是很窄的，大多数人只与同班同学有交集，很少与班级外的其他同学有交往机会。举办丰富的校园活动，如创办学生会等学生组织或社团，就会给学生带来很多的与他人建立关系的机会。实际上学校的关系资源是非常丰富的，只不过学生个人没有能力加以利用。学校为学生创造与他人交往的机会，就会在很大程度上满足学生的关系需要。

中学生过度使用手机是一个问题行为，对行为进行分析之后，就会发现每种行为都是由需求促使的。如果我们在看问题时可以看到问题背后的需求，那么解决问题就会变得容易很多。

构建学生发展指导体系 促进学生成人成才发展

孙田旺

人生的本质是"一连串基于内心愿景的选择",好的教育就是要为学生提供自我与世界连接的通道,并激发学生面对未来从容生活的勇气。学校的根本意义在于帮助学习者树立适合的愿景,并习得不断做出正确选择的能力。

随着时代的飞速发展,以及社会对人才需求的提升,全社会对教育的要求越来越高。创造适合每位学生发展的教育,发现每位学生的不同,唤醒每位学生的潜能,启动每位学生的内在动力,让每位学生成为自我发展的承担者,是现代学校教育面临的新任务。

如何开展适合每一位学生的教育,成了现代教育的新课题。传统的面向全体学生的教育方式,已经不能完全满足于现代社会的需求。更符合当下教育需求的,更有针对性的"指导"逐渐成为现代教育研究的核心内容之一。

我国学校教育历来存在大量的指导,长期以来,学校所开展的指导多以思想政治教育、心理健康教育、选课指导和生活教育等德育形式开展。但学校德育在实际工作中偏重校规管理,又多表现为说教和灌输等,指导实效与学生发展需求有较大差异。

面对这一现象,2010年《国家中长期教育改革和发展规划纲要》明确提出"建立学生发展指导制度,加强对学生的理想、心理、学业等多方面指导"。2019年《国务院办公厅关于新时代推进普通高中育人方式改革的指导意见》提出"健全指导机制,注重指导实效,提升教师学生发展指导能力"。随着政策文件的颁布,课程改革也随之而来。新课程改革的核心理念是"一切为学生的发展",即学校所有的教育教学、管理工作都要围绕着学生的发展进行,学校的教育教学及一切课外活动,都要把目标锁定在能够有利于学生习得能够适应终身发展和社会发展需要的必备品格和关键能力。

课程是学校教育思想、教育目标和教育内容的主要载体，学校课程体系建构需要基于学校教育观念、教育目标和教育内容，更需要基于学生核心素养培养目标和学生发展指导的需求。

教师是学校教育思想、目标与内容的主要实施者，推进学生发展指导最关键的是教师素养和能力，但现状调查反映出不是每一位教师都认识到自身对学生发展指导的意义和作用，不是每一个教师都有进行学生发展指导的能力。

在现代教育大背景下，中学阶段开展学生发展指导俨然已经成为落实立德树人根本任务的需要，是建立现代学校治理体系的重要组成部分。对教育理念、教育内容、教育途径等进行结构性、系统性探索，构建全员育人、关注个体的学生发展指导体系势在必行。面对教育改革新要求、新形势，面对学校发展新需求，构建学生发展指导体系，提高全体教师指导意识与指导能力是课程建设和学校发展的迫切任务。

当下，面对学生开展的指导以生涯指导和学生发展指导为主要方向。生涯指导广义泛指学校进行的以学生终身发展为目的的一切课程和教育活动，狭义是指帮助学生确立生涯目标、选择生涯角色、寻求最佳生涯发展途径的专门性课程与活动。

学生发展指导指学校在心理、学业、生涯等各方面对全体学生进行指导的一系列服务，旨在促进学生全面而有个性地发展，提高人才培养的质量。它是社会发展对教育提出的必然要求。

现代学生发展指导最早起源于 19 世纪末 20 世纪初的美国。随着社会发展与教育理念的转变，早期盛行的以职业指导为主的学生指导已不能满足教育需求。经过质疑、研究、实践、更新，学生指导在指导地位、对象、内容、人员以及模式等方面不断发展和完善，最终演变为以学生的发展为目的的学生发展指导。

2010 年教育部基础教育二司委托华东师大开展"普通高中学生发展指导"研究，旨在通过综合研究国内外学生指导现状，促进我国普通高中学生发展指导制度建立与发展。自此，一系列的研究厘清了学生发展指导的概念、功能和作用，为相关研究提供了理论基础。

2017 年伴随新中高考改革，学生走班选科指导和生涯规划指导迫在眉睫，一批生涯指导研究走进我们视野，相关成果为更多学校开展实践提供了丰富、可借鉴经验。

指导什么？谁来指导？怎么指导？成为学校学生发展指导体系建设要解决的根本问题。传统教育观念中，在于将观念"传"给学生，重点在于"教"。现在，对于教育的要求不仅仅在于知识、技能的传授和对于学生特定思维模式的培养，更具有育人的作用，通过学校教育，使学生具备做人的原则与方法，通过了解学生的思想品德发展情况，解决学生在生活、学习中遇到的问题，这主要通过"指导"实现，学校教育教学方法，也需要从"教育"变为"指导"。

"指导"能够克服传统教育的弊端。传统教育强调教师的教，无论理论还是实践，都注重知识与技能的传授，主要以口耳相传的形式，口头讲解、诠释知识，使学生形成系统的知识体系，这以"知识即美德"为理论依据。但是"知识即美德"本身具有局限性，它否定了道德具有实践的本质，将知识作为美德的唯一构成要素，而忽视了构成美德的其他因素，以此为理论指导下的教学实践便形成了道德教育与实践的脱节。新时代教育目标包含了情感、态度、价值观、性格、行为、能力等诸多方面，这依靠传统的教育"教"的方式是无法实现的，而需要教师介入学生日常的学习及生活中，以实际问题为切入点，进行"指导"，学生对自己分析、比较、反思、讨论，在实践中形成更为系统全面的道德观念。

基于此，我校将现有的教育资源，对初高中国家课程、校本课程等内容进行梳理和完善，建设了内容明确、职能清晰的学生发展指导体系。该体系面向全体学生，从五个维度进行指导，分别是理想信念、心理健康、学业指导、生涯指导和生活指导。同时，根据发展心理学相关理论指导，又针对不同年龄段和学段，分别制定了核心指导目标。初一年级的学生正值青春期的初始阶段，从身体到心理、抑或是思维都处于人生发展的高峰期，加之属于起始年级，面对新环境、新伙伴、新老师，都急需从各个方面指导学生良好的适应，以获得未来中学生活平稳的发展。初二年级学生随着对学习生活环境的适应，对学校制度的深入了解，以及生理心理的迅速发育，开始出现不满情绪甚至反抗情绪，以及思维冲突和情感冲突。需要教师及时给予良好的指导，引导学生逐渐形成行为、情绪、学习等多方面的自律，以建立良好的个人发展基础。初三年级学生，即将迎来人生的第一次"大考"，面对升学的选择，需要学生积极面对、及时调适及自我赋能。所以，需要教师培养学生逐渐形成自主的能力，开展自主学习、自主选择和自主调整，以更好地适应中考带来的所有压力。

新育
教育文库
北京卷

高一年级学生步入高中学段，同样面临着环境、伙伴等的适应，但是相较于初一年级，高一年级学生需要面临的更深层次的是对于学业难度显著提升的适应，对于自我的认知、未来选择专业的认知和未来发展的认知。所以，教师需要指导学生学会认识自我，学会取舍，以帮助学生更清楚地了解自身适合怎样的发展。随着高一年级对于自我认知的逐步清晰，对于意向专业和未来发展的初步规划，进入高二年级，学生在发展指导体系的指导下开展大学专业探究、职业体验，在教师的指导下进行学习自律的养成和更加切实的未来规划。高三年级是中学阶段最后一个年级，学生面临着人生的重要抉择，此时的学生已经经过了多年的学习和成长，多数学生已经有了明确的发展目标。但是面对高考带来的巨大压力，依然需要教师指导学生调整压力，通过个别指导或活动培养学生具备一定的心理弹性。在此基础之上，探究自己意向专业所对标的未来职业中所蕴含的精神，进一步固化学生做出重要决策的信心，最终实现自我的超越。

在为不同年龄段学生制定了核心发展指导目标后，该体系以重点项目为切入点开展实践探索。针对理想信念、心理健康、学业指导、生涯指导和生活指导，分别设立基于年龄特征的年级指导课程开发项目、基于学习品质提升的思维课堂教学研究项目、体验式生涯指导课程实践项目、教师学生发展指导能力提升项目、家校合作策略与家长指导能力提升项目。通过活动、班会、讲座、座谈、朋辈辅导、个别辅导等方式，在指导实践中分层提升学生各方面能力，同时提升教师指导能力。

《世界教育年鉴》把"指导"界定为："为了个人的幸福和社会效益，在个人努力发现各自潜力的整个时期对其援助的过程。"另有解释为："指导是一种高尚的艺术，其目的在协助学生，根据所能搜集到的有关其个人自身及未来的工作与生活所需的全部事实，去聪明地计划自己的行动。"我国学者陈桂生认为："正由于问题学生的增加和原先学校教育工作结构有待完善，作为独立职能活动的'指导'，才能获得其他教育工作无法取代的特定含义。"

当前，伴随对教育本质的追问和对学生指导意义的深度思考，越来越多学校将目光从关注选择转到关注价值，从狭义的学生指导（生涯指导）转向广义的学生指导，从关注高中学生到关注所有学段学生。指导从课程之外的弥补性的学习经验，发展成为与教学、管理并列的学校三大职能之一；指导对象从少数有问题的学生扩展到全体学生，还从高中向外扩展，上下延伸，进入小学和大学；指导内容从最初以职业指导为主变化到当前覆盖学业、生涯、个性与社会性发展各个领域的综合指导；指导人员的专业性与合作性不断增强，从没有专业的指导人员到专业人员孤立开展指导，再到社会各界普遍认识到指导重要性，形成咨询师为主，普通教师、学校行政人员、家长等共同合作的指导队伍；指导模式从应答性或补救性的干预模式发展成为干预式与主动式项目并存的"均衡模式"。

现代指导思想和理念最终促进了学生指导体系的建立。典型的学生指导模式现有美国综合性指导模式、法国方向指导模式、日本生活指导模式、香港学校本位辅导项目及台湾"教训辅三合一"整合模式等。属于中国学生自己的发展指导体系亟须建立，这对广大学校提出了新的研究要求，提供了新的研究契机。

青春心向党 奋进新征程
——记新时代背景下学校共青团工作开展现状

刘姗姗

中国共产主义青年团是中国共产党领导的先进青年的群团组织，是广大青年在实践中学习中国特色社会主义和共产主义的学校，是中国共产党的助手和后备军。中学共青团作为团的基层组织，依照共青团"凝聚青年、服务大局、当好桥梁、从严治团"四维工作格局，坚持立德树人，坚持以服务学生成长成才为出发点和落脚点，坚持以保持和增强中学共青团政治性、先进性、群众性，尤其是全面提升先进性为主要目标，努力为党培养中国特色社会主义事业的合格建设者和可靠接班人。

2016年11月，团中央和教育部联合印发了《中学共青团改革实施方案》聚焦加强团教协作、完善团学组织制度、加强先进性建设、团干部队伍建设、从严治团等举措，推进中学共青团改革创新。《中学共青团改革实施方案》的出台，为新时代中学共青团工作提供了扎实的理论依据，指引了明确的工作方向。

共青团首都师范大学附属育新学校委员会在团中央、团市委、海淀区团工委和学校党委的正确领导下，以学校"育德、致美、启智、日新"的核心价值观为工作核心，结合我校办学理念和自身特点，开展共青团工作。

一、组织建设

（一）组织机构

学校党委高度重视共青团工作，在学校"十四五"时期教育改革和发展规划中将共青团工作作为中学阶段的重点工作之一。充分落实党建带团建工作，将团建工作纳入党建工作规划和年度考核内容。学校团委工作由党委书记主抓并每学期向中层以上领导汇报工作开展情况，党政领导积极参与校团委开展的各项活动，并能够在活动中给予学生思想引领。

学校学生组织健全，建有学生会、团委会，有明确的团学组织的工作方案，能够充分发挥团学组织参与学校治理的主体作用。学校团委以团组织为核心和枢纽，以学生会为学生"自我服务、自我管理、自我教育、自我监督"的主体组织，以学生社团及相关学生组织为延伸，开展学生工作。加强对学生组织工作的指导和管理，确保学生会组织依法依章程独立开展工作。

（二）团员教育管理

2020年12月，共青团中央印发了《中国共产主义青年团团员教育管理工作条例（试行）》的通知，育新学校团委根据文件的相关内容和学校实际情况，从团员理想信念教育、团员日常教育管理、团员激励和评价、团员团籍管理四个方面开展团员教育管理工作，努力建设有信仰、讲政治、重品德、守纪律、肯奉献、争先锋的团员队伍，达到团员能够珍惜团员身份、提高自身素质，切实发挥模范带头作用，体现先进性的目的。

1. 团员理想信念教育

围绕加强党的理论创新教育，学习贯彻习近平总书记关于青年工作的重要思想；学习掌握马克思主义基本立场观点方法，树立共产主义远大理想，听党话、跟党走；开展以实现中华民族伟大复兴的中国梦，担当民族复兴大任的时代新人为主题的爱国主义教育，树立正确的历史观、文化观，增强民族自尊心、自信心，自豪感；教育引导团员践行社会主义核心价值观，开展劳动教育和艰苦奋斗教育；组织团员开展党史、团章、中国青年运动史等学习，不忘初心、牢记使命，培养团员的归属感、光荣感。举办中学生业余党校，普及党的知识，为大学期间推优入党打下良好的基础。

2. 团员日常教育管理

按团章要求建立团的基层组织，符合团员三人以上的班级建立独立团支部，不符合条件的班级建立年级联合团支部，开展组织生活。落实"三会两制一课"制度，按时开展支部大会、支部委员会、团小组会、团员教育评议制度、团员年度团籍注册和团课。以支部为单位落实理论学习、思想教育、团日活动，以团员活动带动班级、年级活动。

3.团员激励和评价

结合《新时代共青团员先进性评价指导大纲（试行）》和《新时代共青团激励机制指导大纲（试行）》制定《首都师范大学附属育新学校团员教育评议评选细则》，将团员自我评价总结、年度参与志愿服务情况、参与校团委、各支部活动情况、组织策划支部活动情况、学习成绩、学科奖励、团干部奖励、支部内民主投票等团员常规表现细化为积分，作为团员教育评议、各级优秀团员评选的重要依据。

4.团员团籍管理

（1）每学期初根据学生调班情况重新整理各支部团员信息，登记造册。

（2）每年9月做好高一年级团员团籍的转接工作，根据分班情况，完成高一年级的支部建立。

（3）每年9月做好团员的学社衔接工作，对出国团员和特殊情况团员进行相应的沟通和处理。

（4）按要求做好新团员的电子团籍注册的指导工作，做好毕业生电子团籍的转接工作。

（三）团员发展

严格团员发展制度，遵循坚持标准、控制规模、提高质量、发挥作用的要求，根据《中国共产主义青年团发展团员工作细则》制定了《首都师范大学附属育新学校积分制推优入团实施细则》，细则包括团员发展时间、团员发展流程和团员发展要求三大部分。其中团员发展流程包括：入团积极分子确定、团员发展必要条件、积分内容及积分标准、积分规则、确定发展对象、确定入团介绍人、介绍人指导入团积极分子填写《入团积极分子登记表》、介绍人指导入团积极分子填写正式的《入团志愿书》、以支部为单位召开团员发展会、上交正式的《入团志愿书》、制作团员证、介绍人指导新团员注册北京共青团电子团籍、完成社区报到、举行入团仪式。积分细则包含：组织策划校级、年级、班级活动，志愿服务时长，学习成绩，荣誉称号，学科奖励，是否担任校级、年级学生干部，班级民主投票等。积分可以进行累计，对学生坚定入团愿望，持续努力发挥引领作用，起到了很好的作用。

（四）初中团队衔接工作

明确并加强学校团委对初中少先队工作的领导职责，以团前教育、推优入团为重点，做好共青团、少先队的组织衔接，少先队的组织建设、评优机制及推优入团工作。

1. 少先队组织建设

在初一、初二年级建立少先队建制，以班级为单位进行中队划分，并选举出大队委、中队委配合校团委完成少先队相关工作。聘任班主任为中队辅导员，指导中队开展少先队相关活动。

2. 红领巾奖章评选

依据《北京市"红领巾奖章"实施方案（试行）》要求，结合我校实际情况，特制定《首都师范大学附属育新学校中学部"红领巾奖章"星级章实施细则》，细则阐述了不同级别个人星级章和集体星级章的评选标准和具体评选办法。评选办法采用积分的形式，积分包含组织班级活动情况、荣誉奖励、学科获奖、参与志愿服务情况、担任学生干部情况、年级奖项计分、民主投票情况。按名额分配，积分较高的少先队员当选。

3. 推优入团

将少先队中优秀的少先队员作为推优入团的培养对象，对年龄符合 14 周岁要求，自愿提交入团申请书的优秀少先队员予以优先培养。

（五）班团一体化管理

随着 2016 年《中国共产主义青年团发展团员工作细则》出台，对团青比进行严格控制，学生团员人数逐年下降。针对上述情况，校团委进一步加强班团一体化建设，推行班级团支部与班委会一体化运行机制，探索实行班长兼任团支部副书记或团支部书记兼任班长的制度，统筹团支部、班委会职位设置，班级内重大事项、重要活动由班团协作开展，促进以团支部为核心的班团集体建设。

二、队伍建设

（一）学生干部队伍建设

按时组织召开学代会、团代会，进行学生干部换届选举。校团委为提高学生干部综合素质和工作能力，制订了干部培养计划，由团委书记，校级领导和校外辅导员进行授课。定期召开学生组织例会及总结会，交流日常工作经验。根据学生实际情况，逐步形成项目组的工作方式，给学生提供更加自主的锻炼平台，让学生在工作中提升能力。

（二）团、队干部队伍建设

按共青团和少先队建制要求配齐团干部和少先队干部，定期对团队干部进行团员发展、支部活动设计及开展电子团籍管理等相关业务能力的培训。

三、思想建设

（一）思想理论教育

1.少年先锋团校

在初一年级举办少年先锋团校，开展党的理论教育、中国特色社会主义和中国梦教育、社会主义核心价值观教育，开展党史、国史和社会主义发展史教育，开展团章教育和团的优良传统教育，教唱团歌，帮助他们提高思想觉悟，端正入团动机，确立为共产主义事业而奋斗的信念，为团组织输入新鲜血液。

2.中学生业余党校

在高中年级举办中学生业余党校，筛选优秀共青团员进行党的理论知识的系统学习，向广大共青团员介绍党的基本知识，进行党的思想政治教育，引导青年学生树立正确的人生观、价值观和组织信念，为大学期间推优入党打下良好的基础。

（二）主题教育活动

1.学雷锋志愿服务月

每年3月结合学雷锋纪念日开展学雷锋志愿服务月活动，通过开展不同形式的志愿服务活动、成立各级志愿者服务队、表彰各级优秀志愿者等形式弘扬志愿服务精神，促进学雷锋活动常态化。

2."五四"表彰活动

结合"五四"运动纪念日，开展先进青年表彰活动。活动通过对先进个人、优秀共青团员、先进集体给予表彰，达到树立优秀青年典型、宣传青年正能量的目的。

3.庆祝"七一"活动

通过主题团日的形式，进行党史、党的青年运动史的学习，以重温入团誓词等形式，庆祝党的生日。

4.庆祝教师节活动

结合每年的教师节，开展不同形式的谢师恩活动，对学生进行感恩教育。

5. "930" 烈士纪念日主题活动

通过主题团、队日的形式缅怀烈士的丰功伟绩，弘扬爱国主义精神，树立学生崇尚英雄、争做英雄的时代目标。

6. "12·9"、"12·13" 主题教育活动

通过主题团、队日的形式悼念在一二·九运动中为祖国牺牲的革命英烈和南京大屠杀中死难的同胞，继承先烈遗志，为实现中华民族伟大复兴的中国梦贡献出自己的一份力量。

（三）仪式教育活动

1. 建队仪式

初中一年级在每年的 10 月 13 日中国少年先锋队建队日前完成建队仪式。通过成立少先队组织的形式，给学生以组织归属感，通过少先队组织开展思想理念教育工作。

2. 离队建团仪式

于初二年级第二学期举行。初二年级学生已年满 14 周岁，正是告别少年迈入青年行列的重要时期，通过离队建团仪式，摘下红领巾，告别少先队，加入共青团，让团组织为青年提供更大的舞台，引领广大青年更好地为建设共产主义事业而努力奋斗。

3. 新团员入团宣誓仪式

入团是一种理想、是一份责任、是一种动力、是一份自豪。入团仪式是每一位团员成长中重要的里程碑，也是一名青年加入共青团的神圣标志。根据《中国共产主义青年团发展团员工作细则》，为新团员要举行入团宣誓仪式，以增强团员的组织归属感和荣誉感。

4. 18 岁成人仪式

于高三年级第二学期举行。通过仪式的开展让年满 18 周岁的青年知道成人的含义，让父母、师长共同见证高三学子成人的庄重时刻，同时也让学生感悟自己身上的责任与担当。

（四）品牌教育活动

风华学习节（3—4 月）、神舟科技节（5—6 月）、金秋体育节（9—10 月）、银雪艺术节（11—12 月）作为学校的四大品牌活动，为学生提供了广阔的自我展示、互相学习的机会。校团委带领校学生组织积极配合学校三大中心开展活动，让学生成为活动的主人，真正组织、参与活动的策划、组织和实

施，让学校品牌活动真正成为学生自己的节日。

（五）实践教育活动—志愿服务

2016年共青团中央、教育部印发的《关于加强中学生志愿服务工作的实施意见》的通知中指出，开展中学生志愿服务的目的是增强学生社会责任感和社会实践能力，服务教育工作大局，促进学生健康成长；弘扬"奉献、友爱、互助、进步"的志愿精神，培育和践行社会主义核心价值观；加强团员意识教育，发挥团员先锋模范作用等。根据文件要求及我校实际情况，开展丰富多彩的校内外志愿服务活动。

1. 完善志愿服务制度

制定《首都师范大学附属育新学校学生志愿服务管理办法》，成立校级、班级志愿者服务队，指导学生进行志愿者注册和参与志愿服务。

2. 开展校内志愿服务

开展校内固定岗位志愿服务、国旗班、领操员、大型活动志愿服务、临时活动志愿服务等校内传统志愿服务岗位，进一步探索校内特色志愿服务项目。

3. 开展校外志愿服务

和社区青年汇开展志愿服务手拉手、志愿服务进社区活动；组织学生参与海淀区红色志愿行活动，郭守敬纪念馆志愿讲解，房山区蒲洼乡小学助学活动，红丹丹助盲志愿活动，回龙观敬老院、千禾老年公寓敬老志愿活动，平安地铁引导服务、颐和园讲解引导服务等校外志愿服务活动，让学生在活动中得到锻炼，提升学生的社会责任感和社会参与度。

四、阵地建设

宣传是学校共青团工作的重要组成部分，校团委利用学校升旗仪式、德育十分钟的固定教育时间，进行主题活动和常规的教育宣传；利用重要的时间节点、纪念日等开展大型活动，进行专题宣传及教育。

通过学校电视台、广播站、微信公众号、抖音账号等途径，宣传学校共青团工作，加强学生理想信念、价值取向的引领和教育。

五、特色学生组织

（一）国旗班

每年从高一年级军训中选拔标兵成立国旗班，承担学校每周一和重大活动的出旗和升旗任务。

（二）育新校园电视台

招募具有摄影、摄像、视频剪辑、策划等特长和爱好的学生，参与学校大型活动的摄影摄像、后期剪辑等相关工作，并配合学校抖音团队做好抖音的录制等工作。

（三）育新校园广播站

完成学校日常广播任务和相关活动音频录制等工作。

（四）主持人社团

承担学校各种大型活动的主持工作，参与抖音的录制。

（五）文创社团

完成学校文创作品的设计及实物推广，通过文创设计体现学校文化及内涵。

（六）红十字会

完成海淀区红十字会布置的相关工作；开展校内疫情相关的宣传、教育工作；开展校内师生急救培训工作；进行世界红十字日、世界艾滋病日相关宣传工作。

创造性绘本团体辅导对小学三年级学生创造力的干预研究结题报告（节选）[①]

吴 蕾

一、问题提出

（一）研究背景

1.学生心理健康教育的任务

《中小学心理健康教育指导纲要（2012年修订）》中指出心理健康教育的主要任务之一是培养身心健康，具有社会责任感、创新精神和实践能力的德智体美全面发展的社会主义建设者和接班人。

2.时代发展对培养人才的要求

基于时代的不断进步，信息技术的飞速发展，我们对待事物的观点及想法跟以前相比有了很大差异。面对复杂的生活环境及其所带来的各项难题及挑战，我们不能以传统的思维和方法教育学生解决未来所面临的难题，在未来要有竞争力，一定得有创造力（林佑龄，2006）。

3.学生发展的需求

小学阶段是儿童发展创造力的主要阶段，尤其是小学三年级，它是学生创造性思维发展的一个重要转折点，若教师能握住此时期，设计合适的活动进行教育培养，激发学生运用创造力的动机，不但能对儿童创造力的下降有所预防，而且还能提升儿童原有的创造性思维的发展水平。

---

① 本文节选于笔者主持的海淀区教学科学"十三五规划"2016年度重点关注课题。

（二）研究目的

通过本研究来探讨创造性绘本团体辅导方案对实验组学生创造力发展的干预效果，发展出一套能提高小学三年级学生创造力的创造性绘本团体辅导及带领原则，以此作为心理健康课堂教学和实施团体心理辅导的参考资料。

（三）研究意义

理论上，本研究能深入探索创造力情意方面各个维度的具体内涵；能补充绘本教育的教育意义；实践上，可以通过实际运用绘本进行团体辅导证实绘本教学在心理教育中的有效性，同时，形成的团体辅导方案可为我国其他小学心理教师开展三年级团体心理辅导提供实践参考方案。

二、文献综述

（一）创造力相关研究

Rhodes 在 1961 年将创造力的定义以 4P 进行了概括，具体是指"创造的人"、"创造的历程"、"创造的产品"、"创造的环境"。一个完整的创造性思维过程要经历准备期、酝酿期、豁朗期和验证期四个基本阶段（G.Wallas，1926），并通过思维的流畅性、变通性、独特性来衡量创造性的高低（Guilford，1967）。研究者在查阅学者文献资料基础上，总结目前培养学生创造力的方法如下：思维导图法；自由联想技术；脑力激荡；创造思考发问技巧；6W 检讨法；威廉斯创造思考教学等方法。

（二）团体心理辅导相关研究

团体辅导（Group Counseling）又称团体咨询，是通过团体内人际交互作用，促进个体在交往中通过观察、学习、体验、认识自我、探讨自我、接纳自我、认识他人、调整和改善与他人的关系、学习新的态度与行为方式，以发展良好的适应能力的一种助人过程。目前团体辅导已经在国内外心理教育各个领域有所涉及，如情绪管理、人际交往、自我认识、学习管理等；研究对象也涉及各个年龄段的学生，如研究生、大学生、高中生、初中生、小学生。

（三）运用绘本进行创造力团体辅导的相关研究

本课题期望将绘本应用在创造力培养之中，因此，查找了与绘本相关的创造力相关研究，具体如图 1 所示。

研究者	研究时间	研究主题	研究对象及方法
王淑娟	2002	儿童图画书创造思考教学提升学童创造力之行动研究	小学生；行动研究
钟敏华	2002	儿童绘本与儿童语文创造力的教学行动研究	小学生；行动研究
陈淑钰	2003	写实性图画书对大班幼儿想象力的影响	幼儿园大班；个案研究
周文敏	2004	"创造性图画书教学"对国小学童创造力与绘画表现之研究	小学生；行动研究
阮佳莹	2004	儿童创造性绘本教学模式之行动研究	小学生；行动研究
高曰美	2005	合作学习在创造性绘本教学应用的研究	小学低年级；行动研究
杨理淑	2006	绘本运用在单元实践教学的行动研究	幼儿；行动研究
陈妍如	2007	创造性绘本教学方案对国小低年级学生创造力之影响	小学低年级；行动研究
杨懿纯	2008	绘本曼陀罗创造思考教学方案对幼儿创造力之影响	幼儿；行动研究
林宥榕	2009	图画书教学对国小教师创造力教学及学童创造力表现之影响	小学生，小学教师；行动研究
杨净涵	2010	无字图画书教学对幼儿创造力表现之影响	幼儿；行动研究

图 1　相关文献

由上可知：创造力的培养，可以在有完整规划的情况下，通过绘本这一素材来对学生进行教育、辅导，从而可以改变学生原有的创造力水平，使其得到更高水平的发展。因而，本研究希望可以对绘本与创造力相关研究继续探索，同时在具体结合方式上又有所延伸，探究团体辅导的形式是否可以达到如课堂教学形式一样的效果。

三、研究问题

（一）概念界定

1.创造力

本课题研究中更加关注创造力在情意态度方面的内容，并依据 Willams 的观点，认为创造力是在创造性团体辅导方案中所发展的创造力的情意能力，具体包括冒险性、好奇性、想象力、挑战力四个方面。

2. 创造性绘本团体辅导

本课题研究中主要选择的就是一种心理教育团体的辅导形式，设计了预测主题、故事接龙、故事改写、引导讨论、角色扮演及图画再创作等活动对学生的创造力进行训练，最终帮助学生提高他们的创造力的发展水平。本方案一共分为八次，分别选择了六本具有创造性的绘本，每次活动60分钟。

（二）研究理论依据

1. 儿童创造力发展理论

该理论如图2所示。

贾馥茗（1979）小学阶段创造力发展规律			
年龄	学习阶段	发展状态	培养态度
6-8岁	低年级	.想象力开始转变为实证主义 .能运用想象将道德原则予以人格化 .好奇心继续发展 .能产生规则，自我引导，保护他人 .从课本、故事或讨论中将道德原则内化为自己的部分	.尽量回答儿童的问题 .可进行角色扮演 .可参与成人活动
8-10岁	中年级	.能应用多种技巧及能力于创造方面 .爱好模仿克服困难的英雄 .能提出批判性问题	.使其有表现独特与聪明的机会，使其能施展才能
10-12岁	高年级	.喜欢探索 .能借由从事活动而得到经验 .艺术及音乐才能发展迅速 .能形成原则、类化以表示同情	.使其能尝试困难的工作 .鼓励发现原则、计划活动、从事决定

图2 小学阶段创造力发展规律

2. 团体辅导基本理论

群体动力学（Group Dynamics）理论亦称团体动力学理论，旨在探索群体发展的规律。为有效达成团体目标与辅导功能，团体辅导通过结合、应用团体动力学理论，凝聚团体成员的向心力，催化团体内的气氛，激发成员建设性的行为与开放性的反应，在和谐的温暖的理解的团体心理气氛中，使成员有强烈的安全感、肯定感、归属感。这对本研究的团体辅导具有重要的指导作用。

（三）研究目标

创造性绘本团体辅导方案对实验组学生创造力发展有提升的效果。

（四）研究具体内容

创造性绘本团体辅导方案对实验组学生创造力分别在"冒险性"、"好奇性"、"想象力"、"挑战性"上有提升的效果。

四、研究程序

（一）研究路径

本课题研究的程序分为三个阶段："实验处理前阶段"、"实验处理阶段"、"实验处理后阶段"，具体如图 3 所示。

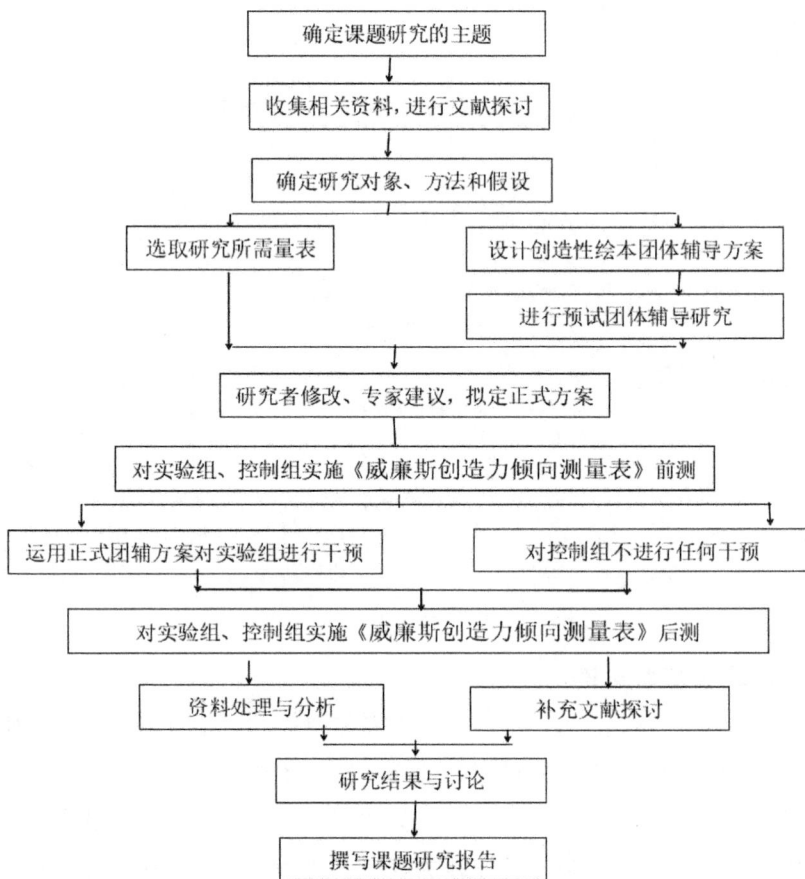

图 3　研究程序

（二）研究方法

1.研究对象

本课题被试是从首都师范大学附属育新学校小学三年级八个班中随机抽取 12 人为研究对象，6 人为实验组，6 人为控制组。

2. 研究工具

本课题研究的工具有威廉斯创造力倾向测量表，《贝雷的新衣》《全世界最棒的冒险》等富有创造性的绘本，自编创造性绘本团体辅导方案，团体辅导作业单、单元回馈表、总反馈表和教师访谈大纲。

3. 研究设计

本研究采用不等组前后测之准实验设计，具体设计如表1所示。

表 1　实验设计

组别	前测	实验处理	后测
实验组（N=12）	01	X	02
控制组（N=12）	03		04

注：各代号的含义为：01- 实验组学生的前测；02- 实验组学生的后测；03- 控制组学生的前测；04- 控制组学生的后测。

本研究对实验组以及控制组学生分别以《威廉斯创造力倾向测量表》实施前测，之后对实验组学生进行创造性绘本团体辅导，控制组学生则不接受任何团体辅导。实验处理结束之后的一周内对实验组和控制组的学生实施后测。

五、研究发现

（一）研究成效

1. 质性研究结果

研究者根据创造力情意方面的四个维度去分析学生在团体辅导前后作品以及创造过程，得出以下结果：实验组学生整体创造力都有所提高，作品的主题更加鲜明、色彩更丰富、画出的作品都有自己独特的设计，想象力得以充分体现。同时，在整个创作的过程中，学生由不敢尝试到自己主动设计、创作、编故事，体现出了学生冒险性不断提高，从不知道画什么，到能够根据生活实际画出丰富的作品，解决问题的能力提升了，挑战性展现出来了。最后，从一开始活动时候的沉闷的气氛，到后期创作时开心、愉快，愿意讨论、分享的热情，学生的好奇心也在这个过程中得到了培养。

学生两次作品分析表（示例）	
团体辅导前-三角形圆形正方形	团体辅导后-三角形圆形正方形
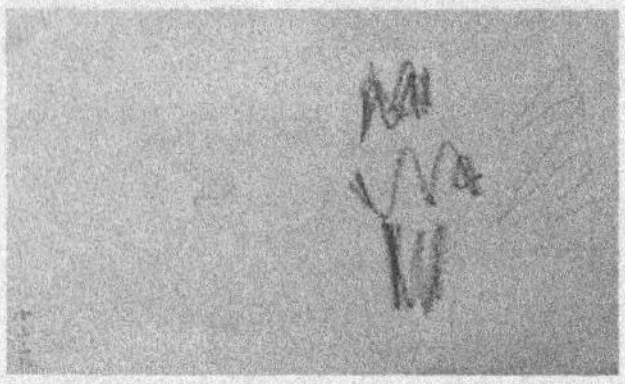	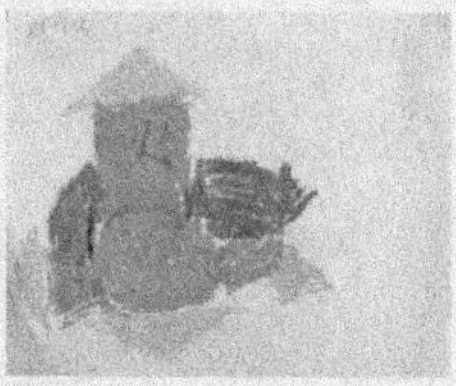
分析结果： **图形：**没有明确主题，只是随意涂鸦，画出三种图形，并且只选用了一种颜色，冒险性、想象力都有所欠缺。 **过程：**画的过程中问老师，不知道怎么画，也不知道画什么，觉得很难，很想放弃，最后在老师鼓励下基本完成，可以看出学生在遇到问题的时候，不习惯主动探索、解决问题，挑战性不足。	分析结果： **图形：**喷射的火箭，颜色丰富了，而且三种形状都包括其中，并且这个火箭的造型跟普通火箭不太一样，学生的想象力、冒险性都在作品中展现出来。 **过程：**创作时，学生问老师，火箭为什么能够飞上天，学生的好奇心在这个过程中也被激发了；并且主动拿出很多蜡笔，自己涂色，愿意接受挑战，完成作品，并且很开心，挑战性也发挥出来了。

图 4　学生作品

2. 量化研究结果

本研究实验组与控制组的前后测得分、量化统计结果如图 5、图 6、图 7 所示。

两组被试创造力回归系数同质性检定表

测验	变异来源	平方和 SS	df	均方 MS	F	显著性 p 值
冒险性	组间（组别*冒险性前测）	2.000	7	.286	1.143	.476
	组内（误差）	1.000	4	.250		
好奇性	组间（组别*好奇性前测）	2.000	8	.250	.750	.670
	组内（误差）	1.000	3	.333		
想象力	组间（组别*想象力前测）	1.227	6	.205	.545	.759
	组内（误差）	1.500	4	.375		
挑战性	组间（组别*挑战性前测）	2.000	8	.250	.750	.670
	组内（误差）	1.000	3	.333		

图 5　量化统计结果

两组被试威廉斯创造力测验平均数和标准差表

测验	时间	实验组（N=6）		控制组（N=6）	
		平均数 M	标准差 SD	平均数 M	标准差 SD
冒险性	前测	22.17	1.472	25.50	2.588
	后测	25.83	3.764	26.17	2.563
好奇性	前测	27.67	5.750	30.00	3.406
	后测	32.00	4.050	31.00	3.406
想象力	前测	24.50	5.206	28.33	7.062
	后测	28.33	7.062	29.17	3.371
挑战性	前测	27.00	1.265	27.50	2.588
	后测	32.67	1.211	27.67	1.862

图 6　量化统计结果

两组被试威廉斯创造力测验共变数分析表

测验	变异来源	平方和 SS	df	均方 MS	F	显著性 p 值
冒险性	组间	.492	1	.492	.070	.798
	误差	56.134	8	7.017		
好奇性	组间	7.122	1	7.122	2.383	.161
	误差	23.911	8	2.989		
想象力	组间	92.831	1	92.831	18.196	.003
	误差	40.814	8	5.102		
挑战性	组间	5.732	1	5.732	3.592	.095
	误差	12.766	8	1.596		

图 7　量化统计结果

由以上三个图可知：

实验组与控制组在威廉斯创造力倾向测验中"冒险性"、"好奇性"、"挑战性"维度，以前测为共变量，组别间的差异虽然未达到显著水平，但结合平均数来看，实验组在"冒险性"、"好奇性"、"挑战性"得分的提高上优于控制组。

实验组与控制组在威廉斯创造力倾向测验中"想象力"维度，以前测为共变量，组别间的差异达到显著水平（$F=18.196$，$p < 0.05$），并且结合平均数来看，实验组在"想象力"得分的提高上优于控制组，说明经过实验处理后，实验组和控制组在"想象力"上的表现有显著差异，由此说明创造力绘本团体辅导对学生创造力的想象力方面有立即提升效果。

（二）研究结论

1. 以创造性绘本团辅容易达成培养学生创造力的目标

小学心理教师可以深入了解创造思考的理论和原则，掌握创造思考教学辅导策略，在进行绘本团体辅导时融入相关策略，以激发学生的创造思考能力，并且根据质性研究结果的显示，依据此方法进行团体辅导具有可行性，并且可以达到培养学生创造力的目标。

2. 本研究中的团体辅导"五步流程"系统有效

本研究中每次团辅活动都是按照暖身活动、预测想象、绘本导读、问题讨论及延伸活动这五个流程进行的，这样在与学生互动的过程中，能循序渐进地逐一展现绘本的内容，难度由浅入深，由创意的小活动开场暖身，激发了学生的创造力，从而营造一种自由、开放、有创造力的活动氛围，然后在阅读绘本之前让学生预测故事内容，尽情发挥想象，加上使用创造思考策略引导学生深入思考，创造性地解决一些问题，并设计与绘本主题相关的延伸活动，从而使学生能将自己的创意展现在作品之中，发觉自己的无限潜能。

3. 自编团辅方案对学生创造力情意能力有提升的效果

本研究中自编团辅方案能立即提升学生创造力的"想象力"方面的表现，虽然在"冒险性"、"好奇性"、"挑战力"方面的立即提升效果不显著，但是，从后测提高的分数上可以看出，在这三个方面实验组的提高分数优于控制组；同时，实验前测时，实验组在四个方面的得分的平均数都弱于控制组，但是，实验处理后，实验组在"好奇性"、"挑战性"两个方面得分优于控制组，由此可见，团辅方案对学生创造力的这两个方面也有提升效果。

六、问题与思考

第一，本研究在创造性绘本的选择上虽然依据了前人研究的结果、研究者自己的探索、绘本专家给予的建议，但在今后的研究中，可以更加细化创造性绘本的选择标准，从更科学严谨的角度去挑选绘本，整理总结适合各个年龄段的创造性绘本清单。

第二，本研究仅采用了《威廉斯创意倾向测试》情意方面的问卷，只了解到学生在创造力情意方面的改变，建议未来研究可将创造力的认知能力也纳入研究之中，这样可以了解学生创造力整体各个方面的改变。

第三，本研究没有进行追踪调查，如果可以继续了解本团体辅导方案对学生创造力的提高是否具有持续的效果，就能为今后设计相关团辅方案提供更全面的参考，望今后研究可以将此项补充上。

交叉维度下小初高劳动教育评价研究开题报告[①]

陈国荣　田　蕾

"交叉维度下小初高劳动教育评价研究"课题是教育部学校规划建设发展中心未来学校创新发展课题。课题旨在通过家校社横向维度、小初高纵向维度、三个升学阶段衔接课程的梳理，完善学校十二年一贯制的劳动教育内容体系，整体提高学生的劳动素养；通过针对不同学段开展劳动教育课程评价的案例研究，促进教师的劳动教育指导能力和专业化发展；通过信息化手段，构建学生劳动素养评价框架，初步建立学生的劳动教育成长履历档案，提高学校的劳动教育质量。

一、问题提出

（一）研究背景

为落实党的教育方针，近几年劳动教育在全国各地广泛开展。在国家政策指导下，地方教育行政部门、学校纷纷推出劳动教育实施方案或实施办法，各种劳动教育课程与劳动实践活动开展得丰富多彩。但与此同时，中小学劳动教育评价研究还处于初始阶段，劳动教育实施效果也还没有形成有效的评价体系。

海淀是全国劳动教育实验区。早在 2019 年我校就已经开展了小初高一体化劳动教育的实践与探索。随着《义务教育劳动课程标准（2022 年版）》出台，我们需要不断完善和补充劳动教育内容。

---

① 本文为教育部学校规划建设发展中心未来学校创新发展重点课题的开题报告。

为进一步推进劳动教育实践，我校将开展劳动教育评价探索，建构有效的中小学生劳动素养的评价体系。

（二）研究目的

1. 以评价研究促劳动实践

通过研究建立劳动教育评价体系，引导学生建立正确的劳动价值观，掌握必备的劳动能力、良好的劳动习惯和劳动品质，形成积极的劳动精神。

2. 以评价研究促教师发展

通过研究建立劳动教育评价体系，测评教师开展劳动教育的实际效果和诊断教师在教学中遇到的困难，通过引导教师调整开展劳动教育的方法、方式，逐渐建立劳动教育专业化教师队伍。

3. 以评价研究促质量提升

通过研究建立劳动教育评价体系。通过对课程、学生及教师的评价，诊断劳动教育实践效果，不断提高学校整体劳动教育实施质量。

（三）研究意义

1. 实践意义

一是引导学生及教师树立正确劳动教育观念。培养学生树立"劳动最伟大、劳动最光荣、劳动最崇高、劳动最美丽"的劳动价值观，摒弃"学习不好就要去劳动"的错误价值观。引导教师树立劳动与学习同等重要的观念，摒弃将劳动作为教育惩戒手段的错误教育观念。

二是助力学校劳动教育实践有效实施。在劳动教育各项政策落地后，如何开展劳动教育成了一项重要课题。在不断的实践探索中发现，客观有效的评价对于劳动教育实践有着重要作用，有助于学校有效地实施劳动教育。

三是有助于提升学生劳动素养。劳动教育评价体系，可以对学生完成劳动实践内容后进行客观有效的评价，形成过程性评价档案，客观地呈现学生劳动素养的养成。

2. 理论意义

丰富劳动教育评价研究理论，为劳动教育评价研究提供更多支撑，加深对劳动教育评价的认识。

二、文献综述

（一）国外研究现状

1. 不同国家对劳动教育的认识

俄罗斯方面认为，劳动在人的性格发展中有重要的影响；劳动是德育的构成部分，可以发展学生和谐人格；人格的形成有四大支柱：道德、智力、身体和劳动。英国方面认为，劳动是品德教育的重要内容。法国方面认为，劳动是学生"共同基础"的构成部分：公民生活、职业世界和个人自我实现。日本方面认为，劳动是国民三大义务（劳动、教育、纳税）之一。

2. 不同国家劳动教育的特点与启示

美国劳动教育内容与形式特别重视因地制宜、因时制宜，各种劳动教育都与实践结合，从"做中学"，而不是依靠书本在教室里传授，中小学劳动教育主要分散在家庭日常生活和学校的活动中。德国分段设计不同劳动主题，强调职业指导，设专职劳动教师，劳动教育与家庭教育打通。日本全社会有深厚的热爱劳动、崇尚劳动、以劳动为荣、以劳动为美的日本社会风气，尊重普通劳动者，尊崇具有进取精神并具有精湛劳动技能的劳动者；通过各种体验性和实践性活动，劳动教育贯穿学校教育的所有方面。

（二）国内研究现状

以"劳动教育"为关键词，查阅中国知网博硕士论文、期刊和文献，从查阅到的资料看，劳动教育研究集中于 2013 年至 2021 年，而且 2018 年前研究较少，之后开始呈上升趋势，2020 年起上升趋势明显。

梳理相关文献，劳动教育的研究主要集中在以下 4 个方面。

1. 劳动教育政策和内涵研究

从 2018 年全国教育大会，到 2020 年的《纲要》和《意见》、2021 年最新修订的《中华人民共和国教育法》，再到 2022 年 5 月教育部颁布《义务教育劳动课程标准（2022 年版）》，系列文件的推出，形成了加强新时代劳动教育的"组合拳"，彰显出劳动教育是中国特色社会主义教育制度的重要内容。

近年来许多学者对新时代劳动教育内涵进行了解读。专家解读表明新时代的劳动教育越来越重视对个人的全面发展，新时代的劳动教育要在智能化的劳动实践中进行创造性劳动，同时要求构建多元化的劳动教育评价体系，全面衡量学生的劳动素养，引领学生实现全面而自由的发展。

2. 学校劳动教育实施现状的研究

虽然已有很多文献对劳动教育的开展提出了策略，但劳动教育实施仍然存在一些突出的问题。例如，檀传宝教授指出，当前学校劳动教育普遍存在"四化现象"："窄化、弱化、异化、物化"。问题的解决需要正视这些问题，建立劳动教育评价指标体系，以评价指标作为实践要素引导努力方向和发展方向。

3. 学校劳动教育实施策略的研究

主要呈现以下几种形式：校本特色劳动课程蓬勃发展、劳动教育融入其他学科、劳动教育和社会资源融合、劳动教育一体化课程体系研究。相关实践和研究为我们完善劳动教育体系和内容，创新实施途径和方法提供了思路和借鉴。

4. 劳动素养与劳动教育评价研究

2022 年《义务教育劳动课程标准》颁布，明确提出："劳动素养主要包括劳动观念、劳动能力、劳动习惯和品质、劳动精神。"

2020 年国务院印发的《深化新时代教育评价改革总体方案》明确提出："加强劳动教育评价。实施大中小学劳动教育指导纲要，明确不同学段、不同年级劳动教育的目标要求，引导学生崇尚劳动、尊重劳动。"

当下尽管关于劳动教育评价引起关注，但相关研究成果还比较少，而且还存在一些有待研究的问题，如缺乏评价系统的体系建构，缺乏从课程的角度关注评价，对劳动教育课程进行具体化研究较少，多呈现泛化的趋势，或基于"五育"融合的视角，或基于劳动教育实施现状。

运用合适的评价理论，借鉴已有的评价探索，建构中小学生劳动素养的评价要点，形成学校劳动教育实践评价的指标，探索劳动教育评价的实践策略，是我们推进新时期劳动教育的重要课题。

三、研究内容

（一）概念界定

1. 小初高劳动教育

劳动教育：是发挥劳动的育人功能，对学生进行热爱劳动、热爱劳动人民的教育活动。劳动教育的目标要求准确把握社会主义建设者和接班人的劳动精神面貌、劳动价值取向和劳动技能水平的培养要求，全面提高学生劳动素养。劳动教育的内容主要包括日常生活劳动、生产劳动和服务性劳动中的知识、技能与价值观。

小初高劳动教育：是指小学、初中、高中十二年一贯的劳动教育，以义务教育劳动课程标准为基础，结合学校一贯制的特点，围绕学生不同阶段的成长特点，形成贯通实施、持续衔接为特点的小初高劳动教育。

2. 劳动素养

劳动课程要培养的核心素养，即劳动素养，主要是指学生在学习与劳动实践过程中逐步形成的适应个人终身发展和社会发展需要的正确价值观、必备品格和关键能力，是劳动课程育人价值的集中体现，主要包括劳动观念、劳动能力、劳动习惯和品质、劳动精神。

3. 劳动教育评价

劳动教育评价是在劳动教育实施过程中，以提高学生劳动素养为目标，对劳动教育内容实施、教师教学行为表现、学生劳动素养提升进行的评价与反馈，以检测劳动教育的实施效果，并为劳动教育的持续开展提供帮助，发挥育人导向和反馈改进功能。

4. 交叉维度

本课题中的交叉维度指的是劳动教育在家校社横向维度的内容实施和小初高纵向维度过程性评价的交叉，以小一、初一、高一升学导向的劳动教育衔接课程为交叉点，围绕核心素养展开劳动教育实施。

（二）研究假设

通过本课题交叉维度下小初高劳动教育评价研究，在学校十二年一贯制的劳动教育实施中，整体提高学生的劳动素养，促进教师的劳动教育指导能力和专业化发展，提高学校的劳动教育质量。

（三）研究目标

一是建构一个融合家校社横向维度和小初高纵向维度的劳动教育评价体系。

二是形成小初高十二年一贯制的劳动教育实施方案，设计小一、初一、高一升学导向的劳动教育衔接课程。

三是探索学生劳动素养监测方式，研究将劳动教育评价纳入学生综合素质评价的新路径。

（四）研究具体内容

一是梳理学校一贯制劳动教育内容体系，从家校社横向、小初高纵向、衔接课程三个角度不断完善。

二是针对小初高不同学段开展劳动教育课程评价的案例研究，设计可实施的家庭劳动和学校劳动任务清单。

三是以信息化手段为依托，构建劳动素养评价框架，初步建立学生的劳动教育成长履历档案。

四、研究方法与过程

（一）研究思路

通过梳理小初高不同学段劳动教育内容及实施，开展劳动教育过程中对课程实施主体的评价研究，搭建学生劳动素养评价体系。

（二）研究方法

1.文献研究法

本课题通过搜集、整理相关文献，明确劳动教育、劳动素养等概念；参考结合劳动教育目标开展综合实践活动的具体案例，确立劳动教育评价的维度和标准。

2.调查法

问卷调查法：通过收集资料，然后作定量或定性的研究分析，归纳出劳动教育相关调查结论。

访谈调查法：通过与被调查者（教师、学生、家长）直接交谈，来了解学校劳动教育的实施状况，进而发现问题，及时地调整劳动教育内容和评价方式。

3.观察法

学校教师将通过观察研究学生在劳动教育活动开展过程中的反应，既累积一手的研究材料，又可以作为后续评价的依据。

4.行动研究法

在本研究中，我们会参与到劳动实践中，探索劳动教育实践活动，完善劳动教育内容体系，构建劳动教育评价方案。

（三）实施步骤

课题研究预计从 2022 年 5 月到 2023 年 4 月，分为准备、实施、总结三个阶段（略）。

（四）研究保障

本课题参与课题研究人员，具有丰富的课题研究、教育教学实践、信息化建设经验，为课题实施提供人员保障。同时课题提供一定的经费，为课题提供了物质保障。

五、研究预期成果

研究预期成果如表 1 所示。

表 1　研究预期成果

序号	成果名称	成果形式
1	家校社横向维度的劳动教育内容方案	研究报告
2	小一初一高一升学劳动教育导向设计方案	研究报告
3	小初高纵向劳动教育过程性评价实施方案	实施方案
4	中小学生劳动素养测评方案	实施方案

光荣，红领巾

——以少先队活动为载体增强少先队员光荣感的实践探索

吴一卉

光荣感指的是一个人由于自己或者是与自己有关的集体取得成绩时内心感受到的一种光荣的心理。持续增强少先队员光荣感是新时代少先队工作的重要议题之一。为深入贯彻落实习近平总书记关于少年儿童和少先队工作的重要论述，共青团中央、教育部、全国少工委制定的《关于构建阶梯式成长激励体系，增强少先队员光荣感的指导意见》，树立和增强少先队员光荣感，近年来，首都师范大学附属育新学校在少先队工作的实施和推进中，在党团队建设一体化发展的影响下，围绕"在少先队活动中增强少先队员光荣感"，进行了大量探索和实践。

"少先队要坚持开展组织教育、自主教育、实践活动，更好为少年儿童培育和践行社会主义核心价值观服务，把广大少年儿童团结好、教育好、带领好。"政治启蒙是少先队组织的光荣职责，将光荣感全方位融入少先队组织方方面面之中，少先队员的光荣意识才能铭刻在心。小学少先队活动的主体基本为6—14岁的少年儿童，这一阶段的孩子正是德智体美全面发展的时期。不同年龄的少年儿童存在比较大的差别，针对不同学习阶段的学生，教育只有体现分层特点才能适应其发展。在灌输培养少年儿童对党和社会主义祖国的朴素情感应区分不同层次、按照不同阶段的内容，由浅入深，循序渐进。因此，我校少先队以少先队活动为载体，分学段制定了不同的成长目标和路径。

一、低年级段（一二年级）

（一）聚焦"我"

少先队是少年儿童自己的组织，自主性是少先队性质之一。学会自主管理、自主学习，是学会独立解决问题的基础，对人格的独立具有重要意义。少年儿童是祖国未来的栋梁，是社会主义建设事业的接班人，是实现中国梦的有力奋斗者。学会自主管理是适应生活与社会的必要能力。对学习生活习惯较差的学生，通力强调自主管理的重要性。

（二）队前教育

少先队仪式教育对于少先队员光荣感的形成具有重要的作用。强化队前教育是培养少先队员光荣感的首要环节，进一步强化对入队工作育人价值的重视和挖掘，切实抓好这一重要的教育契机，促进少年儿童向上、向善，积极主动向少先队组织靠拢，从源头培养少先队员的光荣感和组织归属感。充分的队前教育，以政治启蒙、价值观塑造、组织意识培育为重点，通过高低年级中队手拉手、微视频、宣传栏等途径让每一个少年儿童在入队前知道"六知六会"，了解队史以及校少先队光荣传统，明确入队动机——少先队组织光荣。我校结合队前教育中"一做"的内容，将其具体化，将"入队前要为人民做一件好事"具体为"自己的事学一件、家里的事帮一件、学校的事做一件"，增强入队过程的实践性，每位预备队员都将用一件一件小事将自己的"红领巾卡片"染上鲜艳的红色，做好"我自己"。队前教育是底色，促进自主发展和学会学习。在新时期下，要对少先队仪式教育进行创新设计，这样就能够拎准"光荣感"培养的主线。

二、中年级段（三四年级）

（一）聚焦"身边"

中年级段是从低年级段到高年级段的过渡，从以自我为中心逐渐走向外界、走向社会。为了帮助少先队员树立组织光荣感，我校大队、各中队都提供了多样的少先队服务岗位，岗位分工细致，人人参与，为"人人都成长、个个齐进步"创造更多机会，引导队员从身边的事做起，从小事做起，从最基本、最简单、最容易忽视的细节出发，日积月累，养成好思想、好品德，提升少先队员光荣感。

（二）责任意识

责任意识是一种宝贵的精神品质，是敢说敢做的精神、能担责任和使命的态度。每年假期，我校都会以小队为单位开展红领巾寻访活动，寻访红色印记，实地体验、感知革命先烈们的英勇事迹，让少先队员了解革命先烈在为中华民族伟大复兴，以及国家富强发展中做出的牺牲和贡献，并引导学生从这些革命烈士的先进事迹中对使命感有一个新的认识和了解，以这种实地感受教育活动引导的方式培养少先队员的使命感和责任感。少先队活动能够培养学生的责任意识，使学生实现爱自己、爱集体、爱社会和爱国家的统一。

画面一：我校每学期校内开设"学习雷锋志愿者"活动，一到中午休息时间，校园各处都有"育新红领巾志愿者"们劳动、服务的身影。校内卫生岗位、值周生岗位、红领巾督察岗系统等，每学期都有将近200名队员自愿加入到学校和社区的志愿服务中来。队员们为完成服务付出了诸多努力，较好地培养了责任意识。

参加社区垃圾分类的队员感受：作为少先队员，要争当垃圾分类的执行者、志愿者、传播者。在吴老师的带领下，我们开展了垃圾分类志愿服务，我深刻感受到垃圾分类不是一时兴起的游戏，而是一项任重道远的使命。通过我们的团结协作，社区变得更洁净了，向社区居民宣传了垃圾分类意识和知识。我为能参与这项志愿服务工作深感骄傲。让我们尽自己的微薄之力，一起爱护我们的地球吧。

三、高年级段（五六年级）

（一）聚焦"榜样引领"

从小学先锋，长大做先锋。加强榜样力量宣传，培养少先队员的荣誉感、责任感和使命感，榜样的力量是无穷无尽的。选择的榜样经历贴合他们的生活，这样少先队员能够很快接受这些榜样，并主动进行学习和模仿。我校少先队选出一些优秀的少先队员作为身边的榜样，以广播、公众号等形式让学生能够注意到，原来榜样就在我们身边，勉励队员学习身边榜样的优秀品德，从而整体提升少先队员们的综合素质，激发他们的光荣感。为其他同学树立榜样，是提升少先队员自豪感和光荣感的重要保障。在塑造周围榜样的同时，还要带动周围更多的学生向榜样学习，在不断学习活动中提升少先队员的荣誉感、责任感和使命感。

画面二：我校少先队多年开展红领巾宣讲团、红领巾讲解员等学习活动，并将红领巾广播站从线下搬到线上，由队员们改编剧本、录制剪辑、宣传推送，学党史、讲党史。队员们用喜欢的方式进行党史学习。理论学习与实践活动的结合引导少先队员通过不同的组织活动深入了解中国时代先驱以及革命先辈的光荣事迹，由此激发少先队员的组织荣誉感。

在党的二十大到来之际，我校各中、小队进行"一图一故事——党的故事我来讲"故事会活动，大手拉小手，队员们围成一圈，看着一幅幅老照片，认真倾听红领巾讲解员讲述着一个个英雄事迹背后的故事，他们的高尚品德以及不屈不挠的精神，娓娓道来的话语仿佛将队员带入那个炮火纷飞的战争年代，讲述着那段艰苦的战斗岁月……在队员心中，已经埋下红色的种子，在今后不断勉励自己向这些前辈学习，立志成长为中华民族的参天大树！

（二）奉献精神

少先队活动不仅只是在学校开展的活动，更是在社区乃至社会能起到教育作用的活动。作为社会的一员，积极参与投身中国特色社会主义社会发展与建设是每一个中国人都肩负着的责任。奉献，是在实践活动中慢慢体会，力所能及为社会的公益志愿服务。这样的活动内容既能加强少年儿童在组织开展的集体活动中不断成长，更能将学校教育与社会发展结合在一起。少年儿童作为祖国未来的建设者和接班人，学会责任、勇于担当才能担任中华民族伟大复兴的中国梦。

画面三：大手拉小手活动。在进行队前教育时，少先队组织会请优秀的高年级少先队员为一年级的学生讲解红领巾知识。"小小辅导员"们到各班讲解少先队的"六知、六会、一做"等基本知识，并编好顺口溜、录好视频教弟弟妹妹们学习如何系红领巾，用通俗易懂的话告诉他们这是革命年代先辈们抛头颅洒热血留下的印记，要时刻爱惜它等。通过这样榜样帮助的方式，使即将入队的孩子们对入少先队充满期待和积极性，高年级队员也增强了光荣感。

同时，构建少先队员阶梯式成长激励体系，依托"红领巾奖章"争章活动，完善评价体系也是对增强少先队员光荣感具有正向作用的。

结语：立足历史经验，着眼时代背景，持续增强少先队员光荣感是新时代少先队工作的应然之径。通过根据队员年龄特点分学段丰富、创新少先队活动，切实增强少先队员光荣感。小学少先队活动有助于培养学生的光荣感，但这并非一蹴而就，需要长期的实践和积累。让我们共同推进少先队员光荣感重塑，唤醒少先队员继承少先队组织光荣传统使命的特殊基因，将少先队员培养成为担大任、成大器的时代新人。

"常"、"新"结合
让"发生式"管理在班级常规工作中悄然绽放

李红岩

作为教育者，特别是德育工作者，要重视班级管理工作，更要强化班级管理。但从当前班级管理现状来看，越来越多的年轻教师走上了班级管理岗位，他们有朝气、有魄力、有学历，但缺乏较为系统的班级管理经验，特别是在学校的班级常规管理中时常表现出散点思维、短期思维为主的管理行为，系统思考、整体规划的能力和创造力不足。因此，班主任班级管理应从学生实际情况出发，优化班级管理工作，创新管理方式，坚持把立德树人和"五育"并举作为推动高质量发展的强劲动力，以德育铸基，培养堪当民族复兴重任的时代新人。

作为班主任，要将常规与创新结合，运用系统思维下的学校常规"发生式"管理方式，提高班级管理者的能力水平同时，提升学校德育常规管理的效能。

一、以班级规划为目标，彰显"团队协同式"管理

常规管理是指通过制定和执行规章制度去管理一个组织或一个团体的活动。那么小学班级常规管理是从班级每个学生的特点出发，引导全体成员共同形成并建设班级文化的过程。这个过程的实践，正是基于"发生式"管理的原理，即研究管理事件"发生的源头和发展的内在机理"，对管理对象"以发展的视野，进行动态性的、系统化的考察"，在此基础上提升管理效能。

如图 1 所示，"团队协同式"发生管理的起点是在实践中产生的各种个体

问题，终点是群体赋能，是一种基于共性问题解决的管理方式。具体来说，是以集体或团队的力量来解决个体对象的问题。从"个体问题"的解决到"群体赋能"的过程，也是一个"聚合"的过程。班主任在这个过程中不仅会感受到做班主任的快乐和幸福，更会感受到孩子们的成长变化。

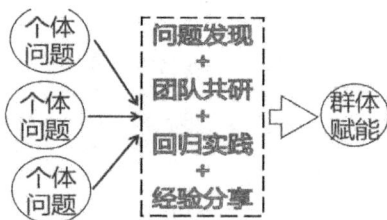

图1 "团队协同式"发生管理模型

班主任在班级文化达成的过程中，首先要建设班级物质文化（班级的图书角、植物角、桌椅、黑板、书架、墩布……），并将各个岗位管理交给班级成员，培养学生自理和管理意识；然后再从制度文化和精神文化进行铸魂，设计适合学生发展的班名、班徽、班歌、班级理念等，最后在实践中完成班级精神文化建设。这个过程需要有个长远的规划，在系统思维下的管理伊始是艰难的，但是在慢慢达成中会发现这种管理形成了一个链条，即团队协同式。

一位育新的班主任这样总结到：带这个班已经三年了，一直以"育勤"来引导孩子们，从一年级的勤于动手，拾捡垃圾，管理好自己的一块砖，一张桌子到一把椅子；到二年级勤于动眼，轮流值日班长；再到三年级勤于动脑，班级事情自己管理，班里小干部已经形成了自己的管理方法。班级成员，人人有责任，人人有事干。

二、以日常培养为驱力，彰显"品牌培育式"管理

班级管理要平衡常规培养与创新培养的一致性，降低两者冲突度，要找到"常"、"新"结合的着力点。学生随着年龄增长，价值观和世界观有所不同，也会表现出不同的个体特征，面临不同的管理对象，班主任若管理一成不变，则会使已形成的班级和个人习惯在不知不觉中出现不同程度的改变。比如，有的班主任随着学生年级的升高，会感叹学生越来越不听话了，越来越不好管了。其实学生喜欢新鲜事物，同样在适应班级管理要求的同时对老师再次

更新的管理要求有种期待。那么班主任在学生不同的发展阶段应根据实际情况确定管理着力点，或侧重于常规要求，或侧重于创新方法，努力做到"万变守其本，吾心持长青"。

育新学校资深班主任李老师找到了"常"、"新"结合的着力点，在新一年级的班里实行了起来。

（一）轮值班长责任制（按学号轮值）

要求：每天第一个到校，管理早读；中午分饭，卫生检查；课间擦黑板；放学做值日。

对于一年级学生来说，刚开始李老师担心学生会记不住，怕累，便每天放学提醒第二天轮值学生家长。家长对于李老师的这个提议特别支持，用学生看得懂的方法，做提醒条，每天放学还特别询问做班长的效果。这一创新岗位设置，不仅安排了值日生的工作，还提升了学生的责任意识。一学期每个学生轮值3—4次，值日次数减少，对于孩子来说，锻炼机会就变得珍贵了，孩子们回家练习家务劳动，努力下一次表现得更棒。这一方法还得到了家长的支持，并巧妙地与全班家长进行了有效沟通，化解了家校间很多矛盾。

（二）轮值分餐员（每天3人，今天学号123，明天学号234，后天学号345）

要求：学号1号是轮值班长，同时负责分米饭，其余一人分荤素菜，一人发湿纸巾和面食；3个学生统筹安排负责饭后送饭桶、擦桌子、墩地等劳动。每个学生2天，以此类推。

李老师说这样的分餐既照顾了值日班长，也给孩子们更多的机会，弥补了值日班长的次数。这一要求还培养孩子们团结协作的能力。

（三）轮换座位

要求：每周一早上自动换座位；根据学生身高不同和视力情况，左右平移的同时，每组1—3桌互轮，4—7桌互轮；周一找不到座位的同学，等老师来帮忙。

有些复杂的规则，做起来肯定很难。每周一德育处检查时，却并未发现有学生找不到座位。李老师说，周末学生和家长会用简单容易记的方式进行探讨，比如画图纸，来确定位置。

一年下来，李老师的班级管理，让孩子有了责任心，明白了什么是规矩；一年的劳动，培养了学生吃苦耐劳的精神；一年的相互照顾，培养了团结互助的品质；每一次的轮换，班主任作为引导者又作为旁观者，在培养有潜质的小干部的同时，也善于发现哪些孩子以自我为中心，哪些孩子舍得付出，哪些孩子进步特别大，为日后班级学生培养，明确了方向，做好了充足的准备。同时，也将学生的"品牌培育式"发生管理做到了极致（见图2）。

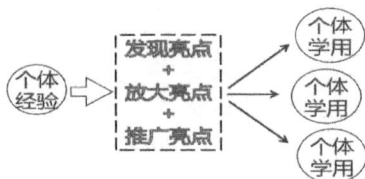

图2　"品牌培育式"发生管理模型

如图2所示，"品牌培育式"发生管理的起点同样是个体实践，但着眼点在经验上，发展点则在经验的推广，即将个体经验通过管理者搭建的展示平台，应用影响、辐射、学用等方式让更多人去应用。简单来说，"品牌培育式"发生管理发生点在于教师个体的经验，管理实践的展开一般是一个由"个体经验"的发现、提炼到"个体赋能"的过程。与"团队协同式"发生管理相比，这是一个亮点"发散"推广的过程。发现亮点，是学校捕捉教师个体或群体中产生的"正能量"行为。放大亮点，指将教师个体闪光点进行聚焦，以引起更大、更多的关注。

结合"发生式"管理的特点，学校也相继开展班主任工作培训系列讲座和带班经验分享抖音视频采访，邀请班主任进行班级管理中的优秀经验的分享，同时将优秀管理方法加以推广，以供其他班主任学习借鉴，产生更大的效益。而这样一个过程，也正是学校培养特色班主任、品牌班主任的专业素养提升的育人工程。

三、以民主生活会为标尺，彰显"问题解决式"管理

班级的主人是学生，班主任是引导者，班干部是核心。班风正的前提就是小干部要正直，不随波逐流，把好自己的舵。利用民主生活会的教育契机，加强小干部的培养。

学校每周一会有值周广播，作为班主任，应借此契机，进行班级凝聚力的表扬。可以问学生：我们班值周分数排第几？得到满意答复后，先表扬班干部

做得好，同学们配合得好。这样的暗示，让学生明白，这样的结果是我们共同的努力，进而树立班干部的威信。

每周班会也应抽出10分钟时间进行民主生活会，努力做到3步监管，得到表扬发奖，有改进发奖，提出建议合理发奖，还有最佳配合奖，等等。

民主生活会安排：第一步，每个小干部评价一周管理中哪些同学特别配合，表示感谢。第二步，同学总结每个小干部在各自岗位的表现，并提出建议。第三步，班长作为统筹安排者，提出班级出现的问题，并明确下周要怎么做会更好。班长对小干部和同学们，进行双向的表扬，再次发奖。

这3步评议，不仅会化解同学们的矛盾，更能拉近小干部和同学间的距离，更为下一阶段班级管理做好了充足准备。

班干部对班级建设有着"以点带面"、"以面带面"的作用。民主生活会，正是学生"问题解决式"发生管理的体现（见图3）。

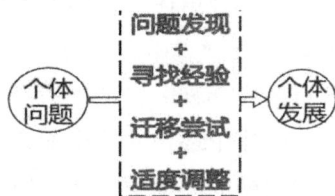

图3 "问题解决式"发生管理模型

如图3所示，"问题解决式"发生管理是班级管理中个体管理问题的产生提出的，即它是结合在个体行为中产生的问题，通过寻找解决问题的方法策略，并最终将问题顺利解决的管理过程。它的管理实践的展开一般是从"个体问题"的整理到"个体发展"的过程。民主生活会让班级每个成员都参与到了班级管理中，每个人都是监管者，每个人又都是管理者，真正让学生成为班级的主人。

常规和创新是新时代下班主任管理工作不可或缺的两翼，班级管理既是一个稳定有序的过程，又是一个发展创新的过程。"发生式"管理在学校班级常规工作中已悄然绽放，通过"常规"落实，班级管理过程得以周而复始、循环往复；通过"创新"实践，班级管理过程呈现周而复始、循环往复中的螺旋上升趋势。

向美而行　一起向未来

——主题艺术日设计与实践

李雪如

美育是通过培养认识美、体验美、感受美、欣赏美和创造美的能力，形成健康的审美观，具备美的理想、美的情操、美的品格和美的素养。在人的全面发展教育中，美育占有重要地位。

美育通过各种艺术以及自然界和社会生活中美好的事物来进行。学校通过美育课程、艺术活动等为学生搭建个性、才能全面自由发展的舞台，助力学生在自我认知、自我成长、自我发展的历程中，获得审美的愉悦和享受，获得心灵和精神的自由。

育新艺术日是面向校园师生开展的开放型艺术活动，一年一次的主题艺术日，学生通过联系生活、文化探讨、创意娱乐等，创意、感受、思索，提升艺术审美能力和素养。三年来中小学先后开展了艺术日之"我是谁?"、艺术日之"一日入梦　永驻芳华"、艺术日之"相约自然　光辉祖国"、艺术日之"穿越时空，探古问今"等。

新的一年，我们继续向美而行。

一、结合时事，确立主题

活动主题确定常常需要结合教育契机、可用资源、贴近生活、文化特色等，今年对于学生来说，即将在家门口举办的冬奥会无疑是最好的教育资源和契机。

一起向未来（Together for a Shared Future）是 2022 年北京冬季奥林匹克运

动会和 2022 年北京冬季残疾人奥林匹克运动会主题口号。这是中国向世界发出的诚挚邀约，传递出 14 亿中国人民的美好期待：在奥林匹克精神的感召下，与世界人民携手共进、守望相助，共创美好未来。

于是，结合时事我们确定今年艺术日的主题是"一起向未来"。通过"情系冬奥，巧绘纸伞"、"冬奥一刻，炫彩 T 台"、"筑梦冰雪，诗歌颂传"、"校园市集，创意你我"等四个板块内容诠释艺术日的主题。

二、以生为本，实践创新

艺术日活动具有自主性、开放性、生成性。

虽然让学生参与课程或活动设计是发展的趋势，但鉴于教师作为教育引导者，比学生有更丰富的生活经验、更宽的知识面、更善于思考，所以，艺术日活动内容和形式由艺术教师根据各年级学生特点、社团特色进行设计。

学生参与活动的自主性、开放性、生成性体现于在"一起向未来"大主题下自主选择各项活动，个性地参与，多样化地表达。

本届艺术日活动鼓励学生深入了解主题创作的背景，在规划和创作主题艺术作品时，运用基本的学科能力，特别注意探索和搜集来自不同方面的、多种媒介创作的内容，表达对于艺术创作和设计元素与原则的理解。

艺术日当天，学生在艺术课程、午间活动及课后服务三个时段内分别完成四个板块的内容。

（一）情系冬奥，巧绘纸伞

"冬奥纸伞绘制"是学科性质主题活动。以学生以教师提供的油纸伞为主材，利用两节美术课时，创作出一幅自己构想的冬奥世界，并进行表达、分享。活动鼓励学生使用多种材料绘制，以不同的方式探索线条、明暗和图形完成作品，以此发展学生的变换和联想能力。

具体要求如下表（表略）。

背景普及：油纸伞，有着千年历史的传统工艺品，兼具美观和使用价值，其古朴经典和雅致天成的形象，积淀并传承了悠久文化，深受人们的喜爱。

中国油纸伞文化主要表现在：伞骨为竹，竹报平安，寓意节节高升。伞形为圆，寓意美满、团圆、平安。

"情系冬奥——冬奥元素油纸伞绘制"主题活动在于进一步弘扬中华民族

优秀传统文化，体现"合作，共享，创新"的理念。

活动要求：探索用绘画方式进行作品创作，展现所思、所想；

将所想、所知、所感用色彩表达出来并分享。

制作材料 20—30cm 不同直径大小的白色油纸伞（自行选择）；

绘图用品及绘制指南；

已经绘制的样例及已查找的主题元素供参考。

（二）冬奥一刻，炫彩 T 台

装饰是生活美化与社会美育的重要载体。一件白色文化衫、牛仔裤，亦可百变。艺术日上午的美术课上，孩子们运用白色文化衫、牛仔裤两种主材元素进行设计，在冬季奥运会视觉元素色彩、运动形态中发现美，有的孩子以绘画的方式，有的孩子以设计的方式，搭配复古布料或者废旧材料进行适当点缀，尝试在布料上进行多种材料粘贴，使用画笔产生不同的效果（如画粗细不同的线条、毛茸茸的肌理）；使用铅笔、粉笔或蜡笔，用线描形式来绘制图像。还有部分学生选择合作绘画，像"艺术侦探"一样，在查阅资料中了解艺术家是如何发挥可视化想法的，在艺术创作中尝试使用各种材料与工具，有意识地运用视觉元素和设计原则。在美术课堂上，师生们一起分享创意，分享色彩与自己的关系，探讨如何取得服饰美。

艺术日下午，在多功能厅搭建的 T 台上，孩子们穿着自己设计、绘制的主题服装自信快乐地走上秀场，用自己的方式传递对冬奥的祝福。活动现场随处都能感受到孩子们发自内心的快乐。

（三）筑梦冰雪，诗歌颂传

随着大众文化时代的到来，孩子们的日常生活逐渐被影视漫画、海报等艺术化的形式传播隐喻的价值观念和文化信息影响。用至诚之美之声，传承艺术文化，更是契合时代诉求。奥林匹克运动会是全球性的体育盛会，它不仅为各国体育健儿提供了展示自我的竞技场所，也为促进世界和平、增进相互了解、实现文化交融、传递文明友谊搭建了交流平台。以"筑梦冰雪，相约冬奥"主题进行诗歌创作、诵读，振奋民族精神，宣传中华灿烂文明和优秀文化，增强民族凝聚力和自豪感。

为了保证艺术日活动有序进行，艺术中心专门成立了"筑梦冰雪，相约冬奥"的活动小组，组员由美术、音乐教师组成，大家通过多次线上和线下的会议，沟通了此次活动的整体策划和相关细节的落实情况。

艺术日当天，利用课后服务时段，活动小组成员进入各班，辅导开展以"筑梦冰雪，诗歌颂传"为主题的学习活动。活动要求：学生以诗配画相结合的形式完成创作。指导老师根据学生的年龄、兴趣、认知水平等特点，带领学生为自己创作的冬奥诗进行配画。学生们热情高涨，用稚嫩的画笔描绘出对冬奥的畅想、用纯真的文字抒发对冬奥的真情。学生完成作品后，在音乐教师推荐曲目下，他们又为自己的作品配上音乐，在读唱中，用真情实感表达对冬奥的祝福与希冀，携美而行。

此次活动对学生艺术审美和素养的形成与提升起到了重要的作用，同时它也体现了美育培育学生人格的重要作用。

（四）校园市集，创意你我

"校园市集，创意你我"这个活动最受学生喜爱。校园集市中的作品更是体现出学生们对于主题艺术日的新感受和新经验。

为了此次活动的开展，学生在艺术日前一周就已经开始了大胆、自由的尝试，制作了折纸、书法、绘画、立体贺卡、手绘贴纸、编织手串、手工布偶等手工艺品。

艺术日当天的午间，三至六年级分组别、分批次，共有 31 个摊位在小操场展开了别开生面的集市活动。小操场上铺着五颜六色的地摊布，地摊旁边的空地上摆放着由 pop 手绘海报社团设计的集市展示板。参与活动的学生将自己创作的作品摆放在摊位上，"爱心义卖跳蚤市场"正式开市。

活动现场，一个个"摊位"美观整齐，孩子们精选的各类手工艺品琳琅满目。他们坐在自己的摊位前，纷纷扮演起老板的角色，热情地向往来的同学推销自己的"商品"。有的同学为了招揽生意，还不停地吆喝。小顾客们像小大人一样讨价还价，认真听着小摊主的介绍，查看物品质量，购买自己喜爱的商品。

活动中，孩子们对美的感觉和热爱找到了比门外汉所能想象的更多的表现机会。因为学生是从自己的观察和感受出发，自己构思、创作艺术品，自己选择、评价他人的艺术作品。

之所以称之为"义卖"，是因为参加活动的学生把买卖中的资金作为爱心基金，捐赠给了北京成英公益基金会对口援助新疆洛浦县山普鲁镇一贯制学校，添置了一台健康净化饮水设备，为乡村振兴、教育振兴贡献了一份力量！这份饱含着育新小学全体师生的满满心意，温暖着这个冬日。

三、注重体验，审美共生

在校园艺术日活动中，学生除了自主创作，许多的活动形式是在同伴之间、团体之间协作完成的，学生自主地与同伴交流，丰富学生对不同空间结构、不同社会关系的体验，从而激励学生积极地参与艺术文化的建构。

"一起向未来"诠释了对未来美好的向往和希望，有"梦想""更好""向前"的寓意。育新学校艺术日以艺术的方式为这些幼小的心灵提供一个自由舒展；一个美丽的呈现；一份浸润着童年、诗意、亮丽、憧憬的校园生活。学生充分投入各种审美活动，真正成为艺术活动的主人，在个性化体验、自由尝试下大胆表现和创造，形成井然有序、丰富多彩的校园艺术风景。友好团结、活泼热情的艺术日活动，展示了育新学校丰富的校园文化氛围，体现了育新学子对艺术文化精神的理解、对生活的热爱。

育新学校
YUXIN SCHOOL

教师风采

董雪娇：做助推学生"圆梦"之人

一、教师要成为思想者，"做一棵会思考的芦苇"

帕斯卡尔说：人是会思想的芦苇。董老师认为，教师的全部尊严在于思想。如果教师试图培养出有思想的学生，那么自己首先必须做一个有独立思想和人格的教师。一个只会根据教学参考书备课或者只会在网上"借用"他人教学设计的老师，很难说有独立的思考，而没有了独立的思考，"教师"也就从"创造自己的知识"变成了"消费别人的知识"，成了知识的"运输机"，失去了应有的职业尊严。

董雪娇老师认为，所谓"独立思考"，首先是要做到自己能独立解读文本，对查阅到的众说纷纭的解读，可以借鉴参考，但不能盲目照搬，因为所有的已知的文本解读从某种意义上说都是个人的、有时代性局限的，所以每次备课，董老师会首先把自己当成一个读者，脱离参考资料独立阅读，去换位思考，如果她是学生，这篇文章的阅读障碍在哪里？心灵的契合点在哪里？对于活在当下的学生，此文的阅读价值在哪里？董老师认为，真正的"生本思想"首先应该体现在尊重学生的思维起点，而不是居高临下地俯视学生，盲目拔高。

比如董老师在讲《荆轲刺秦王》一课时，发现学生不太理解"刺客群像"，他们觉得古代的"刺客们"动辄为了报恩不顾生命，甚至不管是非对错，这样的"英雄"是否有榜样价值？董老师发现学生的质疑非常有价值，用传统的忠义观不能让他们信服，于是，她适时引入马斯洛需求层次理论。该理论把需求分成生理需求、安全需求、爱和归属感、尊重和自我实现五类，依次由较低层次到较高层次排列。普通人的需求层次是从较低层次向较高层次发展的，但是

"成功人士"或者说杰出人才却往往正相反，他们往往把高层次的获得"尊重需求"和"自我实现"、"自我超越"看成基本需求或生存的终极目标。

通过这种分析，董老师让学生明白了，"刺客群像"之所以受到历代中国人的尊崇，是因为他们身上集中体现了"富贵不能淫、贫贱不能移、威武不能屈"的大丈夫本色，与"夸父逐日"、"精卫填海"一样，都是中华民族面对强权不屈不挠、力求实现自我价值的民族精神的体现。而这也正是当前过度追求物质利益的社会最缺乏的精神，是对学生形成正确价值观的有效指导，也是《荆轲刺秦王》一文的阅读价值所在。

由此可见，身为语文老师，"独立思考"尤其重要，因为只有对文本解读有独到见解，才会有独立设计教学的能力，才会真正关注学生的课堂生成，让课堂鲜活起来。

二、教师要成为助推器，助力学生圆未来之梦

语文学科的特点之一就是其工具性，而在现代社会的交际当中，语文能力显得极为重要。当前的语文教学改革，重点在于培养学生的语文综合素养：口语表达能力、人际交往能力将深刻影响学生未来的生活品质；读书看报的习惯、自学的能力及使用工具书和检索信息的能力等都将决定学生日后能否成为终身学习的人，成为社会发展需要的人才，而语文是帮助学生圆人生之梦的必不可少的工具。

在董雪娇老师的课堂上，每节课都有"课前五分钟口头表达能力训练"这一环节，这种持续的口语表达能力训练使学生大多能做到在公开场合发言声音洪亮，语言流畅自如，姿态落落大方，从而获得了师生和家长的一致赞誉。董老师还擅长利用各种机会设计与教学呼应的学生活动，让学生在丰富多彩的活动中提升语文素养，比如"一枝一叶总关情"诗歌诵读活动，"聆听先哲的声音"论语阅读竞赛活动，"我的地盘我做主"戏剧展演活动，"我眼中的冬奥"文化积累，等等，在一系列的活动中，学生不仅提升了语文学科能力，也锻炼了合作能力、自学能力等综合素养。

语文又是人类文化的重要组成部分。学生学习语文，不仅是学习语文本身的技巧，更重要的是在继承中华民族优秀的文化遗产。为了适应当前"复兴中华民族的传统文化"的语文改革趋势，作为教研组长，董雪娇老师带领语文组

申报了"高中经典文化教学落实的策略研究"、"思维教学引领下的语文课堂教学研究"等课题，在教科研的引领下，语文课堂结构发生了显著变化，学生慢慢养成了阅读整本书的阅读习惯，自觉积累古诗的习惯，自觉思考经典、运用经典写作的习惯；学生创建了自己的校报——育园报，创建了自己的微信公众号——育新语文天地，创建了自己的戏剧社——育园戏剧社……这一切，都无疑将为学生未来走向社会打下坚实的基础。

三、教师要成为幕后者，把舞台让给学生绽放风采

在日常教学中，董雪娇老师秉承以人为本、全面发展、素质教育、学生主体等教育理念，积极探索、勇于创新，并形成了自己独具特色的教育教学理念："给学生一个舞台，让学生绽放风采。"无论教育还是教学，董老师都努力尝试从传统教育模式中抽身，转换视角看待自己和学生，让自己由台上的表演者转变为舞台的设计者，幕后的策划者，台下的欣赏者，从而把舞台留给学生，让学生成为教育教学行为的主体，绽放自己的精彩。

（一）注重体验教学，让学生在亲身体验中获得语文素养的提升

语文课要想做到有效，必须结合生活，在董老师的课堂上，她总会充分利用身边一切可利用的资源丰富学生的情感体验。比如讲到诗歌"意象"，如何让这样抽象的概念跟生活结合起来，使其深入浅出呢？董老师会让学生观察教室中能看到的一切物象，比如黑板、粉笔、桌椅、墙壁，窗外的蓝天、白云、操场、树木，等等，然后引导他们给物象添加修饰语，来表达一定的情感。比如：对比"粉笔在黑板上敲击出一连串刺耳的噪声"与"粉笔在黑板上轻盈地跳跃出一连串的舞步"；对比"阳光穿透窗户，白墙格外刺眼"和"阳光在墙壁上投下树木摇曳的倩影"，学生通过亲自观察体验，就很容易理解诗歌中的意象是如何表达情感的。接着，董老师让学生在身边寻找物象，试试把它们变成"意象"，并说给同学听听，是否能够感知自己加诸物象的情感。这种体验式教学往往能让学生立刻活跃起来，从抽象的知识学习走向实践感悟。

其次董老师会寻找一切机会鼓励学生捕捉对自然、社会的感悟和思考，将其凝成文字。比如育新学校有个传统活动——华东五市社会实践，而董老师抓住这个机会开展语文教学延伸活动：其一，"诗意栖居"——古诗诵读活动；其二，"华夏大美"——"华东五市"社会实践创作周活动。在"诗意栖居"活

动中，学生要根据行程选择相应的传统精美诗文，在亲临其地时分为两个板块——集体背诵和个人背诵，然后用手机录下视频上交。于是，西湖边响起整齐的《晓出净慈寺送林子方》、《饮湖上初晴后雨》，绍兴兰亭纪念馆前响起琅琅的《兰亭集序》，瘦西湖门前一首《扬州慢》使行人纷纷驻足，秦淮河畔，岳王庙侧，苏州园林，都曾响起琅琅背书声。这些精彩的视频不仅给学生留下了珍贵的回忆，也让家长感慨万千，大呼"古迹有幸"！而学生"华东五市"社会实践创作周更为精彩，不仅出版了诗集——《新荷集》，而且出版了散文集——《遇见》。

让语文走入学生生活，让学生在生活中体验语文学习，语文教学才能走出单纯的课堂教学的象牙塔，走出更为广阔的天地。

（二）注重课堂参与，让学生成为课堂的主体

苏霍姆林斯基说："人的内心里有一种根深蒂固的需要——总想感到自己是发现者、研究者、探寻者。"如何保证课堂以学生为主体早已不是新鲜话题，但知易行难，教师"不放心"、"费时间"心理常常成为学生主体课堂的绊脚石。如何真正做到把课堂还给学生呢？在教学实践中董老师对此不断摸索，通过不懈努力，形成了一系列独具特色的课堂模式。下面以董老师设计的名著阅读《四世同堂》阅读活动为例加以说明。

《四世同堂》是学生高中阶段"高考12本经典名著"的最后一本，能否以点带面，引导学生对这12本书做一个整体的回顾和梳理？这是教学设计的着眼点和创新点。立足于《四世同堂》整本书的阅读，建构阅读整本书的经验，形成适合自己的读书方法，是教学设计的出发点与落脚点。为此，董老师设计了一场读书报告会。

在具体操作中，董老师设置了七个任务群，分别是："梳理小说基本内容"、"鉴赏小说'多线索叙事'的写作特点"、"鉴赏小说'宏观叙述和微观视角融合'的特点"、"鉴赏小说'人物在矛盾中发展变化'的特点"、"鉴赏小说中的'人物群像'"、"关于'文化反思'"、"关于小说的'语言风格'"。与以往的读书报告会不同，本次汇报的所有题目都要以《四世同堂》为切入点，以其他11部名著为拓展资源，达到"温故知新"、"反思梳理"的目的。比如第二组"鉴赏小说'多线索叙事'的写作特点"任务群的具体任务是：①梳理《四世同堂》的多线结构；②举例阐发其他名著中的多线索叙事结构（2—3部）；③"多线索叙事"的作用。董老师给了学生一个周末的准备时间，要求学生自

行查阅资料，以"研究性学习"的方式探究问题；在与老师沟通的基础上备好课，至少跟老师直接沟通两次以上；小组内体现分工与合作，避免几个同学大包大揽或是单打独斗；体现内容设计，PPT上呈现思维导图，不能直接粘贴大段文字资料，讲解时不做"照本宣科"的老师；要与同学互动，要有让听者记笔记环节和现场答疑解惑环节。

这个教学设计在实施中获得了听课老师的一致好评，因其充分体现了"学生成为课堂主体"的教学理念。首先，整个教学设计以学生活动为主，教师转换身份。课前担当"导演"，帮助学生备好课；课上成为"听众"，与同学们一起对讲解者提出质疑，激发课堂活力；课后回归教师身份，对小组任务的完成进行及时指导点评。其次，任务群的设置充分考虑学生阅读的差异性，体现分层教学，从而激发学生进一步阅读的兴趣：没读完小说的同学可以选择宏观一点的题目（比如"宏观叙述与微观视角"、"人物群像"），从而加快阅读步伐追上大家；读过一遍不够深入的同学建议选择必须用细节诠释文本的题目（比如"人物在矛盾中的发展变化"、"语言风格"），这样可以督促自己细读文本；完成阅读但缺乏整体认知的同学建议选择梳理文本类题目（比如第一、二、六组的任务）。最后，教学设计体现以点带面，帮助学生整体回顾高中阶段必读的12部名著，不仅督促学生阅读整本书，还可以拓展阅读视野，引导学生反思自己的读书习惯，建构阅读整本书的经验，形成适合自己的读书方法。

《四世同堂》的教学设计只是一个普通案例，在多年的教学实践中，董老师一直坚持把课堂还给学生，让学生成为课堂的主体参与者，从而激发学生的学习兴趣，也构建了她独特的教学风格，深受学生的喜爱。

四、教师要做个"追梦人"，把职业变成理想

人生不能没有梦想，一个好教师，首先自己要成为一个"追梦人"，才能助推学生追梦、圆梦。从1993年大学毕业至今，董老师为了追寻她的教育梦，舍弃过很多现实利益，当然她的收获更多：从初入江湖跟在老教师身后亦步亦趋地听课，在讲台上慷慨激昂地"背诵教案"的"新教师"，渐渐变为在青年教师基本功大赛中一举斩获四个"一等奖"的崭露头角者；从不会搞科研课题被导师耳提面命的"教书匠"，慢慢发展为带领教研组开展教科研活动并成功申报学科教研基地的教研组长；从一名普通青年教师一步步走到海淀区学科带

头人、北京市正高级教师……一路走来，皆因为董老师有一个成为名师的教育梦想。

如今，令人欣慰的是，董老师已经充分享受到了"桃李满天下"的成就感和自豪感，充分感受到在自己的助推下学生们不断圆梦的快乐。30 多年前的学生已经 40 多岁了，还想着如何为她筹划一场"六十大寿演唱会"，有的学生已经转变为今天的学生家长，董老师成了两代人敬爱的老师。定居澳洲的学生，会在她去墨尔本访学之时驱车 500 多公里来专程拜望，并充满激情地告诉她："我要做一个让您骄傲的学生，绝不给您丢脸！"在美国深造的学生，会不停地在微信上向她发出邀请："老师，啥时候来美国玩？咱们半个班的同学都在这儿，每个地方都有人接待您！"多年的教育生涯，让董老师跟学生的感情早已超越了简单的师生关系。董老师的教学生涯充分向我们证明了，一名优秀的教师，绝不仅仅是知识理论的传播者，还是人生观价值观潜移默化的熏陶者，是学生兴趣爱好的培养者，更是学生精神成长的呵护者。

五、结语

我们经常说一个教师的成长可以分为四个阶段：从基本适应教师工作的"调整磨合期"，到能全面胜任教师工作的"适应发展期"，再到初步形成自己特色的"成熟提高期"，最后发展到风格鲜明、独具特色的"反思创新期"。每个新入职的年轻教师都渴望早日成为令人高山仰止的名师，但事实上并非每个教师都会"成长"，有些教师兢兢业业一辈子，也只能在前两个阶段徘徊不前。能否不断进步取决于每个人对教师职业道德的深刻理解——以德立身，以德立学，以德立教。一个时刻以"师德"自我要求的教师不会轻易懈怠，不会在教育改革的时代呼唤面前止步不前。愿我们每一个为人师者都能像董雪娇老师一样，用毕生之力在教育的追梦之旅中永不辍步！

杨晓芳：她让更多学生在思维发展中幸福成长

从乡村走进城市，由北京师范大学保研至北京大学，她在 20 多岁的年纪即实现了人生的跨越。自 2016 年步入教师行列后，她在市区级教育教学比赛中多次斩获奖项，2018 年更是获得"第九届基于网络的教师学术交流观摩活动"全国公开课一等奖。2021 年 11 月获"第四届全国思维型教学大会暨优质课展示"特等奖。她是首都师范大学附属育新学校（以下简称"育新"）的杨晓芳老师，优秀履历的光环下是她保持向前的身姿，尽管并非师范专业出身，但她在积极进取中不断突破自我。在思维型教学的引领下，她不断创新课堂教学和评价，落实学科核心素养，从一位年轻的新手教师成长为优秀的榜样教师。

一、人生启蒙，埋下教师梦的种子

杨晓芳坚定的教师梦始于读研期间，而为她埋下梦之种子的是她学生时代的老师们。杨晓芳六年级时，县城里的初中到村小招生，期中考试成绩优异的同学会被直接录取，一向考高分的她偏偏在那次考试中失利，是当时教她数学的杨老师拿着她历次的考试成绩恳请招生老师能给她一次录取机会。在杨老师的努力争取下，她得以走出农村，打开了新世界的大门。

而在大学里教授她植物地理学的邱老师不仅在学术上给了她很多启发和帮助，更是在意外得知她保研遇到巨大困难时，主动打来电话安慰并疏导陷入自我怀疑的她，让她在感动之余收获了莫大的温暖与力量。她在北大读研期间的导师陈老师曾说过"我特别喜欢和学生们在一起，跟学生们在一起，我能感受到青春的力量"，这更是给了她坚定从教的信念。这些教师如同她人生路上的明灯，指引着她一步步从农村走向城市，最后留在北京成为一位人民教师。在这些曾经影响她的教师身上，杨晓芳看到了共同点：传授做人做事的道理，为困境中的学子带来帮助，在迷茫时指明前路方向。"我也希望成为这样的人，去帮助孩子们茁壮成长，发挥自己的价值为国家和社会培育人才。"杨晓芳说。

二、研究思维型教学，破解新手教师的迷茫

2016 年，从北京大学硕士毕业的杨晓芳成为育新的一位中学地理教师。中学的孩子们，总是充满活力，具有无限的可能，杨晓芳与学生在一起时常常会被他们的青春气息所感染。尽管如此，有耐心、爱思考的她在入职之初还是会陷入迷茫——"这个知识点这么简单，我都讲了好几遍了，学生为什么还是不会？""我到底应该怎么讲？"由于大学期间就读于非师范类专业，没有接受过系统的教育理论及教学能力学习，入职后她一方面在教学实践中不断总结反思，另一方面积极通过各种渠道学习，不断提升自己的教育教学能力。杨晓芳常向有经验的教师进行请教和交流，在育新教学副校长代翔燕的帮助下，她逐渐明晰了自己的优势和不足。与此同时，她还乐于参加各项培训，通过学习她逐渐明白，教学之前要了解学生真实的学习起点在哪里，确定最近发展区。教学的目标也并不仅仅是教会知识，而是要教给学生一种思考和解决问题的方法，帮助他们形成思维能力。

2019 年，育新引入了思维型教学，刚接触的时候，因为对思维型教学理论的理解不够深入，她难以很好地将理论与自己的教学实践相结合。但她知道，思维型教学理论能让教师明白指向核心素养的教学目标具体是什么，学生到底需要什么，教师应该怎样教……因此，她反复研读思维型教学理论，在备课过程中有意识地将理论应用于教学设计，课后结合理论进行反思，在这个过程中对教育教学有了更深入的理解和思考：

第一，在教学理念上，要更加关注对学生思维能力的培养，而不是知识的传授；

第二，在教学策略实施上，要更加关注思维过程，而不是按部就班地实施教学，思维型教学为情境创设、问题设计、活动设计等提供了很多可供参考的依据和方法；

第三，在教学研究上，思维型教学理论驱动她在教学过程中更有意识地结合理论进行科学研究。

三、融合核心素养，培养学生学科思维能力

2018 年高中新课程标准颁布之后，杨晓芳思考最多的是如何在教学中落实学科核心素养。地理学科的核心素养主要包括人地协调观、综合思维、区域认知和地理实践力。在杨晓芳看来，这四者是相互联系的有机整体。人地关系是地理学研究的核心主题，"人地协调观"素养有助于人们更好地分析、认识和解决人地关系问题，从而实现真正的可持续发展。人类生存的地理环境是一个综合体，"综合思维"素养有助于人们从整体的角度，全面、系统、动态地分析和认识地理环境，以及它与人类活动的关系。地理环境复杂多样，"区域认知"素养有助于人们从区域的角度，分析和认识地理环境，以及它与人类活动的关系。"地理实践力"素养有助于提升人们的行动意识和行动能力，更好地在真实情境中观察和感悟地理环境及其与人类活动的关系，增强社会责任感。

课程标准凝练了学科的核心素养、明确了内容要求，是教学设计的重要依据，所以在确定每一单元和课时的关键能力和品质时，她都紧密结合课标进行设计。例如，在高一地理必修二第二章第一节《乡村和城镇空间结构》中，其课标要求为"结合实例，解释城镇和乡村内部的空间结构，说明合理利用城乡空间的意义"，依据课标要求本单元第二课时"描述并解释城镇空间结构"要着重培养的地理核心素养为综合思维能力和地理实践力。为了更有效地落实学科核心素养，她有意识地基于思维型教学理论进行教学设计。比如在《乡村和城镇空间结构》第二课时《描述并解释城镇空间结构》中，她融合思维型教学的六大基本要素，基于育新"551"思维课堂教学模式，以四个环节为线索进行教学设计：

环节一："创境启思——激发认知冲突"

环节二："自探静思——把握主要功能区的空间分布特点及主要成因"

环节三："合作辨思——综合分析北京城镇空间结构成因"

环节四："训练反思，应用迁移"

思维型教学理论指出，良好的情境是思维发展和评价的一个必要条件，在教学过程中，要创设良好的教学情境，设置适当的问题情境，激发学生的内在学习动机，激发积极思维。在这一课中，她选取北京的空间结构为案例情境进行教学，一方面既能实现乡村和城镇空间结构的学习，又能在行政范围内实现

城乡统筹，城乡协调发展，案例具有典型性、真实性特点。另一方面北京为学生生活的城市，有助于学生联系生活实际，解决现实问题，激发学习的兴趣。这一案例情境贯穿整个单元教学，并在教学过程中从要素、时空等多方面进行拓展，为培养地理综合思维能力和地理实践力提供了坚实的基础。思维型教学理论强调在教学过程中要注重问题式教学，加强问题设计，为学生的学习提供支持和评价，不断激发学生的积极思维。因此为了解决本节课"经济因素对城镇空间结构影响"这一教学重难点，她设计了4个问题组成问题链：

（1）各类土地利用付租能力随距市中心距离的变化有何异同？

（2）如果由各类用地的付租能力来决定土地的用途，那么图中 OA 最有可能成为哪一类功能区？ AB 和 BC 呢？

（3）如果在城市中心建设了由中心通往郊区的放射状公路，各类土地利用的付租能力会有什么变化？ 由此引起的城市土地利用分布会有什么变化？

（4）如果再建设一条环状公路，各类土地利用的付租能力会有什么变化？由此引起的城市土地利用分布会有什么变化？

问题（1）、（2）从因到果，促进学生思维深刻性和批判性的发展；从问题（1）到问题（4），由简单到复杂，促进综合思维能力的发展。

通过这样的问题设计，学生在真实情境中解决问题的过程中受到强化思维训练，不断完善认知结构，掌握城镇空间结构的分析方法，从而提升地理综合思维能力和地理实践力。

四、巧用思维评价，提升教学质量

在深入理解地理核心素养的前提下，杨晓芳在教学过程中以学生的基础和需求为出发点，把握教学内容，创设真实情境，设计教学过程，丰富教学活动。她尝试更多地采用问题式教学、实践教学，并运用学生思维结构评价、表现性评价等，引导学生在学习中学会认知、思考和行动，从而有效落实地理核心素养。对于评价课堂教学效果和学生学习效果，杨晓芳十分注重过程性评价与结果性评价（终结性评价）的结合。过程性评价关注学生的课上表现，如听讲、回答问题、参与讨论等方面，结果性评价注重设计真实的问题情境、评价学习效果，同时也关注对学生思维结构的评价设计。比如在"城镇空间结构"这一节课中，她就采用了课上表现性评价和课后结构性评价两种评价方式，并根据学生可能的表现设计了评价表。课上表现性评价关注学生的课堂表现，包括课堂听讲、回答问题、参与讨论思维和收获等，她希望通过加强课上对学生的观察，及时了解学生的学习状态，调整教学策略。课后结构性评价主要基于学生的开放性作业，对学生的思维结构进行评价。

在杨晓芳看来，地理学科核心素养的培养需要重视学生地理学习过程中的思维发展。学生的思维表现可以从不同角度评价，其中之一是对思维结构的评价。SOLO分类理论中将学生学习结果表现出来的思维状况分为无结构（思维混乱）、单点结构（只能涉及单一的要点或要素）、多点结构（可涉及多个要点或要素，但无法建立相互之间的关系）、关联结构（能够涉及多个要点或要素，而且能够建立合理的联系）和拓展抽象结构（能够更进一步抽象认识或给出教师预想之外的答案）。参考这一理论，杨晓芳设计出了适合于地理学科的思维结构评价表。思维结构评价关注学生地理学习中表现出来的思维结构个体差异，有助于教师把握不同学生的学习状态。"这样使后续的教学设计能够更有针对性地促进学生地理学科核心素养的形成，也可弥补以往开放式评价中单纯以"知识点"为评判标准的不足，从而关注学生的思维结构。"杨晓芳指出。

五、思维迁移，让孩子在生活中快乐学习

思维型教学带给杨晓芳的影响并不仅仅是教学。作为一名年轻的妈妈，之前的杨晓芳与不少家长一样，很关心自己孩子成长过程中可量化的结果。而在接触思维型教学理论之后，她感觉自己在对孩子的教育上更加从容了。她不再只是关注孩子背了多少首诗、记了多少个单词、数了多少数字……而是更加注重培养孩子对学习、生活的兴趣与热情。杨晓芳开始引导两岁的孩子观察生活、感受生活，在生活中学习。孩子在洗澡时候喜欢用杯子舀水玩，一次偶然的机会把杯子倒扣着按到水里，水面冒出的泡泡引起了她的兴趣。杨晓芳引导孩子思考泡泡是从哪里来的，然后揭晓答案——空空的杯子里其实装满了空气，水进去时，空气跑出来就变成了泡泡。孩子似懂非懂地说"空气变成泡泡啦"，开心得不得了。当孩子想要自己做一件事情的时候，比如穿鞋、拿碗等，杨晓芳总是在保证安全的情况下让她尽情探索，并给予极大的肯定和鼓励，让她体会自主完成带来的成就感。

如今的杨晓芳怀抱着如前辈们一般诚挚的教师之心，为学生打开通向美丽

世界的大门，助他们洞悉地理现象背后深藏的奥秘；引领更多学生在思考实践中快乐学习，在思维发展中幸福成长。未来，她也将继续在思考和探索中不断精进，在追逐教育之梦的路途上愈加坚定，行稳致远。

张娜：把思维融入课程设计　她用实践重构语文教学

育新学校初中部教师张娜，是一个标准的 80 后，在教育教学的路上风风雨雨走过了十五个年头，一路上她始终视学生的终身发展为己任，不断提高自身教学教研水平，获得市级、区级的多项荣誉称号，所带的班级也获得北京市优秀班集体等多个奖项。

一路走来，学习是她的不竭动力，实践是她的一贯作风，她坚持传授学生有利于其终身发展的思维能力，如今也渐渐摸索出属于自己的思维型语文教学模式——课堂教学启思维、名著阅读促思维、课后作业练思维。

一、课堂教学启思维

成为一名教师是张娜从读书时代就种下的念头。在她成长过程中，遇到了两位十分优秀的教师：小学语文率老师和初中班主任闫老师，她们是张娜心目中理想的女性形象。

为了成为她们那样的人，帮助和影响更多的学生，她选择了师范专业并成了一名教师。"其实这是一种选择，也是一种传承。"张娜说。

2014 年，张娜进入育新的大家庭，育新这些年来一直追随着新课程改革方向，基于思维型教学理论不断深化课堂教学改革，建构指向深度思维的"教学评"一体化体系。在学校的影响下，她开始耕耘于思维型语文课的建设。

· 语文课能培养学生什么思维？

· 思维型教学的五大基本原理如何在语文课堂落地？

· 思维型教学的六大要素如何有效运用？

这些问题时常萦绕在张娜心头。"思维型教学实践需要教师突破原有的比较熟悉的教学模式、思路、流程，建构以思维培养为主线的新教学模式，所以困惑和困难是在整个过程中始终存在的。"她说。

在她看来，想要学"外形"是不难的，比如简单地将思维型教学的五大原理融入课堂只需要增加一些课堂流程，但是如何能够学到精髓，让学生真正从中学到思维，让理论更加有效地去指导教学，是相对困难的。

为此，张娜一直保持学习的状态，积极尝试、不断摸索。如今，她已经可以将思维型教学理论和自己的语文课做恰到好处的融合，总结出自己的教学模式。但是，直到现在她仍不敢松懈，仍然重视教学理论的学习，想要从源头找到更多的教学灵感。

思维型教学有五大基本原理：动机激发、认知冲突、自主建构、自我监控、应用迁移。张娜认为，动机激发和认知冲突中这两大原理为在课堂中激发学生的学习兴趣提供了理论依据。她将它总结为：设置真实情境、制造认知冲突，并设计了相关策略。

（一）设置真实情境

教学的关键是思维，学习的关键是思考，思维产生于问题，问题产生于情境。因此，情境的设置是关乎教学质量的重要因素，而情境是否真实则是关乎情境质量的关键，总而言之，越真实的情境越能激发学生学习的兴趣。

传统的语文课并不具备强的操作性，因此学生较难参与到课堂当中，所以张娜往往会在课堂上设计对错之辨、功过之论、因果之争等辩论。实践证明，这样做确实会大大提高课堂上学生的参与度。

如:《孔乙己》：设置孔乙己扶贫组，为孔乙己设计一条出路；

《祝福》：祥林嫂死亡案件侦破组；

《苏武牧羊》：苏武劝降团；

"书香中国阅读季"：读书方法谈；

学习文艺理论，《千里江山图》：致敬（书画艺术）经典……

此外，语文课上也可以用观察和实验的手段来创设情境：

观察：冬天，可以组织学生观察雪，小雪可以联想到"撒盐空中差可拟"，大雪可以联想到"未若柳絮因风起"；春天，通过观察花开联想到"人面不知何处去，桃花依旧笑春风"，等等。

实验：演课本剧，如《孔乙己》中，可以让学生模拟主人公是如何做"排出九枚大钱"这个动作的，是一把甩在桌子上，还是一枚一枚将出来，二者代表主人公怎样不同的心境。又如，让学生模仿《变色龙》中奥楚蔑洛夫做"穿脱大衣"的动作，等等。

张娜认为："教师应该对所教授的学科进行全面的统筹和设计，这样才能设置出引学生入胜的课堂情境。"

（二）制造认知冲突

认知冲突是指学生学习过程中原有认知结构与现实情境不相符时，在心理上所产生的矛盾或冲突。学生特别想知道答案却又不知道，这时候便产生了认知冲突。

教师在这个过程中的作用就是为学生制造冲突点，激发学生兴趣，张娜在这个过程中也进行了很多有益的探索：

《桃花源记》：最后一段为什么安排"未果，寻病终"这样的结果？

《陈涉世家》：司马迁为什么把陈涉这样一个为人佣耕的底层人放到给王侯将相作的列传当中？

《儒林外史》：第一章中的人物"胖子"、"瘦子"、"胡子"，为什么这三个人没有姓名？

《变形记》：通常认为圆形人物形象比扁形人物好，但奥楚蔑洛夫是典型的扁形人物，那么究竟圆形人物好还是扁形人物好？

二、阅读名著，专题探究促思维

现代诗人臧克家曾言："读好文章如饮醇酒，其味无穷，久而弥笃。"名著阅读对于语文学科的重要性毋庸多言。然而一些教师却忽视了教学生如何读名著，怎样怎么利用好每一本著作提升自己。

思维型教学的五大基本原理中强调学生要进行"自主建构"，包括自主探究和合作交流。张娜将阅读名著与思维型教学理论相结合，以专题探究和小组合作的形式，一本书聚焦一个专题，在名著阅读中促进学生思维能力的提升。

（一）以专题探究推进整本书的阅读

读名著专题探究活动分为四个环节：（1）采用小组合作探究的形式；（2）读之前一般会上两节导读课，主要是带着学生精读第一页、第一章，品味第一人，激发学生对整本书的兴趣；（3）下发思辨性阅读题，在学生自读过程中进行提示或指导学生边读边进行深度思考；（4）读完后根据学生的阅读兴趣、难点和整本书的突出价值设计探究专题，然后各学习小组根据兴趣自选专题，进行探究和汇报。

比如读《昆虫记》时，她设计了5个专题：（1）感受科学精神：跟法布尔学实验；（2）感受科学家精神：了解法布尔其人，根据他的遭际解读他的精神、品格等；（3）感受语言魅力：跟法布尔学描写；（4）以虫观人：品味虫性即人性；（5）经典推荐活动。

在张娜的班级，从初一到初三，每学期至少有一本名著，是以这种专题探究的方式推进的。经过多次实践，学生对专题探究的形式越发熟练，在这个过程中认真参与的学生思维能力有了明显的提升，如汇报PPT更有条理、分析问题更严谨有逻辑。

寒暑假是读名著非常好的时间，因为很多大部头的巨作都需要学生利用一段相对集中的时间去消化，以保证阅读的连贯性。当下受疫情影响，学生居家时间变长了，空余时间也就增加了，这些时间也可以用于名著阅读。

为了督促学生读书，张娜采取了打卡和线上师生共读等方式，当然这些都只是外在的驱动方式。如何将外驱力转化为内驱力，让学生主动阅读、主动思考，她也进行了很多别出心裁的探索。

比如在阅读《红楼梦》的过程中，她设置了这样一个思考题：

请以贾宝玉的身份发一条朋友圈，并且思考大观园中的其他人会作何评论？

学生如果没有仔细阅读，认真揣摩每个人物的心理活动，是很难完成这项任务的，这个过程既锻炼了学生的阅读能力，又培养了他们的想象力与发散性思维，这就是一种有意义的教学尝试。

（二）在小组合作中进行自我监控

对学生来说，自我监控是指学生对学习积极主动地计划、检查、评价、反馈、控制和调节。小组活动一方面是学生之间交流观念、完善和发展认知的过程；另一方面是促进学生内在学习动机增长的过程。

随着专题活动的长期开展，学生是否用心准备小组作业，在每一次的小组汇报中是显而易见的，慢慢地班级里开始刮起了一股"内卷"之风，各个小组展示的成果越来越好，越来越多的学生将热情投入到名著阅读上。

"初中三年，我不可能将所有的名著都带着学生读完，但是通过每学期一本，三年六本的方式，学生也逐渐掌握到了读名著的方法，授人以鱼不如授人以渔，我觉得教会学生方法是最重要的。"张娜说道。

三、升级作业，迁移应用练思维

作为学校教学活动工作的重要一环，作业是课堂教学活动必不可少的延伸，也是教学反馈与监测的重要手段。在"双减"背景下，各学科的校本作业都应该减量提质，从简单的知识巩固转向重视对学生思维的训练。

张娜积极参与到学校语文校本作业的设计中，将思维型教学融入学生日常的作业中，探索指向学生思维能力培养的语文校本作业。

她强调，语文学科在培养学生思维上有独特的优势，这是因为语文是一门基础性很强的学科，是工具性和人文性的结合。工具性体现在它与实际生活的联系、与其他学科的关联，所以学习语文的过程实际上就是知识不断迁移应用的过程。

为了让作业达到学生可以在知识的迁移应用中提高思维能力的效果，她对语文校本作业进行了以下修订与升级：

第一，原来的校本作业是单篇作业，一节课的教学内容对应一节的作业，各篇作业是独立的、缺乏内在联系；更迭后的校本作业是立足于单元设置的，注重单元间的联系与逻辑。

第二，升级后的作业中注重真实情境的设置，注重作业与生活的联系，努力的方向是让作业成为学生课堂习得的迁移应用。

比如，在新闻单元中，原来的作业就是一节课对应一节课的作业，包括基础知识、字音、字形、字义等，以及从课内阅读到课外阅读的延伸。

升级后的"新闻单元"作业如下：

第一部分是关于整个单元所对应的新闻文体相关知识的梳理；

第二部分是梳理整个单元文章的结构，让学生把文章放在单元结构中，去绘制整个大单元的思维导图，从而明白每篇文章在整个单元中承载的作用；

第三部分是训练整个单元的基础知识；

第四部分是基于这个单元的重点与难点设置几道思考题，或者加入一些创意性的写作或者实践活动，比如新闻单元就会让学生结合校园生活，完成设计采访稿、进行新闻报道等通讯相关的写作。

张娜认为，语文作业的设计要关注学生形象思维、逻辑思维、创新思维的培养，引导学生多进行观察和联想。

她不仅仅希望学生是在语文课上学知识，更希望他们通过观察与联想将实际生活与语文相勾连，一方面通过阅读增长见识、锻炼思维；另一方面在观察生活的过程中启发创作的灵感，从而实现由读到写的进步。

从教多年，张娜深知学生发展的前提必须是教师的发展，而教学研究是提高教师专业素养的必经途径。所以她从未停止自我提升的脚步，关于怎样提升教师自身专业素养，张娜提到了两点：榜样和实践。

"仰望星空，脚踏实地"，张娜强调，教师进步的过程一定要借助榜样的力量，向能力更强、水平更高的教师学习取经，借鉴他人好的教学方法；另外要敢于实践，任何好的理念、想法，只有落到实操层面才能发挥作用。

一路走来，学习是她的不竭动力，实践是她的一贯作风。十五年的教学路，十五年的躬耕史。十五年来张娜不忘初心，以学生的终身发展为己任。她坚持理论联系实践，在不断的实践中反思、修正、提高自身教学水平，培养学生的思维能力。

焦健健：从科研转型教师　她让学生爱上学科

作为育新学校一位教龄 3 年的青年生物教师，如今焦健健班上超过 94% 的学生评价她的课能给自己带来很大收获，大部分学生对于生物学习都有较高的兴趣。

这一切源于她的选择——从科研人员转型成人民教师。成为一位教师是焦健健童年的梦想之一："我希望用自己的所思所学影响孩子，为中国的教育事业贡献自己的一份力量，实现自己的个人价值。"

2018 年，从中国科学院生物物理研究所博士毕业之后，出于炽热的教育理想和对自身的综合评估，她踏上了教育之路。

三年时间内，焦健健将对生物的热爱融入学科教学中，用她特有的科研背景重新诠释生物这门学科的魅力，用自己严谨的科学思维帮助学生进行认知建构，发展高阶能力。

在思维型教学理论的指引下，她成功调动了学生学习生物的兴趣，引领学生掌握学习生物的方法。她还建构了从初二到高二的探究型思维校本课程，发展学生的科学探究能力，在中学阶段为培养国家未来的创新型科研人才奠基。

如今之成果，始于热爱，亦源于她不懈的学习与探索。

一、创设真实情境，培养学生内在动机

2019 年，育新引入了思维型教学，基于思维型教学理论深化课堂教学改革，促进教师专业成长。在一次思维型教学主题培训中，焦健健第一次接触到思维型教学理论。在学习了思维型教学的五大基本原理之后，动机激发这一原理给她带来了强烈的冲击。过去，她一直认为兴趣是最好的老师，而思维型教

学让她对于兴趣有了更深层次的理解：除了学生天然的兴趣之外，还需要教师通过恰当的情境与问题主动地激发学生的内在动机。

思维型教学理论中阐明了内在动机的激发机制：第一，动机产生于需要，没有需要就没有动机；第二，情境影响动机；第三，品质决定动机。

受到这一机制的启发，她根据不同学段的学生特点，采用不同方式激发学生的内在学习动机。初中学生求知欲较为强烈，主动提问的次数比较频繁，因此她注重在教学中保护他们的求知欲。对于不同学生的提问她都尽量做到在课上有所回应，如果课上不能解决，她提倡学生在课后通过查阅资料的方式解决。

同时，她通过创设真实情境进一步调动学生的求知欲。例如，在《人体内废物的排出》这一课中，她为学生展示了7岁小孩因喝了过多含糖饮料而患上尿毒症进行透析治疗的图片及视频。围绕这样一个情境，她设计了一连串的问题：这么小的孩子为何会得尿毒症？尿毒症为何会让人体"中毒"？是哪个结构出了问题？通过这样的情境与问题，来激发学生动机，引起求知欲。

而高中学生相比初中而言在主动提问频率上有所减少，学习动机更多处于内隐状态。针对这一问题，她主动引发学生的认知冲突。例如在教授人体免疫系统的知识时，她从新冠肺炎疫情的背景出发，引导学生注意到一个现象：不同人感染新冠的病情差异很大。借此让学生思考背后的原因，引发学生的认知冲突。

通过上述的提问方式，她引发了学生对人体免疫系统的学习兴趣，从而更好地在头脑中构建人体免疫模型。

除此之外，她还注重让学生在学习过程中获得收获感，即让学生体会到所学的知识是有用的。当学生学完一课的知识后，她通过口头引导或布置作业，让学生向自己的父母和朋友介绍这一知识。"这一方面能够帮助学生巩固知识，另一方面也能让学生获得成就感。"

二、立足思维和结构，让学生掌握学科方法

生物学科核心素养中包括生命观念、科学思维、科学探究和社会责任。其中，科学思维与生物学科的学习休戚相关。焦健健认为，生物教学中任何一节课都体现了科学思维，比如最简单的植物学、动物学，用到的就是比较与分类

的科学方法，并从科学方法中凝练科学思维。因此，要让学生学好生物，形成科学思维的能力和习惯是一个关键。

而在生物学科中，科学思维可以简单概括为基于事实与证据，运用不同的科学方法去解决实际问题的能力，主要包括总结归纳、演绎推理等。在她看来，生物学是科学家研究生物（包括植物、动物和微生物）的结构、功能、发生和发展规律的科学，其中探究实验是发现规律的一个重要的方法。

在教学过程中，她充分发挥了自己的科研能力，注重引导学生独立提出问题，作出假设，设计实验，实施计划，得出实验结论，从而培养学生严谨求真的科学思维。

在《基因突变》这一节高中生物课中，她以镰刀型贫血症的真实案例作为情境，引导学生观察红细胞的形态结构，从而思考血红蛋白分子结构发生改变，结合所学知识，从根本上探寻疾病发生的原因是由于基因突变导致的。接着，她让学生从细胞层面到分子层面，从宏观到微观，了解分析基因突变的本质及其原因；在此基础上，引导学生理解基因突变的意义，然后通过基因测序的事实证据，得出镰刀型贫血症的病因是基因的突变。

从提出问题、假设推理、寻求证据，最后证明假设，得出结论，整堂课充分体现了科学思维的形成过程。

在焦健健看来，当下学生学习生物学科的难点主要体现在两个方面：其一是受生活环境的影响，部分学生对周围生物的感知力较弱；其二是生物整体知识结构比较复杂和零散，有较多的专业名词。

因此，她在日常的教学中注重调动学生对周围环境的感知，如花、鸟、虫、草等，将之融入学生的日常生活中，以减少他们对生物学科的陌生感。

其次，她要求学生建构思维导图。生物学的知识虽然零散，但相互之间的关系是非常紧密的，例如从一个简单的细胞出发就可以构建出整体的生命科学知识网络。她引导学生将新学的知识纳入到原有的知识网络中，每周或每月完成一张思维导图。这有利于学生梳理思维链条，进一步理解并建构知识。在理解和记忆的基础上，她要求学生将生物知识进行应用。

在课堂上，她注重引导学生将所学的知识和方法进行应用迁移，能够解决其他问题，进一步检验对学科内容的理解和掌握程度。《人体内废物的排出》这一课中，她引导学生基于所学到的肾脏过滤功能知识，去探究体外透析治疗尿毒症的原理。

而在课堂之外，她则要求学生将生物学知识多与日常生活联系应用，例如利用知识理解新闻中的医学现象，或者将所学知识分享给家长和朋友，帮助他们解决生活中的问题。"如果学生能够将知识分享给他人，那么他们对知识的理解和掌握将更加透彻。"

三、建构探究型选修课，培养高精尖人才

作为一名科研人员，焦健健认为自己有责任和义务将自身的科研优势与教育事业进行更有价值的融合，为国家培养高精尖的人才。入职教师以来，她始终在思考并尝试开发一门生物校本课程，以科学探究为内核，在中学阶段为培养未来高精尖的科研人才奠基。

在三年的时间内，借助自身不间断的科学研究及思维型教学团队专家的指导，她在摸索中走向成熟，最终设计出了以实验探究为主线的思维教学课程，从初中到高中分别开设了神奇的微生物—植物组织培养—植物抑菌检测—基因工程等一系列的选修课。作为学校必修类课程的拓展课程，她从初、高中的课标要求出发，基于不同学段学生的认知能力差异，从低年级到高年级进行进阶设计，层层递进地培养学生的探究能力，提升学生解决实际生活中复杂问题的能力。

在初二阶段，学生刚接触到环境中的微生物知识，她便带领学生设计实验探究微生物生长的条件（温度、水、pH值、不同食物），控制单一变量，设置对照组，得出适宜微生物生长的一般条件，并进一步提出质疑：在一些极端条件下生存的微生物的生长条件是不同的。这样的探究实验能够培养学生的比较与分类、概括归纳、批判性的科学思维。到了初三年级，她指导学生探究植物抑菌实验，寻找某一种植物的汁液（如大蒜、菊科植物等）可以抑制微生物的生长，从而起到杀菌抑菌的作用。在这个过程中，使学生内化设置对照、控制单一变量、重复实验等科研探究的一般原则，培养学生严谨、科学的思维，养成正确的生命观念。高一阶段，她便将动物学、细胞生物学、分子生物学等大学课程中所涉及的更复杂知识体系融入课程中，带领学生去大学实验室开展基因工程的科学探究实验，对常见细菌等微生物进行基因工程设计，如对肠道微生物进行分离纯化，分离有益菌，并进行基因测序和鉴定，研究不同肠道微生物与人体寿命之间的关系等。

　　焦健健希望这门课程可以提升学生的生物核心素养，提高解决问题的能力，并在此过程培养学生的公民意识，为社会做出力所能及的贡献。"将来的他们能利用所思所学解决生活中的实际问题，做一名有责任担当、有价值贡献的人。"

　　事实证明，这门课程对学生的综合发展带来了积极影响。一名初三的学生参加了一个由中国科学院组织的夏令营以后，他发现自己比同营其他学校的高二学生能更快地理解任务要求，且能够更快地上手进行一些实验设计和操作。焦健健认为，一名青年教师要想更好地实现专业成长，需进行理论学习，多研究优秀的课例，并重视实验教学，而这也是她正在不断践行的。

　　往后，她希望进一步学习研究思维型教学理论，做更多的思考，将科学研究融入教学中，真正成为一名高思维含量的研究型教师。

王文毅：教学教研"双管齐下"　她逐步构建起深度学习的思维型课堂

　　王文毅在育新学校一直从事数学教学教研工作。执教 20 余年，王文毅始终保持初心，凭着对教育事业的责任感和使命感，坚定地耕耘在教育的沃土上。

　　作为一名教师，不仅要教也要学。王文毅时刻关注时代的变化，不断补充和更新知识，与时俱进，提升教学水平。当下的新高考改革越来越关注学科本质，强调理性思维的价值，注重学科的基础性，突出对关键能力的考查。面对新高考改革，她认为学生只有提高思维能力，掌握学科内在的、本质的联系，才能将知识组合起来去解决更深层次的问题。

　　王文毅在日常教学中注重培养学生的思维能力，提高学生的逻辑推理和数学运算能力。她认为培养学生的逻辑推理能力，可以帮助学生更有条理、更严谨地解决数学或生活中的问题；而数学运算不仅仅是简单的计算，学生需要先了解题目的形式和构造，再思考不同算法，选择最优方法，其背后也是一种思维能力的体现。

　　2012 年，育新基于思维型教学理论建构了"551"思维课堂教学模式。2019 年育新引入思维型教学，学校以思维型教学理论为支撑，不断深化"551"思维课堂教学改革。经过思维型教学专家团队系统培训后，王文毅对思维课堂的意义、理论依据以及操作路径有了更深刻的、全面的认识。

　　作为育新数学教研组组长，她不仅在教学中深度落实思维型教学理论，还通过组织教研活动，提升数学组的整体教学能力。在她的带领下，教师们的课堂教学能力、课题研究能力及课程开发能力等都有了明显提升。

一、应用五大原理，打造思维型课堂

最开始接触思维型教学时，教师们依然按照传统教学设计，仅在教学后将教学过程与思维型教学理论进行对照，优化教学，无法将思维型教学理论灵活运用。经过系统的学习，在对思维型教学理论有了深入的理解后，她带领数学教研组落地实践思维型教学，教师们在她的带领下将思维型教学理论前置，开展教学设计。思维型教学理论有五大基本原理：动机激发、认知冲突、自主建构、自我监控、应用迁移。教师通过运用这五大基本原理，将偏重学生理解、记忆的传统课堂升级转化为重视思维能力培养、重视知识运用迁移的思维型课堂。

（一）情境创设，激发内在动机

没有动机就没有动力，没有动力，学生就不会思考。思维型教学理论强调，动机激发要将外部动机内化为内在动机，调动学生学习的积极性，使其产生强烈的求知欲，保持积极的学习情感和态度。

在《圆》的单元学习中，王文毅通过创设情境（见图1），在动手制作中，引发学生学习动机，激发学习兴趣。

展示阴阳图并提问：中国古代的阴阳图，被称为是"最智慧的图形"之一，你能在几何画板中把它画出来吗？画的过程中运用了圆的哪些知识？

图1 情境创设

太极图意义深远，包含着丰富的哲学意蕴，而《圆》这一单元的很多内容也体现出了辩证唯物主义观点。学生在运用几何画板制作太极图的过程中，形象直观地了解了圆的对称性。在动手制作中，激发学生的学习兴趣和求知欲望，通过太极图引出本节课的学习内容——从对称性的角度重新认识圆。

（二）温故知新，引发认知冲突

在学习过程中，当原有知识无法解决新问题时，学生就会产生认知冲突，形成探究新知的内驱力。

王文毅引导学生学习二次函数时，首先复习了圆的知识：圆的半径为 x，圆的面积为 πx^2，圆的周长为 $2\pi x$；在圆的单元教学中，明确了 $y=\pi x^2$ 与 $y=2\pi x$

不能相加，因为周长和面积属于不同的维度；但在函数单元学习中，$y=\pi x^2$ 与 $y=2\pi x$ 可以相加，形成一个二次函数，因为函数是从生活中的现象抽象出来，描述客观世界中变量关系和规律。

原本不能相加的东西，现在却可以加在一起，这就引发了学生的认知冲突，激发学生学习新知识的动力。

（三）问题导学，促进自主建构

思维型教学理论指出，自主建构的目的是促进学习者认知结构的不断发展和完善，实现对所学知识的意义建构。在课堂中，学生在教师的引导下主动学习，积极思考探究，不仅学到了知识，也掌握了学习方法，形成自主学习与合作学习的能力。

洪彬在《平面向量》单元设计中，设计了以下五个问题，引导学生思考问题并作图回答。

问题1：给定平面内的非零向量 e，能用向量 e 表示出平面内所有与 e 平行的向量吗？

问题2：给定平面内的非零向量 e，能用向量 e 表示出平面内任意一个向量吗？

问题3：一组向量 e_1，e_2，并任意给出一个向量 a，研究向量 a 能否被向量 e_1，e_2 表示？

问题4：平面内的向量 e_1，e_2 需要满足什么条件，向量 a 才能被向量 e_1，e_2 表示？

问题5：当向量 a 给定时，a_1，a_2 唯一确定吗？

教师引导学生经历作图过程，将平面内的向量 a，沿着 e_1，e_2 的方向分解并用 $a=a_1e_1+a_2e_2$ 表示出来。让学生在问题引导下，自主探究，掌握向量的平行四边形分解方法，初步认识平面向量基本定理的图形表示和代数表示，实现从图形表示到代数表示的过渡。

（四）自我监控，实现评价反思

自我监控具有自主性、反馈性、迁移性的特点，学生的自我监控能力就是他们能针对学习进行计划、实施和反思的能力。因此学生在完成学习目标时，要对自己的学习活动进行自我审视、自我评价和自主调整。

王文毅在高三复习课教学中，根据教学的实际情况，设计教学反思的内容，引导学生分析错题，探究多种解题方法。高中数学难度较大，学生经常出现计算失误、缺乏思路等问题。为了提升学生的学习效率，王文毅引导学生加强错题管理，要求学生将错题分类后不断地温习，反复把握错题背后的知识点，从错误中汲取经验。

（五）应用迁移，发展创造性思维

良好的应用迁移应是与学生所学内容相关，能够激发学生积极思维，引导学生联系实际而自主解决问题。

应用迁移能力最终体现在学生能否运用所学知识和方法解决真实情境中的复杂问题，而真实情境问题往往是劣构问题。因此教师在引导学生应用迁移时也应注重设计劣构问题，在这个过程中提升学生思维的灵活性和独创性。初三《圆》相关知识教学中，安喻宁设计了以下教学活动：

下面这个问题就是一个直线形，你能借助圆的知识来研究它吗？首先，需要你来添加一个圆，你会如何添加呢？

如图，在 RT△ABC 中，∠C=90°，BE 平分 ∠ABC 交 AC 于点 E，点 D 在 AB 边上且 DE ⊥ BE。AD=6，AE=$6\sqrt{3}$。请你根据已知条件添加问题并完成证明或计算。

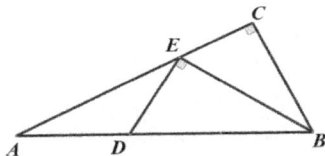

通过本节课的学习，学生已经学习到圆的问题可以转化为直线形问题去处理。而在知识的应用迁移中，明白直线形问题也可以应用圆的有关经验去解决。活动设计中添加圆的方式不唯一，可研究的问题也很多，满足了学生的不同需求，让学生在开放式问题的解答中，发展创造性思维。

二、落实自我监控，培养反思能力

王文毅在打造思维型课堂时，重点落实自我监控环节，注重培养学生的自我监控能力，引导学生自我反思。学生的自我监控能力就是他们能针对学习进行计划、实施和反思的能力。反思对学生学习效率的提高、自学能力的形成、学习策略的迁移等，都具有十分重要的意义和作用。

通过反思，可以深化对问题的理解，优化思维过程，揭示问题本质，探索出一般规律；让知识相互联系，从而促进知识的同化和迁移，得到新的发现。王文毅针对新授课和复习课教学采取不同的策略，落实反思能力的培养。

复习课教学时，她通过章节知识以及方法总结，帮助学生捋清楚知识点之间深层次的逻辑关系，让学生在脑海中形成章节知识网络，培养学生的整体性、结构性思维，能够更好地实现知识的迁移应用。

复习最核心的一个功能就是把知识和方法系统化，形成学科结构，并在这个基础上，通过一定题目训练，提升学生的各项思维品质，最终形成能力结构。在高三的复习课中，王文毅在系统梳理知识结构的同时，将错题案例呈现在课堂上，引导学生集体分析错误原因，合理解决错题。在此基础上，进一步深入探究多种解法，引导学生从多个角度分析问题。

在日常学习中，她指导学生对自己的学习方法、学习状态及思维方式进行反思，在反思总结中进一步提高。例如，某学生在模拟考试后，对自己的学习状态、考试心态总结反思后，努力调整状态，激发学习信心。“上考场前，之前失误越多，应该越自信。考前把该错的题和不该错的题都错完了，错误纠正了，问题弄清了，剩下的只有一往无前了。”

某学生通过总结考试的经验教训，明确学习目标和学习计划，接下来的学习更具有针对性。图 2 是其反思心得。

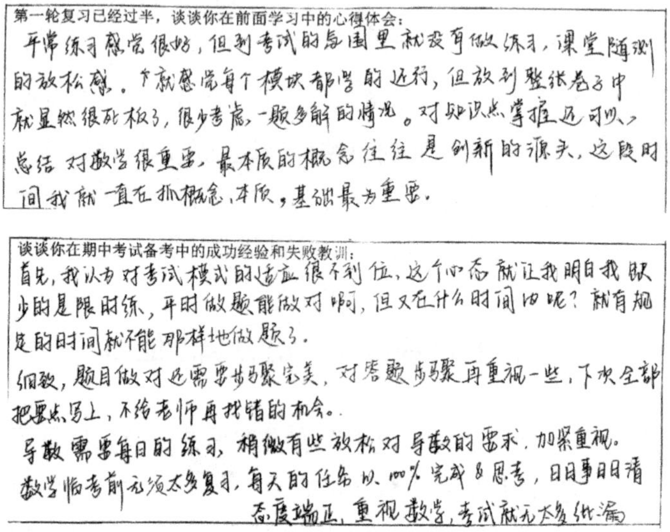
第一轮复习已经过半，谈谈你在前面学习中的心得体会：
平常练习感觉很好，但到考试的氛围里就没有做练习、课堂随测的放松感。就感觉每个模块都学的还行，但放到整张卷子中就显然很死板了，很少考虑一题多解的情况。对知识点掌握还可以，总结对数学很重要，最本质的概念往往是创新的源头，这段时间我就一直在抓概念、本质，基础最为重要。

谈谈你在期中考试备考中的成功经验和失败教训：
首先，我认为对考试模式的适应很不到位，这个心态就让我明白我缺少的是限时练，平时做题能做对啊，但又在什么时间内呢？就有规定的时间就不能那样地做题了。
细致，题目做对还需要步骤完美，对答题步骤再重视一些，下次全部把要点写上，不给老师再找错的机会。
导数需要每日的练习，稍微有些放松对导数的要求，加紧重视。
数学临考前无须太多复习，每天的任务以100%完成&思考，日日事日日清
态度端正，重视数学，考试就无太多纰漏

图 2　学生反思心得

三、完善教研活动，提升整体教学能力

在深度实践思维型教学的同时，王文毅作为育新数学教研组组长，注重提升教研组整体教学能力。

她分析教研小组成员的优势及劣势，取长补短，明确小组特色开展适合本小组的教研活动。

她将教研任务合理分配给各个成员。老教师教学经验丰富，对于知识内容十分熟悉，因此老教师负责带领备课组进行大单元梳理。中青年教师学习和应用能力较强，具有创造性，因此中青年教师负责为教研小组提供教学素材。明确合理的分工，以及小组成员的相互协作，大大提高了整体的教研效率、教学能力。

师者，所以传道授业解惑也。教师是学生成长道路上的引路人，肩负着重要的使命与责任。思维能力的定向决定着人生前途的走向，王文毅知晓思维能力对于学生未来的发展至关重要，因此她在接触思维型教学理论后，躬身实践，力学笃行，不断用理论完善自己的课堂教学，希望能引领学生实现全面发展。

张崧：思政课堂求创新　悦享成长绽芳华

作为育新学校小学部《道德与法治》学科教师，从教30多年来，伴随亲身经历的思想品德学科的三次重大课程改革，我经历了把课讲对、把课讲好、潜心研究、矢志创新、实践探索、超越经验等阶段的历练成长，逐步凝练形成了"悦享成长"的教育观、"悦纳学生"的学生观和"悦动课堂"的教学观，关注学生在获取知识的同时得到人格的滋养，注重焕发学生的生命活力，促进学生全面发展。

一、探索实践，校准角色定位

1991年7月，我走上小学语文教师岗位，作为班主任兼班级思想品德学科教师，在教授思想品德学科时，只是照本宣科地完成教学任务，课上还曾带领学生读词读句，让孩子们分析重点词句的意义以达成教学目标，后来参加了思想品德学科的教研活动，渐渐校准一名思想品德老师的角色定位，慢慢了解思想品德学科的特点，使自己的课堂逐步走上正轨。

20世纪90年代初，小学教学资源还相对比较匮乏，为了上好每一节课，利用周末时间查阅资料，充实教学内容。为了掌握最新的、有效的、科学的教学方法，不断更新教育教学思想，努力提升学术研究能力，先后取得教育管理和英语双本科学历，同时完成了首师大教育系的研究生主要课程班的学习。1997年，被评为区级思想品德学科骨干教师。

在钻研学术理论的同时，先后参加了全国重点课题和北京市重点科研课题等科研活动，参加科研课题研究对我的教育生涯影响深远，从此，我总是带着对教育教学问题的困惑与思考进行教育科研，以一种探索的眼光和行动的智慧，从崭新的角度透视教学过程，圈点教学经验，演绎教学尝试，2002 年被评为北京市思想品德学科优秀教师。

二、锐意创新，焕发课堂活力

2002 年，学科的发展产生了重大变革。小学思想品德、历史、地理等三门学科融合为一二年级开设的《品德与生活》和三至六年级的《品德与社会》。

学科的变革给我带来了巨大的挑战，通过培训和思考，我对学科的课程特点，教材的课程体系，教师的角色定位反复斟酌，对以往的教学经验和成果重新审视，努力成为"儿童活动的指导者、支持者和合作者"。

新课标给教学方式提出新的引领的方向，体验、探究、问题解决和小组学习等不同的教学活动各具特点，每个教学活动的方式都有它的优势与不足，如何恰当运用风格迥异的教学活动来促进课堂的教学实效，常常令我困惑。通过学习，我了解到：活动教学是儿童身心发展的需要，活动不仅是儿童认识的源泉，也是儿童发展的基础。只有在生动活泼的活动中，儿童的主体参与才能得到充分发挥，才能有效地改变儿童的道德认识和道德情感。因此，品德与生活课教学应以儿童直接参与的丰富多彩的活动为主要教学形式，寓教育于活动之中。

因为没有成熟的教学活动经验可资借鉴，我在北京市教育科学研究院胡玲老师、海淀区进修学校周纪纯老师的指导下，通过 4 个课例研磨，在 9 年时间里分别对体验、探究、问题解决和小组学习等四种教学活动深入研究，进行大胆教学实践，将学习的主动权还给学生，使教学过程真正建立在学生自主活动、主动探索的基础之上，焕发出《品德与生活》课堂教学的真正活力。2003 年，在参加北京市《品德与生活》现场教学大赛时，我在准确制定教学目标后，阅读 8 本有关体验教学的学术专著，在实施《我有一双明亮的眼睛》课例时，运用自主探索的《品德与生活》学科实施体验教学的四条策略，利用 15 分钟开展看不见、看不清、看得清等体验性教学活动环节，让学生真正成为活动的主体，让他们在活动中能够充分发挥自己的主观能动性，通过体验、感悟，在情感、态度、价值观、知识、技能等多方面都得到发展。

为落实新时代思政课改革创新的新要求，尤其为响应建设创新型国家、培养创新型人才的时代呼唤，18 年来，我立足"过有创意的生活"的课标要求，围绕《中国学生发展核心素养》关于实践创新人才的素养目标，以培养创新性思维和创造性人格为导向，围绕悦享成长的教育价值目标，在小学思想品德教学的天地中，积极开展"悦动课堂"的教学实践探索。在研究历程中，也曾面对小学思想品德学科开展创造性思维研究的质疑，也曾困惑犹豫，但我坚信：人唯有在各种创新活动中，方能真正实现人之为人的本质和自由。我从关注学科中的创新意识培养，到关注创新思维，并最终定位于具有学科特色的创新人格培育。我认为：课堂一旦为促进创造力而组织起来，就会成为好奇、愉悦的学习和探索的场所，愉悦是学校应给孩子们的感受。学生需要培养未来进行独立终身学习所需的技能和态度。任何一个优秀的教师，都不能将其工作责任仅仅局限于课程内容的传授上，而要让学生们在学校学会对生活充满热情，对自身的能力充满希望。

教学中，我大胆开展小学《道德与法治》教学中儿童创造力培养研究。力求依托儿童创造力培养的基本理论，从培养儿童创造力的过程和环境，考察诸多影响儿童创造力发展因素。从教学论和文化学等视角，对重要因素进行详细分析和阐述，在分析儿童创造力的培养途径的基础上，通过观察、调研，总结分析《道德与法治》教学中影响学生创造力培养的典型问题，综合运用教育学、心理学、教学论等研究成果，探索《道德与法治》教学中小学生创造力培养的策略途径。

三、超越经验，助力专业成长

教师专业成长的关键性环节，在于能够以理论的自觉超越经验思维。2018年仲秋之际，抱着对教育现实问题的种种困惑，开启了北京名师工程学习。面对学科教学中种种问题和挑战，我开始系统深入经典研读，化解困惑，先后研读《中国哲学史》《道德经》《论语》《大学》等书籍，学习圣贤思想；阅读当代教育家丛书，使我领略当代教育大家的教育思想精髓，朱小蔓教授的《情感道德论》的教育思想给予我很大启发；还阅读国内外大量创新教育主体丛书，了解掌握创新教育最新研究动态。我先后在北师大基地王葎教授、顾谨玉老师，陕西师范大学胡卫平教授团队的引领下，大胆开展小学《道德与法治》教学中儿童创造力培养研究，依托儿童创造力培养的基本理论，从培养儿童创造力的过程和环境，考察诸多影响儿童创造力发展因素。从教学论和文化学等视角，对重要因素进行详细分析和阐述，在分析儿童创造力的培养途径的基础上，通过观察、调研，总结分析《道德与法治》教学中影响学生创造力培养的典型问题，综合运用教育学、心理学、教学论等研究成果，探索《道德与法治》教学中小学生创造力培养的策略途径。长期教育教学实践经验的积累和对当代创新理论的学习触发了我的教育灵感，先后总结并形成"悦享成长"的教育观、"悦纳学生"的学生观和"悦动课堂"的教学观。学生在课堂上习得关键能力，在教育活动中历练必备品格，创造性能力得到全面提升，创造性人格得到充分发展，学科核心素养也在学生身上生根开花，也了却对自己30年教育生涯回顾与总结的夙愿。

回顾成长历程，我深知以上成绩的取得离不开市、区各级领导专家的提携帮助，离不开育新中小学和谐大家庭的滋养哺育，更离不开各位同事、朋友的鼎力相助，给予我蹉跎前行的一次次援手。领导、专家、同事的言行小事生动地教会我用知识去启迪每个孩子的智慧，用师爱去感化每个孩子的心灵，用热忱去无愧于这份师者使命。所有榜样的力量和温暖的鼓励将谨记我心，它将永远不曾被遗忘，不会被辜负，不断激励我悉心见贤，尽心思齐！未来，我将牢记"木铎金声"感召，以促进学生终身学习为己任，用心守护童心、童真和童趣，打造充满好奇、探究的"悦动课堂"，让学生对每天的生活都葆有热情，对做最好的自己充满希望，愿与各位教育同人育德至美同携手，启智日新共芳华！

王征：我和繁星班一起成长

年华似水，回首相视，竟在教育岗位上默默耕耘了17年。对于当了17年班主任的我来说，只要和学生在一起，我就会享受着一种幸福，这种幸福就是用真心、真情从事阳光下最为纯洁、灿烂的事业。

2015年9月，我和繁星班的孩子们一起踏进了育新学校的大门，转眼间，8年过去了，我和繁星班的孩子们一起成长的日子里，有欢笑，有泪水；有成功，有失败；有收获，也有付出。这些成长过程中不可或缺的经验让我领悟到：要想成为一名优秀的班主任必须经历磨难，在实践中不断探索、不断挑战，这个过程艰辛却很美丽，就像毛毛虫破茧成蝶。

一、第一阶段——蛹飞蠕动期

初进校园，我充满了幻想：高校住宅区的生源一定非常优秀，不必费心教育。但是，理想很丰满，现实很骨感。繁星班共42名学生，绝大部分都是独生子女，性格各异。刚刚进入一年级的第一个月，问题层出不穷。有的学生入学适应很困难，每天早上都需要费尽周折才能被请进教室；有的学生自我意识非常强，不能与其他同学友好相处，每天都会与身边的同学发生矛盾；有的学生自理能力特别差，座位四周就像刚打完仗的战场……面对学习能力、学习习惯、行为习惯参差不齐的学生，陌生的同事，全新的北师大版教材，这一切的一切，让我仿佛又回到了刚参加工作的阶段，不知所措。望着这条看不到尽头的道路，我十分迷茫，不知道如何迈出第一步。幸运的是，育新是一个和谐、有爱的大家庭，学校的领导、同事们在这个关键时期给了我很多的关爱和帮助。

班里有个女孩，年龄比较小，适应能力自然比其他学生要差，每天早上她能在校门口大哭半小时都不进校门，家长费尽心力劝说没用，有时候实在没有办法了，只能先把她带回家平复情绪。为了让这个小姑娘能够爱上学，我也想尽了各种办法，但都没有太好的效果。当我无计可施的时候，同年级组的老师特别是德育处张主任给了我耐心的指导和热心的帮助，传授了很多与孩子沟通的小窍门。张主任告诉我：一个人被需要的心理诉求一旦得到满足，价值感一旦得到确立，她自身成长的渴望就会无比强烈。如果班级让她觉得很重要，那么她就会爱上学校。于是，我改变了教育思路，一节语文课后，我让这个小姑娘帮我把语文书送回办公室，装作不经意地说："哎呀，今天又忘了浇花，可怜的花宝宝，对不起啦。"然后我对这个小姑娘说："孩子，王老师太忙了，你能帮王老师照顾这盆花吗？"小姑娘看了看我，又看了看那盆花，坚定地点了点头。我继续肯定鼓励着她："你真是个善良的小姑娘！你能每天早上第一节课后来办公室帮王老师浇花吗？"小姑娘一口答应了下来。就这样，每天帮我给花浇水的小小任务竟然帮助这个小姑娘解决了不愿上学的大问题。

我想：我们在成长道路上不会孤独，当遇到困难的时候，寻求帮助也是一种好的解决办法，正是育新学校这个和谐友爱的大家庭帮助我度过了艰难的蛹飞蠕动期。

二、第二阶段——吐丝成茧期

蝴蝶幼虫在生长过程中要蜕皮，每蜕一次皮，就增加 1 龄，蝴蝶幼虫一般要蜕 3—6 次皮，才能发育到成熟阶段准备化蛹。蛹期在外表上看是个静止阶段，不吃不动，实际上蛹期内部在进行着剧烈的变化。我和繁星班的孩子们也经历过这样一个阶段。

为了培养学生良好的行为习惯和学习习惯，我每天大部分时间在班中，从坐姿、站姿、举手、排队等细小的事情一一教起："预备铃声响，赶快进课堂，书和文具盒，摆在桌子上，上课认真听，作业完成好，回答先举手，声音要响亮。"每节课预备铃响后，我都会带领孩子们一起背诵自编儿歌，以此约束学生做好课前准备。

每天课间，我会跟孩子们一起把桌椅摆整齐。每天放学后，我也会手把手地教孩子们怎么扫地，怎么拖地。通过一段时间的教育，孩子们逐渐适应了学校生活。

记得有一次上操前，我回到班级里检查卫生，准备给刚刚上完的美术课"打扫战场"，迈进教室的那一刻，我惊呆了，教室被打扫得干干净净，一尘不染，孩子们成长了！

范晔在《后汉书·第五伦传》中写道：以身教者从，以言教者论。我想，作为一名班主任，对于学生的教育，一定是言传加上身教，而以身作则的榜样力量一定能够更好地引导、教育学生。

三、第三阶段——破茧成蝶期

朱熹在《观书有感》一诗中写道：问渠那得清如许，为有源头活水来。作为一名班主任老师，专业书籍就是我们取之不尽、用之不竭的源头之水。六年间，我先后阅读了《给教师的建议》、《我的教育信条》、《中小学班主任常见疑难问题解决办法》、《优秀班主任炼成记》、《教师艺术 应对学生问题36记》、《正面管教》、《做更好的自己》、《相信改变会发生》等专业书籍，做了几大本的阅读记录。通过不断的学习、实践、反思，我逐渐有了自己带班的方法。我想：一个班级具有凝聚力才能叫作班集体，班级有了凝聚力，才会对每一个学生产生吸引力，才能达到通过集体教育个体的目的。

为了让每名学生都站在班级中央，有展示自己的机会，我在班里开展了设计班徽、班服、班帽，创编班歌活动，所有同学都参与其中，通过设计、展示、投票，选出了我们繁星班的班徽、班服。同学们还创编歌词，录制了班歌《小星星》。

我们还举办了"繁星班好声音"歌唱比赛，学生们自己设计比赛海报，设计邀请函，制作打分表，写串词，他们还邀请了音乐老师和其他班同学做评委。平时非常内向腼腆的学生也鼓起勇气站在了台上展示自己，在活动中每个人都有不同程度、不同方面的进步。

这六年里，"呵护萌宝悟恩情"护蛋活动，让孩子们感受母亲孕育生命的不易；"鸿雁传书感父爱"活动让孩子们与工作繁忙的父亲的心贴得更近；"我最闪亮"活动让孩子们看到别人眼中的自己；"孝亲敬老传美德"活动让孩子们走出校园，走进社区养老中心，感受自己带给别人的快乐；"雷锋月系列活动"让孩子们重温雷锋精神，学会奉献；"集体生日会"让初入青春期的孩子再次走近父母，破解沟通密码；"最好的母校，最好的我们——我为母校做点事系列活动"让孩子们将最高年级、最好榜样落到实处。

这六年里，在我的管理与引领中，学生们渐渐懂事了，他们先后为学校食堂的阿姨和保安叔叔送过劳动节贺卡，帮低年级的学弟学妹们打扫过教室，创建了彩虹志愿服务小队，完善了学校的红领巾失物招领处，为图书馆设计制作了借书牌，在校园里种下了寓意着桃李满天下的李子树……

在一次又一次的班级活动中，孩子们得到了历练，也收获了成长，学校合唱团、足球队、棒球队、志愿服务队，繁星班的每颗星星都在不同的领域闪闪发光。优秀的个体也成就了优秀的集体，繁星班孩子们的心贴得越来越近了，班级的凝聚力越来越强，繁星班连续六年12个学期获得校级优秀班集体的称号，先后被评为海淀区、北京市先进班集体，繁星班在学校、在海淀区、在北京市熠熠生辉。

追随着孩子们成长的脚步，我也在成长，梳理的班级管理方略获得了海淀区第二届基本功大赛一等奖，撰写的班级管理经验在《基础教育参考》杂志上发表。除此，我还获得了北京市紫禁杯优秀班主任一等奖的殊荣，先后被评为海淀区班主任学科带头人、北京市骨干班主任。我也应邀在海教思维公众号上介绍了自己的班级管理经验。

与繁星班一起成长的6年，收获满满，也让我深刻体会到：做自己喜欢的事，会快乐，喜欢自己所做的事，会幸福。"游人不解春何在，只拣儿童多处行"，我坚信，把自己开出花，就能永远走在春天里。

何莹：做一名幸福的教师

幸福是每个人都向往的，而幸福的含义对于每个人来说又都是不一样的。因为每个人的家庭背景、成长环境、个人体验、对同一事物的看法、身体体质等的不同而显现出不同的内涵。但总的来说，身体健康，生活安逸，事业顺利是每个人都追求并为之努力的。作为一名教师，我为所有学生付出的努力而感到骄傲，我为自己在教学专业上取得的进步和成绩感到快乐，同时我为学校的发展感到高兴，这三种滋味儿融合在一起就是一个词——幸福。

首先和各位老师分享一个有关幸福的小故事：一只小狗问它的妈妈："妈妈，幸福是什么？"妈妈说："幸福是你的尾巴尖。"于是小狗每天就试图咬到它的尾巴尖，以得到幸福。可无论它如何努力，还是不能成功。小狗又去问妈妈："妈妈，我怎么总追不到幸福？"妈妈说："宝贝，你只要抬头往前走，那么幸福就会一直跟着你。"其实幸福就是一种快乐心情，是一种催人向上的心态、幸福也是品味生活的一种感受。对教师而言，是否能时时处处感到幸福是很重要的，因为这不仅仅影响着自己的人生是否快乐，更影响着学生，只有教师幸福，学生才会感到幸福。只有教师幸福，才能为每一位学生终身幸福奠基，使他们具有创造幸福的能力、理解幸福的思维、奉献幸福的风格及体验幸福的境界。

一、用心关爱学生——教师职业幸福感的源泉

教师关爱学生是尊重学生的具体表现，是教师教育学生的起点和基础，是教师职业道德的核心。关爱学生是通往教育成功的桥梁，也是我们教师职业幸福感的源泉。冰心老人说过："爱是教育的基础，爱是教育的源泉，有爱便有了一切。"师爱是无声的，其表现却是铿锵有力的！不可否认，父母是孩子来到

这个世界上的第一批启蒙者，孩子的成功离不开家长的苦心栽培。但是以教育为职业的教师却在孩子的心灵的成长过程中起着更加举足轻重的作用，毕竟从孩童的记事年代开始，教师的谆谆教诲一直伴随着孩子：是教师带领孩子在知识的天空中自由翱翔；是教师对孩子的进步予以赞许；是教师对孩子的失败给予鼓励……

爱，需要尊重。一直以来尊重学生被视为理想教师最重要的品质之一，教师爱学生就要尊重他们的人格尊严，与学生平等相处。一名优秀学生很容易得到老师的喜爱和尊重，而处于弱势学生的人格尊严更应维护，因为自尊心恰恰是促进学生身心健康发展不可缺少的因素。特别是不歧视任何一个学困生。也许他们目前在英语学习方面不能与大家齐头并进，但这并不意味着永远的失败。因此，面对这些学生，首先应当让他们感到自己是被老师尊重的，老师对他们的关注是真诚的。这样不仅培养了学生健康的心态和健全的人格，同时缩短了师生之间的距离，使学生由对教师的亲近渐渐转变为对英语学习的喜爱。无论是平时的个别辅导，还是在单元试卷分析中，我都会针对这些孩子们的进步说上一两句鼓励的话语，让学生感受到老师对他们每一滴进步的关注与肯定。

爱，需要赏识。英国教育家车尼斯说："只要教师对学生抱有希望，仅此一点，就可以使学生的智商提高二十五分。"世界上没有两片完全相同的树叶，教师应善于根据每个学生的不同情况，制定一个符合实际的目标和要求，承认学生的差异，引导学生发现自己的长处。在一次参观途中，我惊喜地发现了一个平时从来不背单词的女生居然能够一口气背出圆周率小数点后 300 位。于是我在英语课上，特意让她展示给全班同学。当她听到大家热烈的掌声后，我及时肯定了她惊人的记忆力。同时鼓励她尝试用科学的方法记忆单词，为她树立战胜自我的信心。

爱，需要宽容。宽容是一种沟通与理解，一种信赖与祝福，学会宽容，是我们教师做人的美德。尽管学生身上存在的问题千差万别，但在教育过程中最好的办法不是指责、惩戒而是理解和宽容。一位伟人说过："宽容者心中有美丽灿烂的彩虹，有成人之美的善念，能使学生产生奋进之力，向上之志。"多一份宽容，多一份愉快，让学生"亲其师，信其道"，从而更好地激发学生的良知和自省力，使老师对学生的修养充分体现在宽容教育之中。

二、用微笑感染学生——教师职业幸福感的动力

微笑是善良、友好、赞美的表示，是人际交往的基本礼仪。甚至对于众多服务行业来说，微笑就等于成功。微笑是一门学问，更是一门艺术。教师的微笑对学生是至关重要的。教师的情绪对学生的影响是巨大的，我们今天所面对的学生要比我们想象的更会察言观色，他们常常会根据老师的表情来猜测老师对自己的感觉、看法。当学生遇到困难时，教师的一个微笑就等于无限鼓励与支持；当学生心情沮丧时，教师的一个微笑就是莫大的安慰；当学生取得可喜的成绩时，教师的一个微笑就是一种勇往直前的激励；当学生回忆老师那甜甜的微笑时，我相信心中一定会暖暖的。

记得几年前我带领一年级学生参加东升学区的青年教师展示课，那时的学生们才刚刚入学半年，面对那么多的听课老师，心里总会有些紧张。因此，在上课之前我先和同学们一起观察新教室，我微笑着问学生们："你们在新教室里都看见什么了？"随后又给同学们展示了各种玩具的图片。同学们紧张的心情顿时消失了，都在争先恐后地举手发言。40分钟的课堂中，我始终保持着微笑，孩子们也一次次地回报给我迷人的笑容。

三、用智慧点亮生命——教师职业幸福感的精神财富

教师的教育智慧会使自己的工作进入科学和艺术结合的境界，充分展现出个性的独特风格。此时，教育对于教师而言，不仅是一种工作，也是一种享受。

（一）要用正确的方法教育学生

记得有一次，某大学请我国著名教育家陶行知讲课，陶老师并没有像其他老师那样手拿教案去上课。他左手抓了一把米，右手抓了一只饿了三天的大公鸡，走上讲台，他先把米放在讲台上，然后双手抓住大公鸡，让它嘴对着大米，10分钟过去了，大公鸡就是不吃。陶行知改变了方法，他把大公鸡放在地上自己走得远远的，结果奇迹出现了，大公鸡飞快地飞上讲台，三下五除二就把大米给吃完了。陶行知再次走上讲台向大家鞠了个躬说我的课讲完了。既然我们不能改变他人，就先改变自己的方式和方法，同样可以达到预期的效果。

（二）要根据年龄特点分析学生

使学生始终保持对英语学习的热情和兴趣，是英语学科永恒的追求与目标。英语课堂活动是一种常见的教学方法。但教师一定要在课前做好学生学情及年龄特点的分析，根据年龄特点寻找学生最喜欢的活动方式。低年级学生竞争意识比较强，因此可以针对学习内容及学习状态进行英语课堂大比拼的活动；中年级学生表现欲比较突出，教师可以适时地鼓励学生不断地自主探索，使他们的才华得到淋漓尽致的发挥，不断地超越自我，为不同层次的学生搭设自我展示的舞台；性格特点最凸显的要数高年级学生了，他们有自己喜欢的音乐、影视明星、运动项目等。但在英语课中最受欢迎的还是英语流行歌曲，孩子们不仅能够自己上网搜歌，还能为大家介绍作者及创作背景，每次上课前都能欣赏到学生们美妙的歌声，真是享受其中呀。

一年之计，莫如树谷；十年之计，莫如树木；终身之计，莫如树人。我虽力薄，却也愿为树人之业培土，化作春泥永护花。在教育这块热土上，耕耘每一天，收获每一天，反思每一天，成长每一天，快乐每一天，幸福每一天！